Thomas H. Davenport
Laurence Prusak

Wenn Ihr Unternehmen wüßte, was es alles weiß ...

Thomas H. Davenport
Laurence Prusak

Wenn Ihr Unternehmen wüßte, was es alles weiß...

Das Praxishandbuch zum Wissensmanagement

Die Deutsche Bibliothek – CIP-Einheitsaufnahme

Davenport, Thomas H.:
Wenn Ihr Unternehmen wüßte, was es alles weiß ... : das Praxisbuch zum Wissensmanagement / Thomas H. Davenport und Laurence Prusak. [Aus dem Amerikan. übers. von Helga Höhlein]. – Landsberg/Lech : mi, Verl. Moderne Industrie, 1998
 Einheitssacht.: Working knowledge <dt.>
 ISBN 3-478-36470-1

2. Auflage 1999
Original work copyright © 1998 by the President
and Fellows of Harvard College. Published by arrangement with
Harvard Business School Press.

Aus dem Amerikanischen übertragen
von Helga Höhlein.

© 1998 verlag moderne industrie, 86895 Landsberg/Lech
Internet: http://www.mi-verlag.de

Alle Rechte, insbesondere das Recht der Vervielfältigung und Verbreitung sowie der Übersetzung, vorbehalten. Kein Teil des Werkes darf in irgendeiner Form (durch Fotokopie, Mikrofilm oder ein anderes Verfahren) ohne schriftliche Genehmigung des Verlages reproduziert oder unter Verwendung elektronischer Systeme gespeichert, verarbeitet, vervielfältigt oder verbreitet werden.
Umschlaggestaltung: Daniela Lang, Stoffen
Satz: Fotosatz Reinhard Amann, Aichstetten
Druck: Himmer, Augsburg
Bindearbeiten: Thomas, Augsburg
Printed in Germany 360 470/099903
ISBN 3-478-36470-1

Inhaltsverzeichnis

Danksagung 11

Einleitung 13

**Kapitel 1 Worüber reden wir,
wenn wir über Wissen reden?** 25

Wissen – eine Arbeitsdefinition 26
*Daten * Informationen * Wissen*

Wissen in Aktion 34
*Erfahrungen * „Lebenswahrheiten" * Komplexität *
Urteilsvermögen * Faustregeln und Intuition *
Wertvorstellungen und Überzeugungen*

Wissen als Unternehmensvermögen 44
*Schneller Wandel in der globalen Wirtschaft * Konvergenz
von Produkt und Dienstleistung * Nachhaltiger
Wettbewerbsvorteil * Unternehmensgröße und Wissensmanagement * Computernetze und Wissensaustausch*

Ein aufschlußreiches Fallbeispiel: *British Petroleum* 55
*Planung * Ergebnisse * Schlußfolgerung*

**Kapitel 2 Wissensmärkte: Hoffnungen und
Herausforderungen** 67

Zur politischen Ökonomie der Wissensmärkte 70
*Käufer * Verkäufer * Makler*

Das Preissystem 76
*Gegenseitigkeit * Ansehen * Selbstlosigkeit * Vertrauen*

Signale auf dem Wissensmarkt 86
Position und Ausbildungsniveau *
Informelle Netze * *Zweckgemeinschaften*

Ineffizienzen auf dem Wissensmarkt 91
Drei Schlüsselfaktoren * *Ein Fallbeispiel*

Pathologische Zustände auf dem Wissensmarkt 97
Monopole * *Künstlich erzeugte Knappheiten* *
Handelsbarrieren

Entwicklung effektiver Wissensmärkte 101
Kluger Umgang mit der Informationstechnologie *
Aufbau von Märkten * *Schaffung und Definition des
Marktwerts von Wissen*

Vorteilhafte Nebeneffekte von Wissensmärkten 107
Höhere Arbeitsmoral * *Stärkerer Zusammenhalt im
Unternehmen* * *Reichere Wissensbestände* *
Ausgeprägte Ideen-Meritokratie

Marktdenken 111

Kapitel 3 Wissensgenerierung 115

Akquisition von Wissen 116

Beschaffung von „Mietwissen" 123

Einrichtung spezieller Wissensressourcen 125

Wissensbeschaffung durch Fusionen 128

Innovative Adaptation 133

Wissensvernetzung 138

Gemeinsame Voraussetzungen 141

Kapitel 4 Kodifizierung und Koordinierung von Wissen 145

Grundprinzipien der Wissenskodifizierung 146
Kodifizierung verschiedener Wissenstypen ∗
Kodifizierung verborgenen Wissens

Kartographierung und Modellierung von Wissen 152
„Minikarten"-Puzzle ∗ *Die Wissenskarte bei* Microsoft –
ein überzeugendes Beispiel ∗ *Zur Kartographierungs-
technologie* ∗ *Mikropolitische Spannungen bei der
Kartographierung von Wissen* ∗ *Modellierung von Wissen*

Erfassung verborgenen Wissens 167
Der Wert persönlicher Schilderungen ∗
Eingebettetes Wissen

Kodifizierung von Wissen in Expertensystemen 172
Auswertung expliziten Wissens ∗ *Ein Beispiel aus der
Praxis: Wissensmanagement-Architektur bei* Monsanto

Wissenskodifizierung – eine ständige Herausforderung 177

Kapitel 5 Wissenstransfer 181

Strategien für den Wissenstransfer 183
Von Getränkeautomaten und Sitzecken ∗ *Wissensmessen
und offene Foren* ∗ *Was für ein Wissen?*

Die Wissenstransfer-Kultur 195
Vertrauen und gemeinsame Verständnisgrundlage ∗
Zum Status des Wissensträgers ∗ *Transfer = Übermittlung +
Aufnahme (und Anwendung)* ∗ *Tempo und Viskosität*

Ein Paradebeispiel: *3M* 208

Kapitel 6 Funktionen und Kompetenzen im Umgang mit Wissen 213

Wissensorientierte Mitarbeiter 214

Mitarbeiter im Wissensmanagement 217

Manager von Wissensprojekten 221

Der Wissensdirektor 224

Kapitel 7 Technologien für das Wissensmanagement .. 241

Ein Positivbeispiel: *Hewlett-Packard* 241

Expertensysteme und künstliche Intelligenz 245

Implementierung von Wissenstechnologien 249

Umfassend angelegte Wissensspeicher 252

Konzentrierte Wissenskonstellationen 263

Echtzeit-Wissenssysteme 266

Langfrist-Analysesysteme 269

Was Technologien nicht leisten können 272

Kapitel 8 Wissensmanagement-Projekte in der Unternehmenspraxis 277

Verschiedene Typen von Wissensmanagement-Projekten 279
Wissensspeicherung * *Wissenszugang und Wissenstransfer* * *Wissensorientierte Arbeitsumgebung* *
Projekte mit multiplen Merkmalen

Erfolg bei Wissensmanagement-Projekten 289

Erfolgsfördernde Faktoren im Wissensmanagement 292
Wissensorientierte Kultur * *Technische und organisatorische Infrastruktur* * *Unterstützung durch das Topmanagement* * *Kopplung an wirtschaftlichen Nutzen oder Branchenwert* * *Das richtige Maß an Prozeßorientierung* * *Klarheit in Vision und Sprache* * *Wirksame Motivationshilfen* * *Ein gewisses Maß an Wissensstruktur* * *Multiple Kanäle für den Wissenstransfer* * *Aufbau eines Wissensfundaments*

Zur Besonderheit von Wissensprojekten 304

Kapitel 9 Pragmatik beim Wissensmanagement 309

Gesunder Menschenverstand 309

Einstieg ins Wissensmanagement 312

Nutzung vorhandener Ansätze 315
Anbindung an die Technologie * *Anbindung an Qualitätsprogramme,* Reengineering-*Initiativen und* Best Practices * *Anbindung an organisatorisches Lernen* * *Anbindung an die Entscheidungsfindung* * *Anbindung an das Rechnungswesen* * *Ermittlung des richtigen Ankerplatzes*

Fehlerquellen im Wissensmanagement 327
*Wenn „es" erst einmal da ist... * Unser Personalhandbuch soll* online *werden! * Soll hier bloß keiner von Wissen reden * Jeder ist ein Wissensmanager * Rechtfertigung durch Glauben * Eingeschränkter Zugang * Von unten nach oben*

Ein letztes Wort 335

Weitere Buchveröffentlichungen
von Thomas H. Davenport und Laurence Prusak 339

Zu den Autoren 340

Stichwort- und Personenverzeichnis 341

Danksagung

Wie alle guten Wissensprodukte ist auch dieses Buch nicht im luftleeren Raum entstanden: Unser Dank gilt besonders den Wissensmanagement-Pionieren, die uns an ihren diesbezüglichen Fortschritten und Problemen haben teilnehmen lassen. Bei vielen dieser Pionierorganisationen handelt es sich um die Sponsoren eines wissensorientierten Forschungsprogramms, das unter dem Leitmotiv *Mastering the Knowledge of the Organization* ganz unterschiedliche Klienten einbezog, oder um Unternehmen, die das informationsorientierte Vorläuferprogramm *Mastering the Information Environment* unterstützt haben. Wir danken allen beteiligten Unternehmungen und Managern, mit denen wir zusammenarbeiten durften, für die finanzielle Unterstützung unserer Forschungsarbeiten wie auch für die Bereitschaft, ihre Organisation als Forschungsobjekt zur Verfügung zu stellen und unsere noch unausgegorenen Ideen kritisch zu hinterfragen.

Beide Programme entstanden unter der Schirmherrschaft des *Center for Business Innovation* bei der Beratungsfirma *Ernst & Young*, wo wir mehrere Jahre lang als wissenschaftliche Mitarbeiter tätig waren. Verschiedene Kollegen im Innovationszentrum wie auch in anderen Büros von *Ernst & Young* waren an der Wissensforschung beteiligt – ihre Beiträge durchdringen das ganze Buch: Mike Beers, Dave DeLong, Liam Fahey, Al Jacobson, Linda Kalver, Dave Klein, Chris Marshall, Rudy Ruggles und Patricia Seeman. Amy Fiore und Julia Kirby haben die Programme organisatorisch beziehungsweise markttechnisch betreut. Namentlich zwei Direktoren im *Center for Business Innovation* – Bud Mathaisel und Chris Meyer – haben uns sehr unterstützt.

Don Cohen verdient besondere Anerkennung – nicht nur im Rahmen seiner Tätigkeit im *Center for Business Innovation*, sondern auch für anderweitigen Beistand: Er hat unsere Arbeiten redaktionell und wissenschaftlich begleitet und uns freundschaftlich Mut zugesprochen. Ohne ihn wäre dieses Buch nicht zustande gekommen.

Auch andere Beratungsfirmen und ihre Mitarbeiter haben unsere

Arbeit während all der Jahre, in denen dieses Projekt lief, unterstützt: Joe Movizzo, Scott Oldach und David Smith (*IBM Consulting Group*), Jeanne Harris und Barry Patmore (*Andersen Consulting*) sowie Brook Manville (*McKinsey*). Pete Tierney und seine Kollegen bei der *Inference Corporation* leisteten wertvolle Hilfe auf dem Gebiet der Wissensmanagement-Software. Andy Michuda und Ron Helgeson (*Teltech Resource Network*) teilten uns freimütig ihre Gedanken zum Wissensmanagement mit.

Weiterhin haben uns mit ihrem Wissen in bezug auf Wissensmanagement geholfen: Vince Barabba, Leif Edvinsson, John Henderson, Abbie Lundberg, Britton Monasco und Tom Stewart sowie verschiedene Rezensenten der *Harvard Business School Press*, die uns nicht persönlich bekannt sind.

Beim Verlag haben wir mit verschiedenen Lektoren zusammengearbeitet, aber es war Carol Franco, die uns Starthilfe gab, während uns Kirsten Sandberg in der Endphase betreute. Beiden danken wir für ihr Interesse, ihre Ausdauer und ihre Kommentare.

Vermutlich hätten wir das Buch auch ohne unsere Familien schreiben können – aber wozu dann? Ihnen sei dieser Band in Dankbarkeit für ihr Verständnis gewidmet: Brenda, Kim und Ben Prusak und Jodi, Hayes und Chase Davenport.

Investitionen in Wissen werfen den besten Zins ab.
– Benjamin Franklin

Einleitung

Woher das plötzliche Interesse an *Wissen*? Zahlreiche Konferenzen und Hunderte von Artikeln in Fachzeitschriften und Wirtschaftsjournalen suchen diese schwer faßbare Thematik in den Griff zu bekommen. Der Trend zur Wissensberatung wie auch rührige Betriebsamkeit in den Unternehmen signalisieren die wachsende Überzeugung, daß Wissen über Wissen für den Unternehmenserfolg, wenn nicht gar für organisatorisches Überleben, von entscheidender Bedeutung ist.

Das vorliegende Buch soll unter anderem eine Erklärung für dieses neuerwachte Interesse an einem uralten Thema liefern. Schon Plato und Aristoteles – und in ihrem Gefolge ganze Heerscharen von Philosophen – haben sich damit auseinandergesetzt. Wie Molières *Bourgeois gentilhomme*, der mit Entzücken feststellte, er hätte sein ganzes Leben lang Prosa gesprochen, sind die Manager unlängst zu der Erkenntnis gelangt, ihre Karriere sei von Anfang an wissensgeprägt gewesen. Längst bevor Konzepte wie „Kernkompetenzen", „lernende Organisation", „Expertensysteme" und „strategische Ausrichtung" in aller Munde waren, wußten gute Manager Erfahrungen und Know-how – das Wissen – ihrer Mitarbeiter zu schätzen. Doch erst jüngst scheinen viele Unternehmen zu begreifen, daß sie mehr als einen beiläufig (und vielleicht sogar unbewußt) verfolgten Ansatz zur Nutzung des Unternehmenswissens benötigen, wenn sie im Wettbewerb von heute und morgen mithalten wollen.

Zugleich ist zu beobachten, daß sich Strategen und Wirtschaftsexperten wieder verstärkt den Perspektiven und Konzepten einer kompetenz- und ressourcenorientierten Organisationstheorie zuwenden.[1] Für die traditionelle Wirtschaftswissenschaft war das Unternehmen in erster Linie eine *Black Box*: Untersucht wurde, welche Ressourcen hineingingen, welche Produkte herauskamen und auf welchen Märkten das Unternehmen tätig war. Demgegenüber sind Theoretiker verschiedener Disziplinen heute an einem ganz bestimmten Phänomen der innerhalb der *Black Box* ablaufenden Dynamik interessiert: Sie wollen das in Routinen und Praktiken eingebettete Wissen ergründen, das ein Unternehmen in nützliche Produkte und Dienstleistungen umsetzt.[2]

Viele Faktoren haben zum derzeitigen „Wissensboom" beigetragen. Dieses Zusammentreffen verschiedener Ursachen ist einer der Gründe für den eiligen Bedarf an klaren Vorstellungen und Konzepten zum Thema *Wissen*. Die Wahrnehmung und Realität einer neuartigen, globalen Wettbewerbssituation erweist sich als treibende Kraft. Rascher Wandel und verstärktes Konkurrieren um Dollar, Mark und Yen bei zunehmend wählerischer Kundschaft haben die Unternehmen veranlaßt, nach einem auf Dauer angelegten Wettbewerbsvorteil zu suchen, der ihnen Vorsprung vor der Konkurrenz verschafft.

Natürlich hat diese Suche auch ihre Schattenseite. So manche Theorien, Tagesmoden, Patentrezepte und „heiße Renner" sind den amerikanischen Unternehmen als Universallösung für die oft nicht nachvollziehbare und schwer faßbare Problematik eines wettbewerbsgerechten Managements aufgetischt worden. Einige davon haben sich im Lauf der Zeit als durchaus wertvoll erwiesen. Die Qualitätsbewegung beispielsweise hat unverkennbaren Nutzen gebracht und ist inzwischen nicht mehr wegzudenken vom „Stoff, aus dem die Unternehmen sind". Doch haben auch viele der hochgelobten Managementkonzepte ihr Versprechen nicht gehalten.[3] Die so enttäuschten Unternehmen halten nunmehr Ausschau nach etwas Grundlegenderem – nach einem irreduziblen und für Performance, Produktivität und Innovation entscheidenden Wettbewerbsvorsprung. Dabei hat man in der Managementszene erkannt: Das, was die Organisationen beziehungsweise ihre Mitarbeiter *wissen*, steht im Mittelpunkt all ihrer Funktionsabläufe. Zweifellos wird auch die „Wissensbewegung" ihre Moden und Parolen hervorbringen, aber Wissen als solches ist einer gesteigerten Aufmerksamkeit sehr wohl wert: Es zeigt den Unternehmen, wo es langgeht und wie man etwas (noch besser) macht.

Auch der Trend zu schlankeren Organisationen hat das Interesse an der Wissensthematik gesteigert – in dem Sinne, daß einem der Wert einer Sache erst richtig bewußt wird, wenn sie einem abhanden gekommen ist. Erfahrene Luft- und Raumfahrtingenieure, denen man zu Downsizing-Zeiten nahegelegt hatte, sich einen anderen Arbeitsplatz zu suchen, nahmen wertvolles Wissen mit; in einigen Fällen mußten die Leute sogar wieder eingestellt werden, damit die wichtigsten Arbeiten überhaupt weiterlaufen konnten. Auch „verzichtbare" Mittelmanager erwiesen sich im nachhinein als maßgebliche Wissenskoordinatoren und -integratoren; ihr Verlust schmerzte die betroffenen Unternehmen weitaus mehr, als anhand offizieller Arbeitsplatzbeschreibungen zu vermuten gewesen wäre. Eine solche Amnesie traf beispielsweise *Ford*, als neue Entwicklungsingenieure den Erfolg des einstigen *Taurus*-Teams wiederholen wollten: Keiner erinnerte sich oder hatte dokumentiert, was das Besondere am damaligen Projekt gewesen war. Ähnliche Erfahrungen mußte *International Harvester* machen, als sich russische Regierungsvertreter im Zusammenhang mit der Errichtung einer neuen LKW-Produktionsanlage an das Unternehmen wendeten: *Harvester* hatte vor 20 Jahren eine solche Anlage in Rußland gebaut. Doch mittlerweile gab es im Unternehmen keine einzige Seele mehr, die von dem früheren Projekt etwas gewußt hätte. In Verkennung der Bedeutung von Wissen haben viele Unternehmen kostspielige Fehlentscheidungen getroffen, und nun bemühen sie sich um so intensiver um die notwendigen Erkenntnisse: Was wissen sie, was sollten sie wissen, und was müssen sie tun, um ihrem Bedarf an Wissen gerecht zu werden?

Manche Organisationen gehen von der irrigen Annahme aus, die Technologie könne Fähigkeiten und Urteilsvermögen erfahrener Mitarbeiter ersetzen. Das vorliegende Buch befaßt sich ausführlich mit den Wechselbeziehungen zwischen Wissen und Technologie. Doch die Mutmaßung, technologische Errungenschaften könnten menschliches Wissen ersetzen oder ein Äquivalent dafür schaffen, hat sich immer wieder als falsch erwiesen. Allerdings zählen technologische Fortschritte durchaus zu den positiven Faktoren, die das Interesse an Wissen und Wissensmanagement gesteigert haben. Computernetzwerke beispielsweise bieten den Mitarbeitern gänzlich neue Möglichkeiten

Einleitung

zum Informations- und Wissensaustausch innerhalb wie außerhalb ihrer Organisationen. Technologien wie *Lotus Notes* und das *World Wide Web* erleichtern uns die Aufgabe, bestimmte Formen von strukturiertem Wissen zu sammeln, zu speichern und an PC-Arbeitsplätze zu verteilen. Die in jüngster Zeit drastisch gestiegene Inanspruchnahme von Internet-Anschlüssen und unternehmensinternen Netzwerken macht deutlich, daß der Elektroniktechnologie zu Zwecken der Kommunikation und Wissensmehrung immer größere Bedeutung zukommt. Die Unternehmen werden sich des Technologiepotentials zur Wissensmehrung allmählich bewußt und erkennen, daß sie dieses Potential nur dann wirklich nutzen können, wenn sie genauer verstehen, was bei der Ermittlung beziehungsweise Übermittlung von Wissen abläuft.

Unser Hauptanliegen in diesem Buch ist somit die Erarbeitung eines grundsätzlichen Verständnisses für die *Bedeutung von Wissen* im Unternehmen: Wie sieht Wissen aus, und wie hört es sich im täglichen Leben und bei der Arbeit an? Worin unterscheidet sich Wissen von Daten und Informationen? Wer besitzt Wissen? Wo ist Wissen lokalisiert? Wer nutzt Wissen? Worüber reden wir, wenn wir über Wissen reden? Unser zweites Anliegen betrifft den *Umgang mit Wissen*: Welche kulturellen Besonderheiten und Verhaltensaspekte müssen wir bei der Nutzung von Wissen berücksichtigen? Wie läßt sich Technologie beim Umgang mit Wissen am besten integrieren? Welche spezifischen Wissensfunktionen und Wissenskompetenzen sind erforderlich? Wie sieht ein erfolgreiches Wissensprojekt aus – und wie kann man den Erfolg beurteilen? Welche Maßstäbe und Kriterien sind zur Bewertung heranzuziehen? Unsere Antworten auf all diese Fragen liefern einen ersten Beitrag zur Klärung der wichtigsten Fragestellung im Zusammenhang mit Unternehmenswissen: Was kann ich Montag morgen *tun*, um unserem Unternehmen zu einem effektiveren, effizienteren, produktiveren und innovativeren Umgang mit Wissen zu verhelfen? Unser drittes und letztes Anliegen ist daher die Erarbeitung einer *pragmatischen Wissensperspektive*, die den Managern zu einer entscheidenden Performance-Steigerung verhelfen soll.

Die hier vorgestellten Ergebnisse und Schlußfolgerungen beruhen auf umfassenden Diskussionen mit Managern über die Frage, wie man in ihren Unternehmen mit Wissen umgeht. Vor einigen Jahren, als wir ein Forschungsprogramm zu neuen Ansätzen im Informationsmanagement begannen, baten wir Führungskräfte aus rund 25 Klienten-Unternehmen, darunter *Hewlett-Packard*, *IBM*, *AT&T* und *American Airlines*, zum Gespräch. Wir fragten, was sie am dringendsten wissen müßten, derzeit aber nicht wüßten, und wie wir ihnen am besten zu dem benötigten Wissen verhelfen könnten. Zu unserer Überraschung gestanden fast alle dieser gescheiten Manager aus erfolgreichen Unternehmen: „Wir haben keine rechte Vorstellung, wie Informationen und Wissen in unserem Unternehmen wertschöpfend zu managen sind." Dazu sei angemerkt, daß es sich um ausgesprochen komplexe Organisationen handelte. Nicht wenige zählen zu den High-Tech-Unternehmen, die einst einen wesentlichen Beitrag zur Informationsrevolution geleistet hatten: Sie gelten als die großen Institutionen des „Informationszeitalters". Und trotzdem gaben sie zu, keine effektiven organisatorischen und mentalen Methoden und Ansätze zur besseren Nutzung von Informationen zu haben. Also konzentrierten wir unsere Forschungsarbeiten einige Jahre lang auf Informationen: Warum werden Informationen nicht gut gemanagt, was bedeutet Informationsmanagement, und wie können unsere Klienten die Ermittlung und Nutzung von Informationen gezielt verbessern?[4]

Je länger wir mit den Unternehmen zusammenarbeiteten und je besser wir gute (und auch weniger gute) Informationsabläufe in diesen Organisationen kennenlernten, desto deutlicher wurde uns bewußt, daß es unseren Klienten in erster Linie an *Erkenntnissen* mangelte. Sie waren auf der Suche nach optimalen Arbeitsweisen, neuen Ideen, kreativen Synergien und bahnbrechenden Prozessen, die Informationen als solche nicht liefern können, so gut ihr Management auch sein mag. Wir wurden uns immer sicherer: Solche Ergebnisse konnten nur durch eine effektive Nutzung von Wissen erzielt werden. Außerdem wurde uns klar, daß ein Großteil des Wissens, das diese Unternehmen benötigten, bereits in der eigenen Organisation vorhanden war – nur fehlten Zugänglichkeit beziehungsweise Verfügbarkeit zum richtigen Zeitpunkt. Lew Platt, Geschäftsführer von *Hewlett-Packard*, hat einmal das Argument eines ehemaligen Leiters der *HP*-Labors mit den folgenden Worten aufgegriffen: „Wenn *HP* wüßte, was *HP* alles weiß, wären unsere Gewinne dreimal so hoch." Damit brachte er seine Überzeugung vom potentiellen Wert des Wissens zum Ausdruck – eine Überzeugung, die viele Führungskräfte teilen. Sicher wurde in diesen Unternehmen (wie in allen Unternehmen) Wissen angewendet und ausgetauscht. Solche „Wissensmärkte" mit Käufern, Verkäufern und Vermittlern von Wissen gibt es in jeder Organisation – nur funktionieren sie nicht sonderlich effizient. Verkannt, schlecht organisiert, lokal begrenzt und von der Unternehmenskultur eher unterbunden als gefördert, stellen diese Wissensmärkte denkbar unzureichende Mechanismen zur Gewinnung und zum Austausch von Erkenntnissen dar. Um so dringlicher erschien uns eine Untersuchung, wie Wissen in Organisationen gemanagt, schlecht gemanagt oder auch gar nicht gemanagt wird.

Auf diese Weise rückte Wissen immer stärker in den Mittelpunkt unserer Forschungsarbeiten und Diskussionen. (Eigentlich kehrten wir damit zu einem alten Schwerpunktthema zurück – hatten wir nicht bereits im Grundstudium von „Geistesgeschichte" und „Wissenssoziologie" gehört?) Intuitiv wußten wir, daß Wissen in den meisten Organisationen von zentraler Bedeutung ist. So beschreibt denn auch der Wirtschaftstheoretiker Sidney Winter Unternehmen als „Organisationen, die wissen, wie man etwas macht".[5] Nun ist ein Unternehmen nichts anderes als eine Ansammlung von Leuten, die sich zwecks Produktion von Gütern, Dienstleistungen oder einer Kombination aus beidem zusammengetan haben. Ihre Produktionsfähigkeit hängt ab von ihrem aktuellen Wissensstand wie auch von dem Wissen, das mittlerweile in Produktionsabläufe und Produktionsmaschinerie eingebettet ist. Die materiellen Vermögenswerte eines Unternehmens sind nur begrenzt wertvoll, solange die Mitarbeiter mit ihnen nichts anzufangen wissen. Wenn aber erst „Wissen, wie man etwas macht" das Unternehmen als solches ausmacht, dann *ist* Wissen das Unternehmen. Somit könnte die richtig verstandene Bedeutung von Unternehmenswissen eine Antwort auf die Frage liefern, warum manche Firmen auf Dauer Erfolg haben. Was hat denn Bestand, wenn Mitarbeiter, Technologien, Produkte und das Unternehmensumfeld im Lauf der Zeit ständigem

Wandel unterliegen? Worin besteht der Restwert, wie es die Wirtschaftstheoretiker formulieren? Was gewährleistet die *Kontinuität*, mit der bestimmte Unternehmen zeitlos erfolgreich sind? Unserer festen Überzeugung nach kommt der Art und Weise, wie Unternehmen Wissen ermitteln und vermitteln, bei der Wahrung dieser Kontinuität eine entscheidende Bedeutung zu. Künftige Untersuchungen zur Wissensthematik in Organisationen werden uns mit Sicherheit wichtige Hinweise über die Quellen langfristigen Erfolgs geben.

Zu der Zeit, als wir unsere Aufmerksamkeit mehr und mehr dem Wissen zuwendeten, warnte Tom Stewart die Unternehmen in einem 1994 für das *Fortune*-Magazin verfaßten Artikel, sie sollten sich weniger auf ihr *Eigentum* als auf ihr *Wissen* – ihr intellektuelles Kapital – konzentrieren. Auch Peter Drucker beschreibt Wissen als neue Wettbewerbsbasis der postkapitalistischen Gesellschaft, und der *Stanford*-Wirtschaftswissenschaftler Paul Romer bezeichnet Wissen als einzige unerschöpfliche Ressource – als einzigen Vermögenswert, der sich bei seiner Inanspruchnahme erhöht. 1995 veröffentlichten zwei japanische Wissenschaftler eine bahnbrechende Untersuchung zur Erzeugung und Nutzung von Wissen in japanischen Unternehmen (Ikujiro Nonaka und Hirotaka Takeuchi, *The Knowledge-Creating Company*). Im selben Jahr legte Dorothy Leonard-Barton eine sorgfältig ausgearbeitete Studie zur Bedeutung von Wissen in Produktionsunternehmen vor (*Wellsprings of Knowledge*). Auch andere Buchveröffentlichungen fordern die Unternehmen zum Wissensmanagement auf – allerdings ohne näher darauf einzugehen, wie dies geschehen soll.[6] Firmen wie *Dow Chemical* und *Skandia* sowie Beratungsunternehmen wie *McKinsey*, *Ernst & Young* und *IBM Consulting* haben eigens „Chief Knowledge Officers" und „Directors of Intellectual Capital" ernannt: All diese „Wissensdirektoren" und „Direktoren für intellektuelles Kapital" haben die Aufgabe, sich um die Wissensressourcen in ihren Unternehmen zu kümmern. Sie weisen darauf hin, daß sich mit Hilfe von Wissensmanagement Einsparungen, Verbesserungen und Produktivitätssteigerungen erzielen lassen. Beispiele wie die folgenden haben Schule gemacht:

- Beim schweizerischen Pharmakonzern *Hoffman-LaRoche* reformierte eine 1993 bis 1994 durchgeführte Wissensmanagement-Initiative den Prozeß der Zulassung neuer Arzneimittel. Im Rahmen dieses Prozesses müssen der für die Arzneimittelgesetzgebung zuständigen Bundesbehörde und den europäischen Aufsichtsbehörden umfangreiche, komplexe Dokumente vorgelegt werden, bevor ein neues Medikament genehmigt wird und auf den Markt gebracht werden kann. Vor allem dank dieser Initiative konnte der Zeitraum für Beantragung und Genehmigung bei zahlreichen neuen Produkten um viele Monate verkürzt werden – was dem Unternehmen zu Einsparungen von 1 Million Dollar pro Tag verhalf.
- Im Rahmen eines gemeinschaftlichen Lernexperiments nahmen 1996 führende Herzchirurgen-Teams von fünf Klinikzentren in New England gegenseitig als Beobachter an Herzoperationen teil und tauschten anschließend ihre Gedanken zu den effektivsten Operationstechniken aus. Resultat: ein 24prozentiger Rückgang in der Sterblichkeitsrate für Bypass-Operationen und damit 74 Todesfälle weniger als erwartet.
- Bei *Hewlett-Packard* und vielen anderen High-Tech-Unternehmen hat sich das Produktwissen, das zur effektiven Nutzung und Unterstützung komplexer Computerprodukte erforderlich ist, in den letzten Jahren explosionsartig vermehrt. Kunden, die Probleme mit solchen Produkten haben, brauchen kompetente Gesprächspartner, die ihnen eine Lösung bieten können – oft genug unter Berücksichtigung der Wechselwirkungen zwischen einer sich ständig verändernden Hardware, Software und Kommunikationstechnik. *HP* hatte Schwierigkeiten, genug gute Leute für die technische Kundenbetreuung zu finden. 1995 schließlich brachte das Unternehmen unter der Bezeichnung „Case-based Reasoning" (Fallanalysen) ein Wissensmanagement-Instrument zum Einsatz, um das im technischen Kundendienst erforderliche Fachwissen zu ermitteln und dem *HP*-Personal rund um den Globus zugänglich zu machen. Die Ergebnisse waren umwerfend: Die durchschnittlichen Anrufzeiten reduzierten sich um zwei Drittel, die Kosten pro Gespräch waren nur noch halb so hoch, und das Unternehmen kam mit Hilfe der System-

unterstützung mit weniger technischen Beratern im Kundendienst aus.

Dies sind nur einige Beispiele für ein Wissensmanagement, wie es in diesem Buch vorgestellt wird. Die Unternehmen, auf deren Wissensmanagement-Ansätze wir uns beziehen, sind nachstehend aufgelistet. Darüber hinaus greifen wir auf verschiedene anonyme Fallbeispiele von Unternehmen zurück, die nicht namentlich genannt werden wollen.

Immer mehr Unternehmensleiter und Berater bezeichnen *Wissen* als den wichtigsten Vermögenswert in Organisationen und als Schlüssel für einen auf Dauer angelegten Wettbewerbsvorteil. „Wissensarbeiter", „das wissensschöpfende Unternehmen", „Wissenskapital" und „Wissensnutzung" sind inzwischen zu vertrauten Begriffen geworden. Allerorts werden Konferenzen und Seminare zur Wissensthematik veranstaltet. Die Unternehmenswelt ist hochgradig am potentiellen Nutzen von Wissensinitiativen interessiert.

Wir halten dieses Interesse für berechtigt. Unsere Kernaussage im vorliegenden Buch lautet: Der einzige dauerhafte Wettbewerbsvorteil basiert auf dem Kollektivwissen, über das ein Unternehmen verfügt, auf der Effizienz, mit der es dieses Wissen nutzt, sowie auf der Bereitwilligkeit, mit der es neues Wissen erwirbt und anwendet.

Folgende Organisationen werden in diesem Buch als Fallbeispiele herangezogen:

Anderson Consulting
Boeing
British Petroleum
Buckman Laboratories
Chaparral Steel
Chase Manhattan Bank
Chrysler
Coca-Cola

Einleitung

CSIRO
Dai-Ichi Pharmaceuticals
Dow Chemical
Ernst & Young
Ford
General Motors
Hewlett-Packard
Hoeschst-Celanese
Hoffman-LaRoche
Hughes Space and Communications
IBM
IDEO
McDonnell Douglas
McKinsey & Company
Microsoft
Mobil Oil
Monsanto
National Semiconductor
NYNEX
Owens-Corning
Sandia National Laboratories
Sematech
Senco Products
Sequent Computer
Skandia
Teltech
Texas Instruments
3M
Time Life
US Army
Young & Rubicam

Anmerkungen

1. Siehe zum Beispiel Richard Rumelt, Hrsg. (1993) *Fundamental Issues in Strategy* (Boston: Harvard Business School Press); Giovanni Dosi/Franco Materba, Hrsg. (1996) *Organization and Strategy in the Evolution of the Enterprise* (London: Macmillan); und Cynthia Montgomery, Hrsg. (1995) *Resource-based and Evolutionary Theories of the Firm* (Boston: Kluwer).
2. Als erster Wirtschaftswissenschaftler aus jüngerer Zeit hat Fritz Machlup diese und verwandte Wissensaspekte analysiert. Siehe sein dreibändiges Werk (1980-84) *Knowledge: Its Creation, Distribution und Economic Significance* (Princeton, N. J.: Princeton University Press). Der von Machlup herausgegebene Band (1983) *The Study of Information: Interdisciplinary Messages* (New York: Wiley) bietet nach wie vor eine hilfreiche Sammlung von Aufsätzen namhafter Experten zu Information und Wissen.
3. Die besten Zusammenfassungen zum Modewellen-Problem sind nachzulesen bei Robert Eccles/Nitin Nohria (mit James Berkely) (1992) *Beyond the Hype: Rediscovering the Essence of Management* (Boston: Harvard Business School Press); und bei Eileen Shapiro (1995) *Fad Surfing in the Boardroom* (Reading, Mass.: Addison-Wesley).
4. Die Ergebnisse der Forschungsarbeiten sind aufgeführt bei James McGee/Laurence Prusak (1992) *Managing Information Strategically* (New York: Wiley); Thomas H. Davenport (1993) *Process Innovation* (Boston: Harvard Business School Press); und Thomas H. Davenport/Larry Prusak (1997) *Information Ecology* (New York: Oxford University Press).
5. Sidney G. Winter (1994) „On Case, Competence, and the Corporation", in *The Nature of the Firm*, herausgegeben von Oliver Williamson und Sidney Winter (New York: Oxford University Press), 189.
6. Siehe zum Beispiel die Bücher von Tom Stewart (Doubleday Currency) sowie Leif Edvinsson und Michael Malone (HarperCollins) – jeweils mit dem Titel *Intellectual Capital* (1997). Eine etwas theoretischer angelegte Aufsatzsammlung ist von Georg von Krogh und Johan Roos (1996) herausgegeben worden: *Managing Knowledge* (London: Sage). Ein Sammelband mit Artikeln zu Wissensmanagement-Instrumenten stammt von L. Ruggles III (1996): *Knowledge Management Tools* (Boston: Butterworth-Heinemann). Sammelbände zur Thematik von Wissensmanagement und Organisationsformen: Paul Myers, Hrsg. (1996): *Knowledge Management and Organizational Design* (Boston: Butterworth-Heinemann); Larry Prusak (1997): *Knowledge in Organizations* (Boston: Butterworth-Heinemann).

> *Letztlich hat die neue Wirtschaft ihren Standort nicht in der Technologie – gleich, ob es sich um den Mikrochip oder um das globale Telekommunikationsnetz handelt. Ihr Standort ist der menschliche Verstand.*
> – Alan Webber[1]

Kapitel 1

Worüber reden wir, wenn wir über Wissen reden?

Wissen: Es geht weder um Daten noch um Informationen – wenngleich ein Zusammenhang zu beiden Begriffen besteht und oft nur graduelle Unterschiede zu berücksichtigen sind. Wir wollen zunächst von *Daten* und *Informationen* reden: Zum einen sind uns diese Wörter vertrauter, und zum anderen können wir Wissen am besten unter Bezugnahme auf Daten und Informationen verstehen. Die Verwirrung über das, was Daten, Informationen und Wissen *bedeuten* und worin sie sich unterscheiden, hat zu ungeheuren Investitionen in technologische Initiativen geführt, die nur selten das liefern, was die investierenden Unternehmen benötigen oder erwartet haben. Häufig verstehen Unternehmen ihre eigentlichen Bedürfnisse erst dann, wenn sie Unsummen in ein System investiert haben, das solchen Bedürfnissen in keiner Weise gerecht wird.

So banal es scheinen mag: Immer wieder ist darauf hinzuweisen, daß Daten, Informationen und Wissen keine austauschbaren Konzepte sind. Erfolg beziehungsweise Mißerfolg von Unternehmen hängen unter Umständen entscheidend davon ab, daß man *weiß*, ob Daten, Informationen oder Wissen benötigt werden, was davon vorhanden ist und was mit dem einen oder anderen bewirkt werden kann. Man muß die drei Konzepte und den Gesamtzusammenhang schon gut kennen, um mit Wissen erfolgreich umgehen zu können. Also beginnen wir am besten mit einer kurzen Gegenüberstellung der drei Termini einschließlich der Faktoren, die bei der Umwandlung von Daten zu Informationen und von Informationen zu Wissen eine Rolle spielen.

Wissen – eine Arbeitsdefinition

Unseren Definitionen sei eine einschränkende Bemerkung vorausgeschickt: Wir sind uns dessen bewußt, daß einige Wissenschaftler stärker differenzieren als wir mit unserer Unterscheidung zwischen *Daten, Information* und *Wissen* – zum Beispiel werden noch Weisheit, Einsicht, Entschluß, Aktion usw. abgegrenzt. Da wir aber feststellen mußten, daß Unternehmen mit der Differenzierung von drei kontextuell eingebundenen Konzepten schon genug Schwierigkeiten haben, möchten wir nicht noch weitere hinzufügen. Daher wollen wir aus pragmatischen Erwägungen heraus übergeordnete Begriffe wie „Weisheit" und „Einsicht" unserem Konzept *Wissen* zuordnen.[2] Und was Abgrenzungen wie „Entschluß" und „Aktion" betrifft, die zu Recht auf die Notwendigkeit eines aktiven Umgangs mit Wissen hinweisen, so möchten wir sie nicht als Erscheinungsformen von Wissen als solchem ansehen, sondern der Kategorie „Was man mit Wissen tun kann" zuordnen. Wenden wir uns nunmehr unseren Definitionen zu.

Daten

Daten kennzeichnen einzelne objektive Fakten zu Ereignissen oder Vorgängen. Im Unternehmenskontext sind Daten am sinnvollsten zu beschreiben als strukturierte Aufzeichnungen von Transaktionen. Wenn ein Kunde eine Tankstelle anfährt und den Tank seines Autos auffüllt, läßt sich diese Transaktion teilweise mit Daten beschreiben: Wann hat er Sprit gekauft? Wieviel Liter hat er getankt? Welchen Preis hat er gezahlt? Solche Daten sagen aber weder etwas darüber aus, warum der Kunde diese und keine andere Tankstelle gewählt hat, noch lassen sie erkennen, mit welcher Wahrscheinlichkeit er zurückkommen wird. Auch deuten Fakten wie diese nicht darauf hin, ob die Tankstelle gut oder schlecht geführt wird, ob sie dahinkümmert oder ob sie hervorragend läuft. Peter Drucker hat einmal gesagt, Informationen seien „mit Bedeutung und Zweck versehene Daten". Mit anderen Worten: Daten als solche besitzen kaum Bedeutung oder Zweck.

Moderne Unternehmen speichern Daten gewöhnlich in irgendeinem technologischen System, in das etwa die Finanzabteilung, die Buchhaltung und die Marketingabteilung ihr Datenmaterial eingeben. Bis noch vor kurzem wurden all diese Daten von zentralen Informationssystem-Abteilungen verwaltet, die dem Management und anderen Unternehmenseinheiten auf entsprechende Anfragen hin Daten bereitstellten. Neuerdings geht der Trend zu weniger zentralisierten Datenbeständen, die von PC-Arbeitsplätzen aus abgefragt werden können, aber die Grundstruktur dessen, was Daten sind und wie wir sie speichern und nutzen, ist nach wie vor unverändert.

Die Unternehmen bewerten ihr Datenmanagement quantitativ nach Kosten, Geschwindigkeit und Kapazität: Was kostet die Datenerfassung beziehungsweise die Suche nach bestimmten Daten? Wie schnell können wir Daten in das

System eingeben und abfragen? Welchen Datenumfang kann das System bewältigen? Qualitative Bewertungen betreffen Rechtzeitigkeit, Relevanz und Klarheit: Haben wir genau *dann* Zugang zu den Daten, wenn wir sie brauchen? Sind die Daten *das*, was wir brauchen? Können wir einen Sinn daraus ableiten?

Alle Organisationen benötigen Daten; manche Branchen sind sogar in hohem Maß datenabhängig. Unverkennbar ist dies bei Banken, Versicherungen, öffentlichen Versorgungsbetrieben und Regierungsbehörden. In solchen „Datenkulturen" ist ständiges Dokumentieren unverzichtbar, wobei effektives Datenmanagement die Erfolgsvoraussetzung ist: Ein effizienter Nachweis von Millionen von Transaktionen gehört zum Geschäft. Doch für viele Unternehmen – selbst für einige Datenkulturen – bedeuten *mehr* Daten nicht unbedingt *bessere* Daten. Zuweilen erfassen Unternehmen Unmengen an Daten, nur weil es sich um Faktendaten handelt, die der Dokumentation die Illusion wissenschaftlicher Genauigkeit verleihen. Wenn nur hinreichend Daten verfügbar sind, so meint man, bieten sich die objektiv richtigen Entscheidungen von selbst an. Dies ist in zweierlei Hinsicht ein Irrtum: Zum einen erschwert ein zu umfangreiches Datenmaterial die Ermittlung und sinnvolle Nutzung der wirklich relevanten Daten; zum anderen – und das ist noch entscheidender – kommt Daten als solchen keine inhärente Bedeutung zu. Daten beschreiben lediglich einen Teil des Geschehens; sie enthalten keinerlei Werturteil oder Interpretation und sind als Handlungsbasis nicht tragfähig. Zwar mögen Daten zum Rohmaterial der Entscheidungsfindung zählen, doch können sie in keiner Weise vorgeben, was zu tun ist. Daten sagen nichts aus über die eigene Bedeutung beziehungsweise Belanglosigkeit. Dennoch sind Daten für Organisationen wichtig – vor allem deshalb, weil sie das entscheidende Rohmaterial zur Schaffung von Informationen bereitstellen.

Informationen

Wie viele andere mit der Informationsthematik befaßte Wissenschaftler wollen auch wir eine Information als *Nachricht* beschreiben, die gewöhnlich schriftlich dokumentiert oder akustisch beziehungsweise visuell kommuniziert wird. Wie alle Nachrichten haben Informationen einen Sender und einen Empfänger. Informationen sollen die Wahrnehmung des Empfängers in bezug auf einen Sachverhalt verändern und sich auf seine Beurteilung und sein Verhalten auswirken. Eine Nachricht muß informieren – bei einer Nachricht geht es um Daten, die etwas bewirken. Das Wort *informieren* bedeutete ursprünglich, einer Sache oder Person „Form geben": Informationen sollen den Empfänger formen und eine Veränderung in seiner Weltsicht und seinem Selbstverständnis bewirken. Genaugenommen ist es somit der Empfänger und nicht der Sender, der darüber entscheidet, ob die erhaltene Nachricht tatsächlich eine Information ist – ob sie ihn im wahren Sinn des Wortes „in*form*iert". Eine Kurzmitteilung, gespickt mit unzusammenhängenden Weitschweifigkeiten, mag vom Sender für „Information" gehalten werden, wird aber vom Empfänger schlicht als „Rauschen" wahrgenommen. Die einzige Nachricht, die unmißverständlich kommuniziert wird, ist eine unbeabsichtigte Aussage über Intelligenz beziehungsweise Urteilsvermögen des Senders.

Informationen kann man sich vorstellen als Daten, die etwas bewirken.

Informationen werden in Organisationen durch harte und weiche Netzwerke übermittelt. Ein hartes Netzwerk weist eine sichtbare, deutlich abgrenzbare Infrastruktur auf: Drähte, Lieferwagen, Satellitenschüssel, Postämter, Adressen, elektronische Briefkästen. Die Nachrichten, die über solche Netzwerke laufen, erscheinen in Form von E-Mail, herkömmlicher „Schneckenpost", Zustellpaketen und Internet-Übertragungen. Ein weiches Netzwerk ist weniger formgebunden und weniger sichtbar – eher eine *Ad-hoc*-Bildung. So könnte eine über das weiche Netzwerk übermittelte Information darin bestehen, daß man Ihnen eine Mitteilung oder die Kopie eines Artikels mit dem Vermerk „Zur Kenntnisnahme" in die Hand drückt.

Quantitative Messungen zum Informationsmanagement betreffen in aller Regel Konnektivität und Transaktionen. Wie viele E-Mail-Adressen oder *Lotus-Notes*-Benutzer haben wir? Wie viele Nachrichten übermitteln wir in einer bestimmten Zeitspanne? Qualitative Messungen gelten dem Informationsgehalt beziehungsweise der Brauchbarkeit der übermittelten Informationen: Hat mir die Nachricht zu neuer Einsicht verholfen? Erleichtert sie mir das Verständnis einer Situation, und trägt sie zur Entscheidungsfindung oder Problemlösung bei?

Im Gegensatz zu Daten besitzen Informationen nach Druckers Definition „Bedeutung und Zweck". Informationen können nicht nur den Empfänger formen – sie weisen selbst eine Form auf: Sie sind für einen bestimmten Zweck zusammengestellt worden. Aus Daten werden Informationen, wenn der Sender den Daten einen Bedeutungsgehalt hinzufügt. Eine solche Aufwertung von Daten zu Informationen erfolgt auf unterschiedliche Weise. Die wichtigsten Methoden beginnen mit einem großen „K":

- *Kontextualisierung*: Wir wissen, zu welchem Zweck die Daten beschafft wurden.
- *Kategorisierung*: Wir kennen die Analyseeinheiten oder Hauptkomponenten des Datenmaterials.
- *Kalkulation*: Das Datenmaterial konnte mathematisch analysiert oder statistisch ausgewertet werden.
- *Korrektur*: Aus dem Datenmaterial wurden Fehler beseitigt.
- *Komprimierung*: Die Daten sind in knapperer Form zusammengefaßt worden.

Computer mögen ihren Beitrag zu einer solchen Aufwertung und Umwandlung von Daten zu Informationen leisten, aber bezüglich der Kontextualisierung können sie kaum etwas ausrichten, und auch bei der Kategorisierung, Kalkulation und Komprimierung bedarf es gewöhnlich eines menschlichen Eingriffs. Wir werden in diesem Buch immer wieder auf das Problem zu sprechen kommen, daß Information (beziehungsweise Wissen) mit der lediglich übermittelnden Technologie verwechselt wird. Wir haben es alle noch im Ohr: Von der Behauptung eines Marshall McLuhan *(The Medium Is the Message)*, das Fernsehen werde die Menschheit zu einem globalen Dorf vereinen und Weltkonflikten ein Ende setzen, bis hin zu jüngst erfolgten Verlautbarungen zur Wandlungskraft des Internet wird uns verkündet, die Informationstechnologie werde nicht nur unsere Arbeitsweise, sondern auch uns selbst verändern. Demgegenüber vertreten wir hier mit Nachdruck: Das Medium ist *nicht* die Nachricht, wenngleich sie diese erheblich beeinflussen kann. Die ausgelieferte Ware ist wichtiger als der Lieferwagen. Die Tatsache, daß man ein Telefon hat, garantiert oder fördert keineswegs das Zustandekommen brillanter Gespräche. Ein High-Tech-CD-Gerät verfehlt seinen Sinn, wenn man lediglich Kazoo-Rhythmen hören will. Zu Beginn der Fernseh-Ära meinten viele Kommentatoren, das neue Medium werde der Nation ein höheres Niveau an kulturellen und politischen Diskursen bescheren – weit gefehlt. Für unsere Manager von heute bedeutet das: Ein Mehr an Informationstechnologie verbessert nicht unbedingt den Informationsstand.

Wissen

Die meisten Leute spüren intuitiv, daß Wissen im Vergleich zu Daten und Informationen mehr umfaßt, tiefer gründet und reichhaltiger ist. Wenn wir von einem Menschen sagen, er wisse Bescheid oder kenne sich aus, so meinen wir damit seine gründliche, wohlinformierte und zuverlässige Kenntnis eines Zusammenhangs, die sowohl auf Bildung als auch auf Intelligenz schließen läßt. Dagegen würden wir kaum von „gescheiten" oder gar „gebildeten" Memos, Handbüchern oder Datenbanken sprechen, obgleich diese von klugen Köpfen produziert sein mögen.

Wenn Epistemologen ihr Leben lang zu ergründen suchen, was es denn nun bedeute, etwas zu „wissen", wollen wir uns nicht anmaßen, unsererseits eine exakte Definition zu liefern. Was wir hier zu bieten haben, ist lediglich eine Arbeitsdefinition von Wissen – eine pragmatische Beschreibung, die uns als Verständigungsbasis dienen soll, wenn wir vom Umgang mit Unternehmenswissen reden. Unsere Definition erfaßt Merkmale, die Wissen wertvoll machen, wie auch (vielfach identische) Merkmale, die gutes Wissensmanagement erschweren:

Wissen entsteht durch Kopfarbeit.

> Wissen ist eine fließende Mischung aus strukturierten Erfahrungen, Wertvorstellungen, Kontextinformationen und Fachkenntnissen, die in ihrer Gesamtheit einen Strukturrahmen zur Beurteilung und Eingliederung neuer Erfahrungen und Informationen bietet. Entstehung und Anwendung von Wissen vollziehen sich in den Köpfen der Wissensträger. In Organisationen ist Wissen häufig nicht nur in Dokumenten oder Speichern enthalten, sondern erfährt auch eine allmähliche Einbettung in organisatorische Routinen, Prozesse, Praktiken und Normen.

Eine solche Definition läßt keinen Zweifel: Wissen ist keineswegs wohlgeordnet oder einfach zu erfassen. Wissen setzt sich aus verschiedenen Elementen zusammen; Wissen ist zum Teil fließend, zum Teil aber auch formell strukturiert; Wissen kann intuitiv sein; es ist schwer in Worte zu fassen und kaum in vollem Umfang logisch nachzuvollziehen. Wissen ruht in den Köpfen der Menschen und unterliegt damit menschlicher Komplexität und Unvorhersagbarkeit. Gewöhnlich stellen wir uns Vermögenswerte als „konkret" definierbar vor, aber Wissensvermögen ist weitaus schwerer zu erfassen. Wie ein atomares Teilchen – je nach naturwissenschaftlicher Untersuchungsmethode – entweder als Welle oder als Partikel aufgefaßt wird, so ist auch Wissen zugleich als Prozeß *und* als Bestand zu verstehen.

Wissen basiert auf Informationen, so wie Informationen auf Daten basieren. Wann immer aus Informationen Wissen abgeleitet werden soll, müssen Menschen die Umwandlung herbeiführen. Auch dieser Umwandlungsprozeß läßt sich mit „K"-Wörtern beschreiben:

- *Komparation*: Wie ist eine Information über eine aktuelle Situation im Vergleich zu anderen uns bekannten Situationen einzuschätzen?
- *Konsequenz*: Wie wirken sich Informationen auf Entscheidungen und Handlungen aus?
- *Konnex*: Welche Beziehungen bestehen zwischen einem bestimmten Wissenselement und anderen Wissenselementen?
- *Konversation*: Wie denken andere Leute über eine bestimmte Information?

Solche wissensgenerierenden Aktivitäten vollziehen sich eindeutig in den Köpfen von Menschen und im Rahmen zwischenmenschlicher Beziehungen. Daten finden wir in Aufzeichnungen oder Transaktionen, und Informationen entnehmen wir Nachrichten, aber Wissen erfahren wir von dem (oder den) Wissensträger(n) selbst oder leiten es zuweilen auch aus organisatorischen Routinen ab. Wissen wird durch strukturierte Medien wie Bücher und Dokumente ebenso übermittelt wie durch persönliche Kontakte – von informellen Gesprächen bis hin zu formalen Ausbildungsverhältnissen.

Wissen in Aktion

Einer der Gründe, warum wir Wissen als wertvoll erachten, ist die enge Verbundenheit von Wissen und Aktion – jedenfalls im Vergleich zu Daten oder Informationen. Wissen kann und sollte anhand der daraus abgeleiteten Entscheidungen und Handlungen beurteilt werden. Besseres Wissen kann beispielsweise meßbare Effizienzsteigerungen in Produktentwicklung und Produktion bewirken. Wissen ermöglicht uns klügere Entscheidungen in bezug auf Strategien, Konkurrenten, Kunden, Vertriebskanäle sowie Lebenszyklen von Produkten und Dienstleistungen. Auf die besonderen Merkmale wissensintensiver Organisationen werden wir noch ausführlich zu sprechen kommen. Da Wissen und Entscheidungen gewöhnlich in den Köpfen der Menschen lokalisiert sind, ist die Verbindung zwischen Wissen und Aktion unter Umständen nur schwer nachzuvollziehen.

Wir konnten gut 100 Wissensmanagement-Initiativen in Organisationen beobachten und analysieren. In den meisten Fällen haben wir den Führungskräften die folgende Frage gestellt: „Welche Unterscheidung treffen Sie zwischen Daten, Informationen und Wissen?" Viele Unternehmen ziehen in der Praxis keine scharfe Trennlinie; die meisten Initiativen gelten einer Mischung aus Wissen und Informationen, wobei nicht selten auch Daten berücksichtigt werden. Ein Großteil der von uns befragten Manager gab zu, es gehe ihnen schlicht um eine Aufwertung des bereits Vorhandenen – um die Aufbereitung von Daten in Richtung Wissen.

Chrysler beispielsweise speichert Wissen im Zusammenhang mit der Entwicklung neuer Autos in sogenannten „Engineering Books of Knowledge". Diese „verfahrenstechnischen Bücher" – in Wirklichkeit sind es Computerdateien – stellen ein elektronisches Speichermedium für das praktische Wissen dar, das sich die Entwicklungsingenieure bei ihrer Arbeit angeeignet haben. Als nun dem Manager eines solchen „Buches" eine Reihe von Crash-Test-Ergebnissen zur Speicherung übergeben wurde, ordnete er diese Ergebnisse als Daten ein und forderte den „Sender" zu einer „Aufwertung" auf: In welchem Kontext sind die Ergebnisse entstanden – warum wurden die Crash-Tests durchgeführt? Wie sind die Ergebnisse im Vergleich zu Ergebnissen mit anderen Modellen, zu Ergebnissen aus früheren Jahren und zu Konkurrenzergebnissen zu beurteilen? Welche Konsequenzen könnten die Ergebnisse für die Konstruktion von Stoßstangen und Karosserie haben? Es mag schwirig sein, die genauen Übergänge von Daten zu Informationen beziehungsweise Wissen zu bestimmen, aber der Prozeß einer solchen Aufwertung ist leicht zu erkennen.

Umgekehrt kann Wissen auch eine Abwertung erfahren und zum Status von Informationen und Daten zurückkehren. Der häufigste Grund für eine solche „Wissensabwertung" ist ein zu großes Wissensvolumen. So hat einer der Wissensmanager bei *Andersen Consulting* uns gegenüber geäußert: „Wir haben derart viel Wissen in unserem *Knowledge Xchange Repository* gespeichert (von Daten und Informationen ganz zu schweigen), daß unsere Berater kaum noch etwas damit anfangen können. Für viele von ihnen ist dieses Wissen nur noch Datenmaterial." Äschylus hat Ähnliches bereits vor 2500 Jahren auf den Punkt gebracht: „Nützliches Wissen macht weiser als viel Wissen."

Da Wissen ein so schwer faßbares Konzept ist, lohnt es sich, auf einige wichtige Wissenskomponenten wie Erfahrungen, „Lebenswahrheiten", Urteilsvermögen und Faustregeln näher einzugehen.

Erfahrungen

Wissen entwickelt sich im Lauf der Zeit durch Erfahrung – und dazu gehören nicht nur Inhalte, die wir im Unterricht, aus Büchern und von Lehrern oder Betreuern erfahren, sondern auch informelle Lerninhalte. Erfahrungen beziehen sich immer auf frühere Handlungen oder Ereignisse der Vergangenheit. „Erfahrung" und „Experte" sind verwandte Begriffe: Beide leiten sich vom lateinischen Verb *experiri* („versuchen, erproben") her. Experten – Leute mit gründlichem Sachwissen – haben sich in Testsituationen bewähren müssen und sind durch Erfahrung sachkundig geworden.

Einer der wichtigsten Vorzüge von Erfahrungswissen ist die Möglichkeit, neue Situationen und Ereignisse gewissermaßen im Rückblick zu betrachten und zu verstehen. Erfahrungswissen erkennt vertraute Muster und kann Verbindungen herstellen zwischen aktuellem Geschehen und früheren Ereignissen. Erfahrungswissen kann sich im Unternehmen ganz einfach darin äußern, daß ein alter Hase einen Umsatzrückgang als jahreszeitlich bedingt erkennt und somit keinen Anlaß zu Besorgnis sieht. Erfahrungswissen spielt aber auch in komplexen Zusammenhängen eine wichtige Rolle: Beispielsweise erkennt ein Manager erste Anzeichen, daß sich im Unternehmen Selbstgefälligkeit breitmacht – was früher schon einmal Probleme verursacht hatte; oder ein Wissenschaftler wittert neue Forschungsansätze, die zu brauchbaren Ergebnissen führen könnten. Diese auf Erfahrung basierenden Einsichten stehen bei Unternehmen hoch im Kurs: Erfahrung *zählt*!

Wenn Unternehmen Experten einstellen, gewinnen sie Einsichten, die auf Erfahrung basieren.

„Lebenswahrheiten"

Erfahrungen lassen Vorstellungen darüber, was geschehen *sollte*, zu Wissen über *tatsächliches* Geschehen werden. Wissen zeichnet sich aus durch „Lebenswahrheiten", um mit dem *Center for Army Lessons Learned (CALL)* bei der *US Army* zu sprechen: „Ground truths" beziehen sich auf den reichen Wahrheitsgehalt real und „bodennah" erfahrener Situationen – im Gegensatz zu theoretischen oder allgemeinen Erkenntnissen, die von höherer Warte aus gewonnen wurden.

Aus offensichtlichen Gründen ist ein effektiver Wissenstransfer für die *US Army* von entscheidender Bedeutung. Das Wissen darüber, was in militärischen Situationen zu erwarten beziehungsweise zu tun ist, kann im wahrsten Sinn über Leben und Tod entscheiden. Aufgrund von „Lebenswahrheiten" weiß man, was funktioniert und was nicht. *CALL*-Experten nehmen als lernende Beobachter an aktuellen militärischen Operationen teil und geben ihre Erfahrungen in Form von Fotos, Videobändern, Einsatzbesprechungen und Simulationen weiter. So wurde beispielsweise das in Somalia und Ruanda Anfang der 90er Jahre gesammelte Erfahrungswissen an die Truppen weitergereicht, die 1994 in Haiti zum Einsatz kamen. Die Erfahrungen der ersten Einheiten in Haiti, die Haus für Haus nach Waffen durchsuchten, wurde ebenfalls in Videofilmen festgehalten, um Orientierungshilfe für nachfolgende Einsätze zu leisten.

Ein wichtiger Aspekt beim erfolgreichen Wissensmanagement der *US Army* war das *After-Action-Review*-Programm. Im Rahmen dieses sogenannten *AAR*-Programms wird im nachhinein untersucht, was bei einer Mission oder einem Einsatz hätte geschehen sollen, was tatsächlich geschah, warum sich eventuelle *Soll/Ist*-Abweichungen ergeben haben und was daraus zu lernen ist. Rekruten und Offiziere begegnen sich in einer Atmosphäre der Offenheit, der

Zusammenarbeit und des Vertrauens. Die Ergebnisse aus den *AAR*-Untersuchungen werden bald darauf in die „Militärdoktrin" – die formell dokumentierten Verfahren – und in die Ausbildungsprogramme übernommen. Das *AAR*-Programm wurde zunächst nicht als Vehikel für Wissensmanagement entwickelt, sondern als institutionalisierte Möglichkeit einer Rückkehr zu Werten wie Integrität und Verantwortlichkeit. Diese Werte hatten im Vietnam-Krieg erheblich gelitten, und die Führungskräfte der *US Army* bedienten sich des *AAR*-Programms wie auch ihrer Orientierung an „Lebenswahrheiten", um sie wieder aufleben zu lassen – zunächst in der Ausbildung und später bei allen möglichen Einsätzen. Erst in den letzten Jahren hat die *US Army* erkannt, daß sie mit ihrer *AAR*-Initiative über ein Wissens- und Lerninstrument verfügt.

Ein weiterer Durchbruch bei den umfassenden Erfahrungen der *US Army* im Umgang mit Wissen ergab sich aus den Überlegungen eines hochrangigen Offiziers, der gegen Ende seiner Laufbahn Tolstois Roman *Krieg und Frieden* las. Dieser Offizier stellte mit Erstaunen fest, wie sehr sich Tolstois Beschreibung der Schlachten im Napoleonischen Krieg von dem in Militärakademien üblichen Unterricht unterschied. Wie reichhaltig, lebensnah und fundiert die Darstellungen von Tolstoi doch waren (er hatte sogar Veteranen aus den Feldzügen interviewt); dagegen waren die im Unterricht vermittelten Lerninhalte blutleere, rationale Abstraktionen! Der Unterschied zwischen „Lebenswahrheiten" und rationaler Analyse gab den Anstoß zu Innovationen wie *CALL*.[3]

Einen ähnlichen Unterschied können wir feststellen, wenn wir die praktische Umsetzung von Unternehmensstrategien mit dem an betriebswirtschaftlichen Fakultäten gelehrten Wissen vergleichen.[4] Allerdings meinen wir, daß Manager die Bedeutung eines auf dem wirklichen Leben – auf „Lebenswahrheiten" – basierenden Wissens durchaus richtig einschätzen. Zum Teil ist dies an der Sprache zu erkennen, die Manager benutzen. Sie erzählen sich gegenseitig „Kriegsgeschichten" und reden über das „Leben im Schützengraben". Mit anderen Worten: Sie unterhalten sich über die Einzelheiten und die Bedeutung praktischer Erfahrungen, weil sie erkannt haben, daß Wissen über die alltägliche komplexe und häufig chaotische Arbeitsrealität im allgemeinen mehr wert ist als alle einschlägigen Theorien.

Komplexität

Die Bedeutung von Erfahrungen und „Lebenswahrheiten" beim Umgang mit Wissen läßt darauf schließen, daß Wissen zur Bewältigung von Komplexität imstande ist. Wissen ist keine starre Struktur, bei der alles, was nicht hineinpaßt, „außen vor" bleibt; vielmehr vermag Wissen Komplexität auf komplexe Weise zu bewältigen. Darin liegt ein Großteil seines Werts begründet. Es erscheint immer wieder verlockend, nach simplen Lösungen für komplexe Probleme zu suchen und Ungewißheiten schlicht durch Leugnen derselben aus der Welt schaffen zu wollen; gleichwohl ermöglicht ein Mehr an Wissen gewöhnlich bessere Entscheidungen als weniger Wissen, selbst wenn dieses „Weniger" klarer und eindeutiger erscheint. Gewißheit und Klarheit sind häufig nur unter Vernachlässigung wichtiger Faktoren zu erreichen. So kann man sich einer falschen Auffassung völlig sicher sein. In *Sensemaking in Organizations* stellt Karl Weick fest, man brauche „ein komplexes Abfühlsystem, um ein komplexes Objekt zu erfassen und zu steuern".[5] Und an anderer Stelle heißt es:

> Illusionen von Genauigkeit können sich ergeben, wenn Leute den Vergleich scheuen..., aber in einem dynamischen, wettbewerbsorientierten, sich ständig ändernden Umfeld sind solche Illusionen von Genauigkeit von kurzer

Dauer und zerfallen ohne Vorwarnung. Wenn sich Leute auf eine einzige, nicht weiter in Frage gestellte Datenquelle berufen, mögen sie ein Gefühl der Allwissenheit entwickeln, aber da solche Daten auf nicht näher bekannte Weise mit Fehlern behaftet sind, führen sie zu unangemessenen Vorgehensweisen.[6]

Wissen bedeutet auch, daß man weiß, was man nicht weiß. Viele weise Männer und Frauen haben erkannt: Je mehr Wissen man erlangt, desto bescheidener wird man in der Einschätzung desselben. Da einem das, was man nicht weiß, zum Nachteil gereichen *kann*, ist diese Bewußtwerdung äußerst wichtig. Kürzlich entwickelte ein gentechnisches Unternehmen eine neue Tomatensorte, die man später ernten und verschiffen konnte als die derzeit marktgängigen Sorten; davon versprach man sich größere Geschmacksintensität als bei den in Supermärkten angebotenen Tomaten. Die Wissenschaftler des Unternehmens waren fachlich durchaus in der Lage, die neue Tomate zu entwickeln, aber sie verstanden nicht genug von Landwirtschaft, um zu erkennen, daß dort wichtige Zusammenhänge zu berücksichtigen sind, von denen sie nichts wußten. So hätte ihnen jeder erfahrene Landwirt sagen können, daß *keine* Sorte unter allen klimatischen Bedingungen gleich gut wächst. Bei der neuen Tomate handelte es sich aber nur um eine einzige Sorte. Sie wuchs und gedieh in manchen Gegenden, nicht aber in anderen: Der wissenschaftliche Triumph des Unternehmens geriet zum wirtschaftlichen Flop.

Urteilsvermögen

Im Gegensatz zu Daten und Informationen hat Wissen immer auch mit Urteilsvermögen zu tun: Wissen beurteilt neue Situationen und Informationen nicht nur im Rückblick auf bereits Bekanntes, sondern ermöglicht auch eine Beurteilung und Weiterentwicklung in Anpassung an neue Situationen und Informationen. Wissen ist einem lebendigen Organismus vergleichbar, der sich in Interaktion mit seiner Umgebung weiterentwickelt und verändert.

Natürlich sind uns allen schon „Experten" begegnet, deren Wissen sich in stereotypen Reaktionen erschöpft und die auf neue Fragen stets dieselbe alte Antwort bieten: Für Leute, die nur einen einzigen konzeptuellen Hammer in ihrem Werkzeugkasten haben, kommt jedes Problem als Nagel daher. Wir meinen, ein Expertenwissen, das nicht bereit ist, sich in Frage zu stellen und weiterzuentwickeln, kann nicht mehr als echtes Wissen gelten: Es verkommt zur Schulmeinung oder Doktrin.

Wo sich Wissen nicht weiterentwickelt, verkommt es zur Schulmeinung oder Doktrin.

Faustregeln und Intuition

Wissen arbeitet mit Faustregeln – mit flexiblen Wegweisern zu praktischem Handeln, wie sie durch Versuch und Irrtum und im Verlauf langer Erfahrung und Beobachtung entstanden sind. Faustregeln (oder heuristische Regeln, wie sie in der Sprache der künstlichen Intelligenz genannt werden) zeigen Abkürzungswege zur Lösung neuer Probleme auf, die solchen Problemen ähneln, die von erfahrenen Mitarbeitern bereits gelöst werden konnten. Wer über solches Wissen verfügt, erkennt vertraute Strukturen in neuen Situationen und kann entsprechend reagieren. Er braucht nicht jedesmal von Grund auf nach einer Antwort suchen. Wissen hat also auch einen Geschwindigkeitsvorsprung zu bieten: Wissen ermöglicht dem Wissensträger eine rasche Situationsbewältigung selbst in komplexen Fällen, die einen Neuling in größte Schwierigkeiten bringen würden.

Roger Schank, ein Computerwissenschaftler an der *Northwestern University*, bezeichnet diese internalisierten Reaktionsmuster als „Skripten": Wie Drehbücher (oder spezielle Rahmenstrukturen für Computerprogramme) führen sie auf effiziente Weise durch komplexe Situationen. Skripten sind Muster verinnerlichter Erfahrungen – Routen durch ein Labyrinth von Alternativen; sie ersparen uns die Mühe, jeden einzelnen Schritt bewußt zu analysieren und auszuwählen. Skripten können so schnell abgespult werden, daß wir uns ihrer nicht einmal bewußt werden: Wir gelangen intuitiv zu einer Antwort, ohne zu wissen, wie wir dorthin gekommen sind. Das heißt aber nicht, daß diese Schritte nicht vollzogen wurden – Intuition hat nichts Mystisches an sich. Intuition bedeutet vielmehr, daß wir die Schritte so gründlich gelernt haben, daß sie automatisch, unbewußt und somit sehr schnell ablaufen. Karl Weick bezeichnet Intuition als „komprimierte Expertise" – eine Formulierung, die anschaulich macht, wie Wissen funktioniert und was Wissen vermag.

Intuition ist „komprimierte Expertise".

Die Umsicht eines erfahrenen Autofahrers ist ein Beispiel für intuitives Handeln. Der Fahrer *weiß*, wie er fahren muß: Er nimmt zügig eine Abfolge komplexer Handlungen vor, ohne darüber nachdenken zu müssen; ein Anfänger muß sich diese Handlungen erst einzeln bewußt machen. Ein Fahrer mit langjähriger Erfahrung entwickelt auch ein intuitives Gespür dafür, was ihn im Straßenverkehr erwartet. Viele hundert Stunden Fahrpraxis lassen ihn „wissen", daß ein anderer Verkehrsteilnehmer aus einer Seitenstraße kommen oder die Spur wechseln könnte, ohne den fließenden Verkehr zu beachten. Die Erfahrung läßt den Fahrer auf kleinste Anzeichen achten, die dem Anfänger mit wohl hundertprozentiger Sicherheit entgehen; sie lassen sich nicht einmal in Worte fassen. Wie ein gewiefter Geschäftsmann erfaßt der Fahrer blitzschnell Situationen, ohne einen definierbaren Prozeß abzuwickeln oder sein Handeln auch nur „begründen" zu können.

Wertvorstellungen und Überzeugungen

Die Einbeziehung von Wertvorstellungen und Überzeugungen in eine Auseinandersetzung mit Unternehmenswissen mag zunächst merkwürdig anmuten. Viele meinen, in Organisationen gehe es objektiv und neutral zu; Zweck sei die Schaffung eines Produkts oder die Bereitstellung einer Dienstleistung, und diese Zielsetzung könne wohl kaum etwas mit Wertvorstellungen zu tun haben. Tatsache aber ist, daß Wertvorstellungen und Überzeugungen der Mitarbeiter einen erheblichen Einfluß auf den Umgang mit Wissen haben. In Organisationen arbeiten schließlich Menschen, deren Wertvorstellungen und Überzeugungen ihr Denken und Tun wohl oder übel beeinflussen. Auch die Organisationen selbst haben – getragen von menschlichen Aktionen und Worten – eine Entwicklungsgeschichte erfahren, die Unternehmenswerte und Überzeugungen zum Ausdruck bringt.

Wertvorstellungen und Überzeugungen sind integrale Wissensbestandteile: Sie bestimmen weitgehend, was der Wissensträger sieht, aufnimmt und aus seinen Beobachtungen schlußfolgert. Menschen mit unterschiedlichen Wertvorstellungen „sehen" unterschiedliche Dinge in ein und derselben Situation und organisieren ihr Wissen im Einklang mit ihren Wertvorstellungen. Ein Mensch, der das Stadtleben genießt, mag aus der Hektik einer belebten Straße in der Innenstadt Energie und Anregung schöpfen. Wer hingegen die Ruhe des Landlebens vorzieht, empfindet dieselbe Situation als chaotisch und gefährlich. Ein Verlagsmanager, der Risiko und Wandel schätzt, mag neue Chancen in einer Online-Technologie erkennen, die ein Konkurrent als Bedrohung für traditionell erfolgreiche Druckerzeugnisse ansieht.

Auch Nonaka und Takeuchi meinen, Wissen habe im Gegensatz zu Informationen mit *Überzeugungen* und *Engagement* zu tun.[7] Der maßgebliche Einfluß des Wissens auf unser Organisieren, Auswählen, Lernen und Beurteilen ist mit derselben – wenn nicht sogar einer höheren – Berechtigung auf Wertvorstellungen und Überzeugungen zurückzuführen wie auf Informationen und logische Schlußfolgerungen.

Wissen als Unternehmensvermögen

In Organisationen hat man, zumindest implizit, schon immer nach Wissen gesucht, Wissen angewendet und Wissen geschätzt. Viele Unternehmen stellen ihre Mitarbeiter häufiger aufgrund ihres Erfahrungswissens denn aufgrund von Intelligenz und Ausbildung ein, weil sie den Wert eines im Lauf der Zeit entwickelten und bewährten Wissens kennen. Wenn Führungskräfte vor schwierigen Entscheidungen stehen, wenden sie sich mit viel größerer Wahrscheinlichkeit an gute Kollegen, um an deren Wissen teilzuhaben, als daß sie nach Informationen in Datenbanken suchen. Wie Untersuchungen gezeigt haben, beziehen Manager zwei Drittel ihrer Informationen und ihres Wissens aus persönlichen Begegnungen oder Telefongesprächen. Nur ein Drittel basiert auf Dokumenten.[8] Die meisten Mitarbeiter in Unternehmen fragen erfahrene Kollegen, wenn sie Expertenrat zu einem bestimmten Thema brauchen. Wie gesagt – Wissen bringt Bewegung in Organisationen. Wissen ist nicht neu.

Neu hingegen ist die explizite Erkenntnis, daß Wissen einen unternehmensweiten Vermögenswert darstellt und daß die Nutzung dieses Wissens hinsichtlich Management und Investitionen dieselbe Sorgfalt verlangt wie die Wertschöpfung aus anderen, eher materiellen Vermögenswerten. Die Notwendigkeit, ein Maximum aus organisatorischem Wissen herauszuholen und es so wertschöpfend wie möglich zu nutzen, ist heute größer denn je.

Schneller Wandel in der globalen Wirtschaft

Vor 50 Jahren entfielen rund 53 Prozent des Bruttosozialprodukts weltweit auf die Vereinigten Staaten. Die Nachfrage nach amerikanischen Gütern im In- und Ausland war so groß, daß fast jedes Produkt einen Absatzmarkt finden konnte. Heute sind die Vereinigten Staaten mit annähernd 18 Prozent am weltweit erzeugten Bruttosozialprodukt beteiligt. Obgleich das „Tortenstück" heute größer ausfällt als früher, sind die amerikanischen Unternehmen auf dem Weltmarkt nicht mehr führend. Jeder zusätzliche Dollar Gewinn wird im internationalen Wettbewerb hart umkämpft. Eine schnelle wirtschaftliche Globalisierung mit verbesserten Kommunikations- und Transportmöglichkeiten bietet den Verbrauchern eine noch nie dagewesene Auswahl an Produkten und Dienstleistungen und eine schier endlose Folge neuer und besserer Angebote globaler Unternehmen.

Mit anderen Worten: Unternehmen können nicht länger davon ausgehen, daß Produkte und Verfahren, die ihnen in der Vergangenheit zu Erfolg verholfen haben, auch in Zukunft das Überleben sichern. Preiszwänge lassen keinen Spielraum für ineffiziente Produktion. Die Zykluszeiten für die Entwicklung und Vermarktung neuer Produkte verkürzen sich immer mehr. So werden den Unternehmen heutzutage Qualität, Wert, Service, Innovation und schnelle Vermarktung als *Erfolgsvoraussetzung* abverlangt. All dies wird in Zukunft noch an Bedeutung gewinnen.

Die Unternehmen werden sich zunehmend nach Maßgabe ihres Wissens unterscheiden. Sidney Winters Definition vom Unternehmen als einer „Organisation, die weiß, wie man etwas macht" könnte zur Beschreibung eines erfolgreichen Unternehmens im nächsten Jahrzehnt wie folgt abgewandelt werden: „Organisation, die *weiß*, wie man Neues gut und schnell macht."

Auf ihrer Suche nach neuer Effizienz haben globale Unternehmen einen Großteil ihrer Fertigung in Länder verlegt, in denen die Lohnkosten noch vergleichsweise niedrig sind. Immer deutlicher rücken die wissensbasierten Aktivitäten im Rahmen der Entwicklung von Produkten und Prozessen als wichtigste interne Unternehmensfunktionen in den Vordergrund – sie haben das größte Potential zur Schaffung nachhaltiger Wettbewerbsvorteile zu bieten.[9]

In einer globalen Wirtschaft könnte sich Unternehmenswissen als größter Wettbewerbsvorteil erweisen.

Konvergenz von Produkt und Dienstleistung

Wissen und die damit verbundenen immateriellen Werte bringen nicht nur Bewegung ins Unternehmen, sondern bestreiten in manchen Fällen teilweise – oder auch vollumfänglich – das unternehmerische Produktangebot. Alte Unterscheidungen zwischen Produktionsgütern, Dienstleistungen und Ideen verlieren an Relevanz. So ist es nicht weiter erstaunlich, daß auch immer weniger zwischen Produktionsunternehmen und Dienstleistungsunternehmen unterschieden wird. Alan Webber hat diesen Wandel in einem Artikel aus dem Jahr 1993 beschrieben:

> Vor noch nicht langer Zeit kündigten Beobachter zuversichtlich eine „postindustrielle" Dienstleistungsgesellschaft an, in der die zentrale Rolle der Fertigung in der Wirtschaft kontinuierlich durch neue Dienstleistungsbranchen und Service-Jobs ersetzt würde. Wie wir inzwischen wissen, wirkt sich in Wirklichkeit die Informationsgesellschaft dahingehend aus, daß die Unterscheidung zwischen Fertigung und Dienstleistung schlechthin entfällt.[10]

Das *Fortune*-Magazin erkannte 1993 denselben Trend, als es die bishere Kategorisierung der *Fortune-500*-Unternehmen in Industrieunternehmen einerseits und Dienstleistungsunternehmen andererseits zugunsten einer einheitlichen Bearbeitung aufgab. Den Anstoß zu dieser Entscheidung gab eine interne Diskussion darüber, ob *Microsoft* als „Industrieunternehmen" oder als „Dienstleistungsunternehmen" einzustufen sei und ob dies überhaupt eine Rolle spiele. Die Herausgeber befanden, daß eine solche Unternehmenskategorisierung keinen Sinn mehr mache und vielfach gar nicht möglich sei.

Software-Unternehmen verkaufen Produkte, die im wesentlichen in Codes verpackte Ideen – intellektuelles Eigentum – darstellen. Wir können Software als eine Dienstleistung bezeichnen: als Paket von digital gelieferten Funktionen. Kein Wunder, daß *Microsoft* so sorgfältig auf die Einstellung gescheiter Mitarbeiter bedacht ist. Nun stellt das Software-Geschäft eine neue Variante der Wissensbranche dar, doch selbst traditionelle Fertigungsunternehmen sind zunehmend als Anwender wie auch als Anbieter von Wissen tätig. Unternehmen, die einst einer herkömmlichen Fertigungsbranche angehörten, heben sich von der Konkurrenz ab, indem sie „intelligente" Produkte anbieten – von automatischen Brotbackgeräten bis hin zu Autos, die sich auf die Gewohnheiten des Fahrers einstellen. *Xerox* versteht sich als „the Document Company" (Dokument-Unternehmen), nicht etwa als „Unternehmen für Kopierer und Drucker". Es verkauft den Kunden Problemlösungen, nicht einfach nur Büromaschinen. *Ford* legt besonderen Wert auf „Qualität". *IBM* vermarktet „branchenspezifische Lösungen". *3M* bezeichnet sich als „Wissensunternehmen", und *Steelcase* als Büroeinrichtungsunternehmen verkündet in ganzseitigen Werbebotschaften, es „verkaufe Wissen". Das so geäußerte Selbstverständnis ist nicht nur ein Marktspektakel, sondern bringt genau die Werte zum Ausdruck, die diese Unternehmen ihren Kunden bieten müssen.

Veränderungen und Zwänge dieser Art führen dazu, daß Unternehmenswissen für die Organisationen eine lebenswichtige Bedeutung erhält. James Brian Quinn weist zu

Recht darauf hin, daß die immaterielle Wertschöpfung bei den meisten Produkten und Dienstleistungen wissensbasiert ist: technisches Know-how, Produkt-Design, Marketing-Präsentation, Kundenverständnis, persönliche Kreativität und Innovation.[11] Das weiter oben beschriebene Wissenspotential – Geschwindigkeit, Komplexität, Geschichts- und Kontextbewußtsein, Urteilsvermögen und Flexibilität – ist genau das, was eine von raschem Wandel und zunehmendem Wettbewerb geprägte globale Wirtschaft erfordert.

Dazu ein kleines, aber aufschlußreiches Beispiel: Die *NEC*-Fabrik im japanischen Honjo hat Montage-Roboter durch menschliche Arbeiter ersetzt, weil deren Flexibilität und Intelligenz größere Effizienz bei der Bewältigung von Wandel gewährleistet. So erreichten die menschlichen Arbeiter bei der Montage eines neuen Mobiltelefon-Modells das vorgegebene Effizienzziel schon nach einer Produktion von 8000 Einheiten (im Vergleich zu 64000 Einheiten bei den Robotern) und waren nach Erreichen der jeweiligen Höchsteffizienz um 45 Prozent produktiver als die Maschinen. Die mit einer Modellveränderung verbundenen Kosten sanken von 9,5 Millionen Dollar auf 1 bis 2 Millionen Dollar, was in Anbetracht der Tatsache, daß *NEC* Modellveränderungen nicht mehr wie früher alle zwei Jahre, sondern inzwischen alle sechs Monate vornimmt, signifikante Einsparungen bedeutet. Tomiaki Mizukami, Direktor des *NEC*-Werks in Saitama, sagt: „Früher beschäftigten wir die Leute letztlich als Roboter. Jetzt aber gilt es ihre Intelligenz zu nutzen. Der Einsatz von Robotern war gut, aber wir stellen fest, daß menschliche Arbeitskräfte schneller sind."[12] Selbst bei der häufig als rein mechanisch verstandenen Fließbandarbeit erweisen sich menschliche Erfahrung, Geschicklichkeit und Anpassungsfähigkeit von Vorteil.

In ähnlicher Weise müssen Unternehmen, die einen Teil ihres Buchhaltungspersonals durch Computer ersetzt haben, die Feststellung machen, daß häufiger als früher zu hohe

Auszahlungen erfolgen, weil die automatischen Systeme Irrtümer, die erfahrenen Mitarbeitern sofort aufgefallen wären, nicht erkennen. Dieser zusätzliche Kostenaufwand für überhöhte Auszahlungen mag durch Einsparungen in bezug auf Gehälter und Lohnnebenkosten wettgemacht werden, aber solche Irrtümer können zu Spannungen zwischen Unternehmen und Lieferanten führen. Wiederum treten menschliche Dimensionen – die Wissensdimensionen – einer vermeintlich mechanischen Aufgabe in Erscheinung, wenn Maschinen die Aufgaben übernehmen sollen. Richard Loder, Präsident des Personalberatungsunternehmens *Loder Drew & Associates*, meint dazu: „Lohn- und Gehaltsempfänger sind mit Intuition, einem aktiven Gedächtnis und der Fähigkeit zu gescheiten Vermutungen gesegnet. Computer stellen sich auf solchen Gebieten immer dümmer an."[13]

Konosuke Matsushita, Begründer von *Matsushita Electric, Ltd.*, hat einmal gesagt: „Das Unternehmen unserer Zeit ist derart komplex und schwierig geworden und sein Überleben in einer zunehmend unvorhersagbaren, wettbewerbsorientierten und gefahrvollen Umgebung derart riskant, daß es auf Dauer nur existieren kann, wenn es tagtäglich jede Unze Intelligenz mobilisiert."[14] Rund um den Globus haben die Manager erkannt, wie sehr es auf das Wissen um das eigene unternehmensspezifische Know-how und die möglichst effektive Nutzung dieses Wissens ankommt.

Nachhaltiger Wettbewerbsvorteil

In früheren Jahrhunderten bewahrten sich Hersteller und Nationen ihre wirtschaftliche Vormachtstellung durch Geheimhaltung der verwendeten Materialien und Verfahren. Zünfte schützten ihr spezielles Wissen; Regierungen untersagten den Export wirtschaftlich wichtiger Fertigkeiten. Frankreich zum Beispiel erhob den Export handwerklicher

Künste bei der Anfertigung von Spitzen zu einem Kapitalverbrechen: Wer dabei erwischt wurde, daß er Ausländern das Handwerk beibrachte, mußte mit der Todesstrafe rechnen. Heute sind echte Betriebsgeheimnisse eher die Ausnahme. Es gibt zwar einige weithin bekannte Beispiele (wie die Rezeptformel für Coca-Cola) und einige wenige spezielle Geheimhaltungen (wie beim Zimbel-Hersteller *Zildjian*, einem Unternehmen, das seit seiner Jahrhunderte zurückliegenden Gründung als Alchimie-Experimentator im Familienbesitz fortgeführt wurde und noch heute die Formel für die bei seinen Zimbeln verwendete Legierung hütet). Doch in den meisten Fällen ist es so gut wie unmöglich, die Konkurrenz am schnellen Kopieren oder auch Verbessern neuer Produkte und Produktionsmethoden zu hindern – zumal in einer Zeit, die durch Mobilität, freien Gedankenaustausch, *Reverse Engineering* und allgemein zugängliche Technologien geprägt ist.

Alan Webber, Herausgeber der Zeitschrift *Fast Company*, hat dieses Phänomen als einen „sich selbst aufhebenden technologischen Vorteil" bezeichnet. „Mit der Veränderung der Wettbewerbslogik", so argumentiert er, „verschwindet die Technologie als nachhaltige Quelle für einen Wettbewerbsvorteil."[15] Da ein und dieselbe Technologie im Prinzip jedermann zugänglich ist, kann sie auch keinem zu langfristigem Vorteil verhelfen. Vielmehr ist ein globaler Ideenmarkt entstanden, auf dem Konzepte und Formeln nur in seltenen Ausnahmefällen nicht allgemein verfügbar sind. Die Konkurrenz kann die meisten Produkte und Dienstleistungen schnell nachmachen. Als nur *Citibank* und *Chemical* Bankautomaten besaßen, waren sie der Konkurrenz für kurze Zeit deutlich überlegen, weil ihr Dienstleistungsangebot den Kundenwünschen entsprach und nur sie dazu in der Lage waren. Doch schon bald wurden solche Bankautomaten zum branchenüblichen Standard: Der einstige Wettbewerbsvorteil geriet zur Grundvoraussetzung für verbraucherorientierte Banken. Es gibt einfach keine Möglichkeit, Bankautomaten oder andere technologische Errungenschaften längere Zeit als Geheimnis zu hüten – selbst dann nicht, wenn man (wie im Fall der *Citibank*) selbst Hersteller des Produkts ist.

Die mit neuen Produkten und Effizienzsteigerungen verbundenen Vorteile sind immer schwerer zu halten. Das Unternehmen *VF* verkauft Lee Jeans und andere Konfektionsartikel und hat fünf Jahre lang jährlich ein 20prozentiges Wachstum erfahren, was teilweise auf technische Innovationen zurückzuführen ist. Dazu zählt auch ein elektronisches Informationssystem, das sowohl die Versandabteilung als auch die Fertigungsabteilung des Unternehmens binnen weniger Stunden von jeder Verkaufsaktion in Kenntnis setzt. Doch *VF*-Finanzdirektor Jerry Johnson sagt: „Die Halbzeit von Innovationen wird immer kürzer. Noch vor ein paar Jahren meinten wir, einen deutlichen Vorsprung im Dienstleistungsangebot für unsere Kunden erlangt zu haben. Jetzt aber entwickelt sich das zum Branchenstandard."[16] Robert Stasey, Direktor für Qualitätsverbesserung beim Wachstumsunternehmen *Analog Devices*, meint etwas ganz Ähnliches, wenn er sagt, *Analog* sei „im Grunde genommen ein Antriebsmotor für neue Produkte. Die Lebenszyklen sind kurz, und wir wollen unsere Produkte lieber selbst revidieren, bevor es die Konkurrenz tut."[17]

Wissen hingegen ermöglicht die Schaffung nachhaltiger Wettbewerbsvorteile. Mit der Zeit gelingt es der Konkurrenz fast immer, an Qualität und Preis des Produkts oder der Dienstleistung des derzeitigen Marktführers heranzukommen. Doch bis dahin hat das wissensorientierte, sein Wissen optimal nutzende Unternehmen längst ein höheres Qualitäts-, Kreativitäts- oder Effizienzniveau erreicht. Ein solcher Wissensvorsprung ist von Dauer, weil immer höhere Resultate und kontinuierliche Vorteile erzielt werden. Im Gegensatz zu materiellen Vermögenswerten, die bei Gebrauch schwinden, gewinnt das Wissensvermögen mit zunehmender Inanspruchnahme noch an Wert hinzu: Ideen erzeugen neue Ideen; weitergegebenes Wissen verbleibt beim Geber und bereichert zugleich den Empfänger. Das Entwicklungspotential neuer Ideen aus den Wissensbeständen eines Unternehmens ist praktisch unbegrenzt – besonders dort, wo den Mitarbeitern Gelegenheit zum Nachdenken, Lernen und Gedankenaustausch gegeben wird. Paul Romer als Experte für wissensgesellschaftliche Fragestellungen argumentiert, nur Wissensressourcen – Ideen – hätten ein unbegrenztes Wachstumspotential aufzuweisen:

Wissensvorteile sind nachhaltige Vorteile.

> In einer Welt der physischen Begrenztheit sind es die Entdeckungen großer Ideen (beispielsweise die Technologie zur Herstellung von Hochtemperatur-Supraleitern) zusammen mit der Entdeckung von Millionen kleiner Ideen (bessere Nähmethoden bei der Hemdenfertigung), die nachhaltiges Wirtschaftswachstum ermöglichen. Ideen sind die Instruktionen, die uns zur Kombination begrenzter physischer Ressourcen in immer wertvolleren Konstellationen verhelfen.[18]

Und weiter sagt er, die Möglichkeiten zur Kombination der für Prozesse oder Produktkomponenten entscheidenden Schritte seien buchstäblich unbegrenzt.

Unternehmensgröße und Wissensmanagement

In einer Zeit, in der es darauf ankommt, daß die Unternehmen „wissen, was sie wissen" und ihr Wissen effektiv nutzen, ist es für viele von ihnen aufgrund ihrer Größe und geographischen Verteilung häufig besonders schwierig, das vorhandene Wissen zu orten und dorthin zu leiten, wo es gebraucht wird. In einem kleinen, lokal begrenzten Unternehmen mag der Manager wissen, wer sich mit einem bestimmten betrieblichen Detail auskennt; er geht einfach durch die Halle und spricht mit ihm. Unsere Untersuchungen haben gezeigt, daß eine Organisation, in der sich die Leute gegenseitig gut genug kennen, um noch zuverlässig auf kollektives Unternehmenswissen zurückgreifen zu können, maximal 200 bis 300 Mitarbeiter beschäftigen sollte. In einem globalen Unternehmen mit geographisch weit auseinander liegenden Büros und Anlagen und einem komplexen Gemisch an Produkten und Funktionen mag es immense Wissensbestände geben, doch gerade dieses Potential bereitet Probleme: Wie findet man, was man braucht? Die Tatsache allein, daß irgendwo in der Organisation Wissen schlummert, hilft kaum weiter. Zu einem wertvollen Vermögenswert wird Wissen erst dann, wenn es zugänglich ist: Je zugänglicher Wissen ist, desto wertvoller ist es. Die Manager in großen Unternehmen wissen, wie häufig „das Rad noch einmal erfunden" wird – dieselben Probleme werden immer wieder von Grund auf gelöst; Doppelarbeit entsteht, weil Wissen im Zusammenhang mit bereits erfolgten Problemlösungen nicht im gesamten Unternehmen bekannt geworden ist. Dies war mit ein Grund dafür, daß *Chrysler* seine „Engineering Books of Knowledge" verfaßte – das Unternehmen hatte bestimmte Aspekte, die man bezüglich der Autoproduktion bereits gelernt hatte, schlicht vergessen und will nun mit wissenstechnischer Dokumentation Abhilfe schaffen. Wo kein System vorhanden ist, mit dessen Hilfe zweckdienliche Wissensressourcen ausfindig gemacht werden können, beschränken sich die Mitarbeiter auf einfache Lösungen. Das damit verbundene Wissen mag „ganz gut" sein, aber in unserer heutigen Wettbewerbssituation ist *ganz gut* eben *nicht gut genug*. Entsprechend sind viele Unternehmen, darunter auch der weiter unten angeführte weltweit tätige Ölkonzern *BP*, um technologiegestützte Problemlösungen im Rahmen ihres globalen Wissenstransfers bemüht.

Computernetze und Wissensaustausch

Die vergleichsweise geringen Kosten für Computer und Netzwerke haben eine potentielle Infrastruktur für den Wissensaustausch geschaffen und wichtige Möglichkeiten für das Wissensmanagement eröffnet. Die Rechenkapazität von Computern ist kaum relevant für den Umgang mit Wissen, aber aufgrund ihrer Kommunikations- und Speicherfähigkeiten sind vernetzte Computer dazu angetan, den Umgang mit Wissen zu fördern. Über E-Mail, Groupware, Internet und unternehmensinterne Netze können Computer und Netzwerke Leute mit Expertenwissen ausweisen und Interessenten, die ihr Wissen über weite Entfernungen hinweg austauschen müssen, miteinander verbinden. Videokonferenz-Schaltungen vom Schreibtisch aus und Multimedia-Anlagen mit Ton-, Video- und Textübertragung ermöglichen zudem die teilweise Übermittlung besonders reichhaltiger und subtiler Bedeutungselemente im menschlichen Wissen.

Allerdings müssen wir uns bewußt sein, daß diese neue Informationstechnologie nur das Leit- und Speichersystem für den Wissensaustausch bereitstellt. Als solche schafft sie weder Wissen, noch kann sie die Wissenserzeugung beziehungsweise den Wissensaustausch in einer Unternehmenskultur, die diesen Aktivitäten keinen Wert beimißt, gewährleisten oder gar fördern. Die Redensart „Wenn wir es erst mal haben, werden die es auch nutzen" trifft auf informationstechnologische Systeme nicht zu.[19] Der Zugang zu *Lotus Notes* macht aus einer wissenshütenden Kultur noch lange keine Kultur, die dem Wissensaustausch gegenüber aufgeschlossen wäre.[20] Weder ist das Medium die Botschaft, noch vermag es zu garantieren, daß es überhaupt eine Botschaft *gibt*.

Ein aufschlußreiches Fallbeispiel: *British Petroleum*

1993 nahm *BP Exploration (BPX)*, *BP*-Sparte für Suche und Produktion von Öl und Gas, eine Umstrukturierung ihrer regionalen Betriebszentren in 42 getrennte Geschäftseinheiten vor. Der geschäftsführende *BP*-Direktor John Browne, der die Umwandlung von *BPX* in eine, wie er sagte, „Föderation von Vermögenswerten" betreute, setzte sich dafür ein, daß diesen Einheiten die Freiheit zugestanden wurde, ihre eigenen problemspezifischen Prozesse und Lösungen zu entwickeln. Die besten und anpassungsfähigsten lokalen Innovationen konnten dann auch anderweitig im Unternehmen genutzt werden. Damit sollte *BPX* in die Lage versetzt werden, die Vielfalt und die kreative Kraft von 42 Unternehmen überschaubarer Größe zu nutzen. Diese Idee einer Unternehmensföderation hat Ähnlichkeit mit der „multilokalen" Struktur, die Nonaka und Takeuchi in *The Knowledge-Creating Company* im Rahmen der Unternehmenszielsetzung von *Matsushita* (Entwicklung zu einem „nach Möglichkeiten suchenden Unternehmen") beschreiben. Sie betonen „die Bedeutung einer Aufhebung der Dichotomie zwischen Lokalisierung und Globalisierung", eine zutreffende Beschreibung des von Browne angestrebten Ziels.[21] Browne hatte erkannt, daß Effizienz und Innovation im Konkurrenzkampf auf globalen Märkten Voraussetzung für dauerhaften Erfolg sind; er wollte, daß *BP* die Wendigkeit eines Kleinunternehmens mit den Ressourcen eines Großunternehmens kombinieren konnte. Browne hatte begriffen, daß sich in den 90er Jahren und darüber hinaus selbst Riesen leichtfüßig bewegen müssen.

Planung

Die Kommunikationsvoraussetzungen, die *BPX* zur Realisierung der Idee einer Föderation – und zur Schaffung der Möglichkeit „lokaler" Verbindungen über weite Entfernungen hinweg – benötigte, standen mit den jüngsten Entwicklungen auf dem Gebiet preiswerter Computertechnologien und verwandter Technologien zur Verfügung. Als Ergebnis einer Diskussion dieser Technologien auf einem Technologie-Meeting der oberen Führungsriegen Ende 1994 leitete *BPX* ein 18monatiges Pilotprojekt ein – das sogenannte *Virtual Teamwork Program*. Zweck dieses Programms für virtuelle Teamarbeit war die Entwicklung effektiver Möglichkeiten für die Teammitglieder, auch von unterschiedlichen Standorten aus zusammenzuarbeiten.

Zwar bezeichneten die *BPX*-Manager dieses Programm nicht ausdrücklich als „Wissensmanagement-Projekt", doch von Anfang an ließen die Ziele und Prinzipien des Programms erkennen, welche Bedeutung dem Wissen und der Notwendigkeit einer Entwicklung zweckdienlicher Methoden zum Wissensaustausch beigemessen wurde. Das vorrangige Ziel der Initiative bestand darin, erfahrene Wissensträger miteinander ins Gespräch zu bringen; um die Erfassung und Kategorisierung von Wissen ging es nicht. Im Rahmen des Programms sollte eine Vernetzung von Menschen erreicht werden – kein Daten-, Informations- oder Wissensspeicher. Die dafür ausgewählte Hardware und Software umfaßte Videokonferenz-Anlagen, Multimedia-Anwendungen, E-Mail, Gemeinschaftsanwendungen, gemeinsam genutzte elektronische „Aushänge", Dokumenten-Scanner, ein Instrumentarium zur Aufzeichnung von Videoclips, Groupware und Web-Browser. Angestrebt wurde vor allem eine reichhaltige Kommunikation mit der

Beim **Virtual Teamwork Program** *von* **BP** *stand die Reichhaltigkeit der Kommunikation im Vordergrund.*

Wiedergabe möglichst vielfältiger Nuancen und menschlicher Dimensionen, wie sie bei persönlichen Kontakten zum Ausdruck kommen. Das Projektteam wußte, daß der Wert individueller Erfahrungen und Kenntnisse großenteils in Feinheiten und intuitiven Äußerungen begründet ist, die Worte allein nicht zu übermitteln vermögen.

Schon frühzeitig hatte John Cross, Leiter der Abteilung für Informationstechnologie (IT), die wichtige Entscheidung getroffen, daß eine unabhängige Gruppe, nicht die IT-Abteilung, das Projekt durchführen sollte. Er vertrat die Auffassung, das Programm verfalle nicht so schnell in vertraute IT-Strukturen, wenn eine Gruppe von Mitgliedern aus verschiedenen Teilen des Unternehmens mit der Durchführung beauftragt würde. Auch solle das bewußte Unterbleiben einer IT-Kontrolle verdeutlichen, daß es bei dem Projekt um Kommunikation, Unternehmenswandel und Unternehmensverhalten, nicht aber um Technologie um ihrer selbst willen, ging. Diese Auffassung von Technologie als Instrument und nicht als Selbstzweck wurde noch durch das „Coaching"-Programm unterstützt, das vom *Change Management Team*, einer Untergruppe des Projektteams, zu Betreuungszwecken entwickelt worden war. Dieses „Coaching"-Programm wies die Teilnehmer in die Nutzung der Technologie ein *und* machte ihnen verständlich, auf welche Weise sie ihrer Arbeit förderlich war. Die Projektleiter sprachen bewußt von „Coaching" und nicht von „Training", um damit hervorzuheben, daß es bei dem Prozeß um persönliche Interaktionen ging – um einen „Mannschaftsbetreuer", der mit „Spielern" zusammenarbeitet, nicht um einen Trainer, der passiven Empfängern Informationen übermittelt. Die Betreuer und die Teammitglieder kommunizierten miteinander über eigens dafür eingerichtete Stationen, was lebhaft unter Beweis stellte, wie gut das System zu Zwecken der Zusammenarbeit und des Wissensaustauschs geeignet war. Die Diskussionen zwischen dem *Change Management*

Team und der später als *Knowledge Management Team* bezeichneten Gruppe blieben schwerpunktmäßig auf das umfassende Ziel ausgerichtet: Motivation der Teammitglieder, bislang ungenutztes Potential bei sich selbst und im System zu entdecken (so, wie es auch die Metapher vom „Coach" nahelegt). Die Betonung lag auf persönlichen Kontakten und psychologischen Bedürfnissen, nicht auf Systemanforderungen oder auf elektronischer Wissensspeicherung. Die Betreuer sollten nur 20 Prozent ihrer Zeit für die Einweisung der Teammitglieder in die Systembenutzung aufwenden. In der übrigen Zeit sollten sie den Teammitgliedern dabei helfen, ihre betrieblichen Ziele mit den Möglichkeiten des Systems in Verbindung zu bringen und mit Hilfe der neuen Hardware und Software verbesserte Arbeitsmethoden zu entwickeln. „Coaching" bedeutete nicht nur Hilfestellung beim „Wie", sondern auch beim „Was" und „Wozu". Das Kernteam investierte rund die Hälfte des Pilotbudgets in diese Form der Betreuung.

Ergebnisse

Der Erfolg der virtuellen Teamarbeit in vier von insgesamt fünf am Pilotprojekt teilnehmenden Gruppen zeigte sich am Umfang der Systembenutzung, an der Begeisterung der Teilnehmer und an meßbaren Einsparungen in bezug auf Zeit und Geld. Bezeichnenderweise betraf der einzige Mißerfolg die petrotechnische Gruppe: Die Mitarbeiter in dieser Gruppe waren hauptsächlich am Austausch von Daten, nicht von Wissen, interessiert; das Potential der übrigen virtuellen Teambeteiligten in bezug auf eine reichhaltige und vielfältige Kommunikation war für sie nicht sonderlich interessant. Außerdem war dies die einzige Gruppe, in der aus Budgetgründen auf „Coaching" verzichtet wurde.

Als dann eines Tages im Jahr 1995 ein Maschinenschaden die Arbeiten auf einem Bohrschiff in der Nordsee zum Erliegen brachte, zogen die Ingenieure die defekten Maschinenteile vor eine winzige Videokamera, die mit einer der für die virtuelle Teamarbeit eingerichteten Stationen verbunden war. Über Satellit riefen sie das Büro eines Bohrmaschinen-Experten in Aberdeen an, der den Schaden visuell begutachten und gleichzeitig mit den Bordingenieuren besprechen konnte. Schon bald hatte er das Problem diagnostiziert und erteilte den Ingenieuren Instruktionen zur Durchführung der notwendigen Reparaturarbeiten. In früheren Zeiten hätte ein solcher Maschinenausfall bedeutet, daß man einen Experten mit dem Hubschrauber einfliegen oder das Schiff (Leasing-Kosten in Höhe von 150 000 Dollar pro Tag) zurück in den Hafen bringen mußte – was einen tagelangen Betriebsausfall zur Folge hatte. So war der Betrieb nur für ein paar Stunden unterbrochen.

Dieser Vorfall zeigt anschaulich, wie die mit virtueller Teamarbeit verbundene Technologie Wissen genau dorthin leitet, wo es gebraucht wird. Die Technologie stellte eine Verbindung zwischen dem Experten und der entsprechenden Notsituation her. Die „Kunden" der virtuellen Teamarbeit zeigten dem Experten das Problem, so daß sich dieser selbst ein Bild davon machen und mit den Leuten vor Ort sprechen konnte. Durch seine virtuelle Präsenz konnten die Schiffsingenieure von seinen Kenntnissen und Erfahrungen profitieren – was ihnen schnell half, das Problem zu verstehen und zu lösen. In einer solchen Situation ist eine persönliche Kontaktaufnahme der Wissensübermittlung weitaus dienlicher als der Versuch, zunächst den Experten zu befragen und seinen Rat dann an die Leute vor Ort weiterzugeben, so daß diese den Expertenrat erst noch interpretieren müssen. Bei einem wiederholt auftretenden Problem ist virtuelle Teamarbeit allerdings nicht effizienter – *BP* bemüht sich daher um eine Speichereinrichtung für häufig anstehende Problemlösungen.

Ein weiterer Fall, bei dem virtuelle Teamarbeit ihre Effektivität unter Beweis stellte, war das sogenannte *Andrew*-Projekt: ein Gemeinschaftsvorhaben, das von *BP*, *Brown and Root* (einer Konstruktions- und Ingenieurfirma mit Sitz in Houston und Zweigbüro in Wimbledon) und *Trafalgar House* (einem schottischen Bauunternehmen) getragen wurde und den Bau einer neuen Bohrinsel in der Nordsee zum Ziel hatte. Die am *Andrew*-Projekt beteiligten Teammitglieder nutzten die im Rahmen der virtuellen Teamarbeit vorgesehenen gemeinschaftlichen Anwenderprogramme, um in nur 10 bis 15 Minuten gemeinsam Berichte und Protokolle zu verfassen. Früher hatte das per Post Stunden und Tage gedauert. Virtuelle Besprechungen und Arbeitsteilungen führten im *Andrew*-Projekt zu quantifizierbaren Vorteilen – unter anderem zu erheblichen Einsparungen bei den Reisekosten und dem Aufwand, der mit dem Transport der Zulieferer zur Baustelle verbunden war. Auch waren meßbare Produktivitätsverbesserungen aufgrund einer effizienteren Informationsermittlung und Problemlösung sowie einer Verringerung von Doppelarbeit und unnötigen Reisezeiten festzustellen. Die virtuelle Teamarbeit trug signifikant dazu bei, daß man das Projektziel rechtzeitig erreichen, die Kosten auf See senken und die Gesamtkosten für die Erstförderung deutlich verringern konnte – ein Meilenstein bei der Erschließung neuer Ölfelder. Trotz dieser Technologie konnte jedoch nicht völlig auf persönliche Begegnungen verzichtet werden: Die *BP*-Mitarbeiter mußten sich zunächst einmal treffen, um gegenseitig Vertrauen und Verständnis zu entwickeln und wichtige Fragen, von denen viele Teammitglieder betroffen waren, gemeinsam zu besprechen. Doch nach diesem persönlichen Kennenlernen waren die Teilnehmer der Meinung, daß man mit Videokonferenz-Schaltungen ein Gefühl des Vertrauens und einen direkten persönlichen Kontakt aufrechterhalten konnte – was mit Telefongesprächen, E-Mail oder Protokollen nicht in dem Maß möglich war. Dieser Unterschied zeigte sich auch daran, daß sich die Beteiligten an Absprachen, die sie elektronisch „von Mann zu Mann" getroffen hatten, weitaus konsistenter hielten als an telefonische oder per Brief getroffene Vereinbarungen.

Die *BP*-Manager spielen die Bedeutung der zunehmenden Effizienzvorteile gern herunter. Sie zeigen mehr Interesse an den Veränderungen der Arbeitsmethoden und dem explosionsartigen Anstieg von Kreativität, die ihrer Ansicht nach durch virtuelle Teamarbeit gefördert wird. Auch haben die Nutzer der virtuellen Teamarbeit mit einem projektübergreifenden Kommunikationsaustausch begonnen. Die Mitarbeiter im *Andrew*-Projekt in Aberdeen beispielsweise haben zu Mitgliedern des *Miller*-Teams auf See Verbindung aufgenommen, um deren Erfahrungen mit dem reifen *Miller*-Ölfeld in der Nordsee bei der Erschließung des *Andrew*-Felds zu nutzen. Diese Art von konstruktiver Zusammenarbeit veranlaßte das Kernteam zur Formulierung einer kreativen Schlagzeile: „Schottisches Öl vor Alaska entdeckt!" Virtuelle Teamarbeit besitzt offensichtlich das Potential, Entfernungen schrumpfen zu lassen und weitverstreute Individuen zu einem kreativen Team zusammenzuführen.

BP hat darüber hinaus sogenannte *Virtual Teamwork Business Networking Centers* – vernetzte Unternehmenszentren für virtuelle Teamarbeit – eingeführt, die einmal in der Woche zu „virtuellen Kaffeepausen" genutzt werden: Bis zu 20 Leute an acht verschiedenen Standorten treffen sich zum Video-Plauderstündchen ohne feste Tagesordnung. Wie Arbeitskollegen am Getränkeautomat oder japanische F+E-Wissenschaftler in den „Besprechungsräumen" ihrer Unternehmen reden sie über laufende Arbeiten und berichten von Problemen der letzten Zeit oder von guten Ideen, auf die sie zufällig gestoßen sind. Sie – und *British Petroleum* – hoffen, daß sich diese Unterhaltungen letztlich bezahlt machen: Vielleicht entdecken zwei Teilnehmer einen überraschenden, sinnvollen Zusammenhang zwischen ihren Projekten; vielleicht trägt eine Anregung aus einer unerwarteten Quelle zur Lösung eines schwierigen Problems bei ... Vielleicht vermitteln die Gespräche den Teilnehmern aber auch nur ein besseres Gespür für die Vorgänge in anderen Teilen des Unternehmens – selbst das ist von Vorteil. Offenheit gegenüber Unbekanntem war eines der im Projekt praktizierten Prinzipien, denn die kreativen Innovationen, nach denen *BP* sucht, sind erklärtermaßen unvorhersehbar.

Gegen Ende des Pilotprogramms stimmten die *BP*-Führungskräfte Plänen zum weiteren Ausbau der neuen Einheiten im Jahr 1996 zu. So sind Initiativen eingeleitet worden, um die Technologie und die Wissensprinzipien einer virtuellen Teamarbeit im Sinne eines besseren Verständnisses der Gemeinschaftsprojekte und der verfahrenstechnischen Fähigkeiten der Bohrfirma einzusetzen. Insbesondere soll die Technologie die gesamte *BP*-Führungsspitze bei ihren Aufgaben unterstützen. Die Projektmitarbeiter erhoffen sich von der Technologie und dem „Coaching"-Prinzip, daß sich in der gesamten Organisation eine gemeinschaftlich-konstruktive Kultur der Entscheidungsfindung ausprägt. In Anbetracht der Tatsache, daß es bei dem Projekt der virtuellen Teamarbeit um die gemeinsame Nutzung von Wissen geht, sind das *Knowledge Management Team* und das *Change Management Team* zu einer Gruppe (*Knowledge and Teamworking Services*) zusammengefaßt worden. Das Kernteam hat die Hoffnung, daß die für virtuelle Teamarbeit erforderlichen Einrichtungen bis Ende 1997 einem Großteil der *BP*-Mitarbeiter zur Verfügung stehen – der kritischen Masse, deren es bedarf, um geographisch weit auseinander liegende Unternehmensteile zu einer engmaschigen Föderation von Unternehmenseinheiten und Mitarbeitern zu machen. Das Ziel von Browne und den *BP*-Managern ist die Schaffung einer konstruktiv lernenden Organisation, die agil und kreativ genug ist, um auch im nächsten Jahrhundert Erfolg zu haben. Für sie ist die gemeinsame Nutzung von Wissen ein Schlüsselfaktor im Zusammenhang mit Innovation und Produktivität.

Schlußfolgerung

Die Erfahrungen von *British Petroleum* mit seinem Projekt der virtuellen Teamarbeit veranschaulichen einige der Merkmale, die wir in diesem Kapitel für Wissen schlechthin sowie für die Prinzipien und Vorzüge eines Wissensmanagements beschrieben haben. Darüber hinaus weisen sie auf weiterführende Problemstellungen und Konzepte hin, die wir in den Folgekapiteln systematisch aufgreifen wollen. Die nachfolgende Aufstellung vermittelt einen vorausschauenden Überblick:

Virtual Teamwork Program von *BP*

- Zunächst wurden die Mitglieder der jeweiligen Wissensgemeinschaften ermittelt und dann über die Technologie miteinander verbunden.
- Durch reale und virtuelle Begegnungen wurden Beziehungen aufgebaut.
- Die Technologie wurde zu Zwecken der Kommunikation und Kooperation genutzt; die Instruktionen waren auf die Ziele, nicht auf Hard- und Software, ausgerichtet.
- Die Instruktionen und die Unterstützung seitens des oberen Managements betonten die Bedeutung neuer Verhaltensweisen.
- Das obere Management leitete das Projekt ein und bewilligte Finanzierung und Kernteam.
- Fünf Testgruppen sorgten für Vielfalt und klar abgegrenzte Ziele.

- Einsparungen und Produktivitätssteigerungen wurden quantitativ gemessen; die Erweiterung der Systemanwendung und die Begeisterung der Teilnehmer galten als qualitative Kriterien.
- Das Projekt verfolgte nicht nur vorbestimmte Ziele, sondern ließ auch Spielraum für Unerwartetes.

Prinzipien beim Wissensmanagement

- Wissen entsteht und befindet sich in den Köpfen der Leute.
- Die gemeinsame Nutzung von Wissen setzt Vertrauen voraus.
- Die Technologie ermöglicht einen neuartigen Umgang mit Wissen.
- Die gemeinsame Nutzung von Wissen muß gefördert und belohnt werden.
- Management-Unterstützung und Ressourcen sind von entscheidender Bedeutung.
- Wissensinitiativen sollten mit einem Pilotprogramm beginnen.
- Zur Beurteilung der Initiative sind quantitative und qualitative Maßstäbe erforderlich.
- Wissen ist kreativ und sollte sich auch in unerwartete Richtungen entwickeln können.

Anmerkungen

1. Alan M. Webber (1993) „What's So New About the New Economy?" *Harvard Business Review* (Januar-Februar 1993): 27.
2. Wenn Sie an einer Weiterverfolgung des Konzepts *Weisheit* interessiert sind, sollten Sie das folgende Buch heranziehen: Robert J. Sternberg, Hrsg. (1989) *Wisdom: Its Nature, Origins, and Development* (New York: Cambridge University Press).

3. Die Informationen zu *CALL* sind einer Untersuchung von Lloyd Baird, John Henderson und Stephanie Watts von der *Boston University School of Management* sowie der folgenden Buchveröffentlichung entnommen: Gordon R. Sullivan und Michael Harper (1996) *Hope Is Not a Method* (New York: Random House).
4. Beachtenswert ist beispielsweise, wie gegensätzlich Richard Pascale (kein Tolstoi, aber ein scharfsinniger Beobachter von Menschen und Organisationen) einerseits und Berater und andere Strategen andererseits den Eintritt von *Honda* in den US-Markt beschreiben. Die Diskussion ist aufgezeichnet in „CMR Forum: The ‚Honda Effect' Revisited", *California Management Review* (Sommer 1996): 78–117.
5. Karl E. Weick (1995) *Sensemaking in Organizations* (Thousand Oaks, Calif.: Sage Publications), 34–35.
6. Karl E. Weick (1985) „Cosmos vs. Chaos: Sense and Nonsense in Electronic Contexts", *Organizational Dynamics* (Herbst 1985): 57.
7. Ikujiro Nonaka und Hirotaka Takeuchi (1995) *The Knowledge-Creating Company* (New York: Oxford University Press), 58.
8. Thomas H. Davenport (1994) „Saving IT's Soul: Human-Centered Information Management", *Harvard Business Review* (März–April 1994): 121.
9. Drei kürzlich erschienene Veröffentlichungen verdeutlichen und analysieren diese Argumentation: Organization for Economic Cooperation and Development (1996) *Employment and Growth in the Knowledge-Based Economy* (Paris: OECD); Peter Howitt, Hrsg. (1996) *The Implications of Knowledge-Based Growth for Micro-Economic Policies* (Calgary: University of Calgary Press); Gunnar Eliasson, Hrsg. (1996) *The Knowledge-Based Information Economy* (Stockholm: Industrial Institute for Economic and Social Research).
10. Webber (1993) „What's So New About the New Economy?" 26.
11. Zitiert in Nonaka und Takeuchi (1995) *The Knowledge-Creating Company*, 7.
12. Emily Thornton (1996) „Japan Lays Off Its Robots", *Far Eastern Economic Review* (Hongkong, 21. März 1996). Nachdruck in *World Press Review* (Juli 1996): 31–32.

13. Lee Berton (1996) „Many Firms Cut Staff in Accounts Payable and Pay a Steep Price", *Wall Street Journal* 5 (September 1996): 1, 6.
14. Zitiert in Richard Tanner Pascale (1990) *Managing on the Edge* (New York: Touchstone).
15. Webber (1993) „What's So New About the New Economy?" 26–27.
16. Liz Seymour (1996) „Custom Tailored for Service: VF Corporation", *Hemispheres* (März 1996): 26–27.
17. Debra M. Amidon Rogers (1996) „Analog Devices Invests in Intellectual Assets", *Knowledge Inc.* (Juni 1996): 3.
18. Paul M. Romer (1993) „Two Strategies for Economic Development: Using Ideas and Producing Ideas", Proceedings of the World Bank Annual Conference on Development Economics, The World Bank, 1993, 64.
19. Dieses Argument ist unter Bezugnahme auf ein wissensorientiertes System im folgenden Beitrag veranschaulicht worden: M. Lynne Markus und Mark Keil (1994) „If We Build It, They Will Come: Designing Information Systems that Users Want to Use", *Sloan Management Review* (Sommer 1994): 11–25.
20. Verdeutlicht wird dieser Aspekt im folgenden Buchbeitrag: Wanda Orlikowski (1996) „Learning from Notes: Organizational Issues in Groupware Implementation", in *Knowledge Management Tools*, herausgegeben von Rudy L. Ruggles III (Boston: Butterworth-Heinemann), 231–246.
21. Nonaka und Takeuchi (1995) *The Knowledge-Creating Company*, 115.

> *Gnade kommt von Gott;*
> *Wissen ist auf dem Markt zu kaufen.*
> – Arthur Hugh Clough

Kapitel 2

Wissensmärkte: Hoffnungen und Herausforderungen

Schnell oder langsam, nützlich oder unproduktiv – Unternehmenswissen ist ständig in Bewegung: Wissen wird getauscht, gekauft, gehandelt, gefunden, erzeugt und bei der Arbeit genutzt. Im Gegensatz zum individuellen Wissen ist kollektives Unternehmenswissen ausgesprochen dynamisch und wird von vielfältigen Kräften vorangetrieben. Wenn wir die Beweglichkeit von Wissen erhöhen und Wissen effektiver nutzen wollen, müssen wir uns um ein besseres Verstehen der zugrundeliegenden Triebkräfte bemühen.

Unserer Auffassung nach sind es die Kräfte des Marktes, die Wissen in Bewegung halten – so wie Märkte die Entwicklung und Anwendung materieller Güter vorantreiben. Tatsächlich gibt es in Unternehmen einen Markt für Wissen.[1] Wie die Märkte für Produkte und Dienstleistungen hat auch der Wissensmarkt Käufer und Verkäufer, die miteinander einen beide Seiten zufriedenstellenden Preis für die Ware aushandeln. Ebenso kennt der Wissensmarkt Makler, die Käufer und Verkäufer zusammenbringen – und sogar Unternehmer, die ihr Marktwissen nutzen, um sich interne Machtpositionen zu sichern. All diese Transaktionen auf dem Wissensmarkt erfolgen deshalb, weil sich die Marktteilnehmer einen wie auch immer gearteten Vorteil erhoffen.

Der Betriebswirt würde sagen: Sie erwarten von den Transaktionen einen „Nutzwert".

Menschen sind um Wissen bemüht, weil sie hoffen, auf diese Weise erfolgreichere Arbeit leisten zu können. Wissen ist das meistbegehrte Mittel gegen Unsicherheit. Wir alle suchen den Rat von Experten, wenn wir Unterstützung bei der Lösung eines Problems brauchen. Und wenn wir selbst einen Wissensbeitrag leisten, so versprechen wir uns davon ebenfalls einen Vorteil. Gewöhnlich fließt in Unternehmen bei solchen Transaktionen kein Geld, aber das ändert nichts an der Tatsache, daß ein Marktpreis-System existiert und eine Bezahlung erfolgt oder vorausgesetzt wird. Der Wissensmarkt ist wie jeder andere Markt ein System, in dem die Teilnehmer ein knappes Gut gegen seinen derzeitigen oder zukünftigen Wert eintauschen.

Die Erkenntnis, daß es Wissensmärkte gibt und daß sie ähnlich funktionieren wie andere Märkte, ist für ein erfolgreiches Wissensmanagement in den Unternehmen von entscheidender Bedeutung. Bei vielen Wissensinitiativen ist man von der utopischen Annahme ausgegangen, Wissen fließe reibungslos und ohne motivierenden Antrieb, und die Menschen würden ihr Wissen uneigennützig mit anderen teilen – ungeachtet dessen, was sie dadurch gewinnen oder verlieren könnten. Die Unternehmen richten E-Mail und gemeinschaftlich zu nutzende Software ein in der Erwartung, Wissen werde daraufhin ungehindert durch die elektronische Leitung fließen. Und sollte dies nicht der Fall sein, sind sie eher geneigt, die Software oder unzureichende Instruktionen dafür verantwortlich zu machen, als die Realität des Lebens zu erkennen: Menschen trennen sich höchst selten von wertvollem Besitz (einschließlich Wissen), ohne dafür einen Gegenwert zu erwarten. In besonderem Maß trifft dies auf unser derzeitiges Unternehmensklima zu. Auch wenn uns dies nur

Sie dürfen nicht erwarten, daß Software Ihr Wissensproblem löst.

zum Teil bewußt ist, wählen wir aus, wofür wir unsere knappe Zeit und Energie aufwenden wollen, und für Entscheidungen dieser Art sind subjektiv wahrgenommene persönliche Interessen maßgeblich. So erwarten wir von keinem Autoverkäufer, daß er uns ein Auto zum Selbstkostenpreis überläßt und auf seine Provision verzichtet, nur weil wir weniger investieren wollen. Umgekehrt erwartet auch der Verkäufer nicht von uns, daß wir ihm Geld in die Hand drücken und die Ausstellungshalle ohne Auto verlassen. Keiner rechnet mit der Existenz solch einseitiger Transaktionen auf dem Markt oder im Leben überhaupt – selbst soziale Transaktionen basieren auf einer gewissen Austauscherwartung, wie zahlreiche soziologische Untersuchungen zur Austauschtheorie belegen. Die Tatsache, daß es sich bei einem Tauschobjekt um ein immaterielles Gut handelt, bedeutet keineswegs, daß weniger starke Marktkräfte am Werk wären. Wissensinitiativen, die der Dynamik der Märkte (und der menschlichen Natur) nicht Rechnung tragen, sind zum Scheitern verurteilt.

Im folgenden wollen wir diese Wissensmärkte in Unternehmen beschreiben und eine vorläufige Markttaxonomie erstellen. Unserer Auffassung nach ist ein gut funktionierender Markt von drei Kriterien abhängig: (1) Wir müssen erkennen, daß es Marktkräfte gibt. (2) Wir müssen uns bemühen, die Funktionsweise des Marktes zu verstehen. (3) Wir müssen den Markt effizienter gestalten. Bei unseren Ausführungen zu ineffizienten – und unwirtschaftlichen – Transaktionen auf Wissensmärkten decken wir einige Probleme auf, die den Wissensaustausch und die Umwandlung von Unternehmenswissen in Unternehmenswert behindern; nur so ist zu erkennen, wie der Wissensmarkt effizienter funktionieren könnte.

Der erste Schritt einer Wissensinitiative ist die Erkenntnis, daß es Wissensmärkte gibt.

Zur politischen Ökonomie der Wissensmärkte

So etwas wie „reine" Märkte – Märkte, die ausschließlich wirtschaftlich zu verstehen sind – gibt es nicht. Wie zahlreiche Marktanalytiker, angefangen mit John Stuart Mill über Karl Marx und Thorstein Veblen bis hin zu James March, argumentieren, ist jedes Marktsystem in soziale und politische Zusammenhänge eingebunden und entsprechenden Einflüssen ausgesetzt. Damit hängt der Wert sämtlicher Tauschobjekte in hohem Maß vom Kontext der Transaktion ab: Wenn jemand 20 000 Dollar für eine Armbanduhr bezahlt, die um nichts genauer geht als eine *Timex*-Uhr für 20 Dollar, dann gilt sein Kauf ganz offensichtlich nicht dem Chronometer-Mechanismus. Vielmehr ist der Wert der 20 000-Dollar-Uhr in erster Linie gesellschaftlich bedingt: Die Uhr verhilft dem Besitzer zu Statusgewinn in einer Gesellschaft, in der man neidvoll zu Leuten aufblickt, die es sich leisten können, solche Sachen zu kaufen und zu tragen.

Der Soziologe Harrison White hat einmal gesagt, Soziologie, Wirtschaftslehre und Politikwissenschaft seien die drei Linsen, die man brauche, um Organisationen voll im Blickfeld zu behalten; keine Disziplin könne für sich genommen die Gesamtbedeutung erfassen.[2] Dem ist nur zuzustimmen: Soziale, wirtschaftliche und politische Realitäten müssen in vollem Umfang einbezogen werden, wenn man Wissensmärkte verstehen will. In einem unternehmenspolitischen Kontext beispielsweise, in dem berechnende Wissensträger mit Erfolg auf Geheimhaltung ihres Wissens bedacht sind, haben potentielle Wissenskäufer keine Währung zur Hand, die wertvoll genug wäre, solche Wissenshüter zur Weitergabe ihrer Kenntnisse zu bewegen. Der Wissensaustausch ist auf ein Minimum beschränkt. Wird in einer Unternehmenskultur das Eingeständnis von Problemen als Zeichen der Schwäche oder Inkompetenz ausgelegt, dann sind die sozialen Kosten für den „Kauf" von Wissen zu hoch. Wiederum kann der Wissensmarkt nicht richtig funktionieren. Bei *Mobil Oil*, wo „Wichtigtuerei" in der Unternehmenskultur nicht geduldet wird, war die Effizienz des Wissensmarktes deshalb eingeschränkt, weil die Wissensträger zögerten, „Werbung" für ihr Wissen zu betreiben – taten sie es doch, stießen sie bei ihren Kollegen auf Mißtrauen. In ähnlicher Weise hatte ein Spitzenmanager von *Hewlett-Packard*, der von den Vereinigten Staaten nach Australien übergewechselt war, erhebliche Schwierigkeiten, die Mitarbeiter dort zur Offenlegung ihrer individuellen Kenntnisse zu bringen – in einer demokratisch verstandenen „Kumpel"-Kultur, die erklärtermaßen darauf angelegt ist, individuelle Leistungen nicht in den Vordergrund zu stellen. Sicher haben solche kulturellen Normen auch ihre positiven Auswirkungen, aber für interne Wissensmärkte sind sie hinderlich.

Als erstes wollen wir uns den am Wissensmarkt beteiligten Spielern zuwenden – den Käufern, den Verkäufern und den Maklern, die an Wissenstransaktionen teilhaben und die Wissensmärkte vorantreiben. Ein einzelner Spieler kann diese drei Rollen an einem einzigen Tag ausüben und zuweilen auch mehr als eine Rolle gleichzeitig spielen. So ist es durchaus üblich, daß man im Verlauf ein und desselben Gesprächs sowohl Wissenskäufer und Wissensverkäufer als auch Wissensmakler ist. Der Klarheit halber wollen wir diese drei Rollen zunächst getrennt erörtern.

Käufer

Bei den Wissenskäufern oder Wissenssuchenden handelt es sich gewöhnlich um Leute, die an einem Problem arbeiten, das in seiner Komplexität und Ungewißheit eine leichte Lösung ausschließt. Sicher – die Frage nach dem Bruttosozialprodukt in Frankreich oder nach einer Liste mit den zwanzig größten US-Banken bedeutet nicht Suche nach Wissen; hier sind lediglich Daten gefragt. Wissenssuchende halten Ausschau nach Einsichten, Beurteilung und Verständnis. Sie suchen eine Antwort auf Fragen wie die folgenden: „Wie ist dieser oder jener Kunde oder Klient einzuschätzen?" Oder: „Wie haben wir es geschafft, diesen Verkaufsabschluß zu erreichen?" Fragen wie diese verlangen komplexe Antworten, und solche Antworten sind gefärbt von all den emotionalen Nuancen, die für unsere Schlußfolgerung so wichtig sind. Die Leute suchen nach Wissen, weil Wissen für sie einen ganz besonderen Wert hat: Wissen verhilft ihnen zu einem Verkaufsabschluß oder zur effizienteren Durchführung einer Aufgabe; Wissen verbessert ihr Urteilsvermögen und ihre Fertigkeiten und ermöglicht eine bessere Entscheidungsfindung. Kurzum: Wissen hilft ihnen, erfolgreichere Arbeitsleistungen zu erbringen.[3]

Diese Aufgabe der Wissenssuche nimmt einen erheblichen Teil der Aktivitäten vieler Manager und Führungskräfte in Anspruch. Ein kürzlich von Arian Ward bei *Hughes Aerospace* durchgeführte informelle Untersuchung ergab, daß schätzungsweise 15 bis 20 Prozent der Arbeitszeit von Managern auf die Suche nach Detailwissen oder die Beantwortung von Wissensnachfragen entfallen.

Verkäufer

Wissensverkäufer sind die Leute in einer Organisation, die aufgrund ihres erheblichen Wissens über einen Prozeß oder ein Sachgebiet internes Marktansehen genießen. Sie können ihr Wissen stückweise oder, was wahrscheinlicher ist, „am Stück" und gegen Gehaltszahlung verkaufen. Nun sind wir alle hin und wieder Wissenskäufer, aber nicht jeder ist ein Wissensverkäufer. Manche Leute mögen gute Fachleute sein, sind aber unfähig, ihr verborgenes Wissen auch zu artikulieren. Andere besitzen vielleicht ein Wissen, das zu speziell, zu persönlich oder zu begrenzt ist, als daß ihm auf dem Wissensmarkt besonderer Wert beigemessen würde.

Einige potentielle Wissensverkäufer halten sich dem Markt fern, weil sie meinen, mehr profitieren zu können, wenn sie ihr Wissen horten, anstatt es mit anderen zu teilen. In vielen Organisationen ist diese Überzeugung sogar rational zu begründen: Wenn Wissen Macht bedeutet, dann besitzen Wissensträger Macht, die schwinden könnte, sobald andere Leute dahinterkommen, was sie wissen. Dies ist eine wissenspolitische Realität, die bei der Erarbeitung von Wissensinitiativen zu berücksichtigen ist. Eine der Herausforderungen eines Wissensmanagements ist somit die Gewährleistung, daß die Weitergabe von Wissen mehr belohnt wird als das Horten von Wissen.[4]

Makler

Wissensmakler (auch als „Torwächter" oder „Grenzgänger" zu bezeichnen) stellen eine Verbindung zwischen Käufern und Verkäufern her – zwischen denen, die Wissen benötigen, und denen, die Wissen besitzen.[5] Einer Studie zufolge, die wir für einen Klienten erarbeitet haben, sind 10 Prozent der Manager aus allen möglichen Branchen als solche Grenzgänger und damit als potentielle Wissensmakler zu bezeichnen. Sie finden Gefallen daran, ihre Organisationen zu erkunden und sich einen Überblick über die Aktivitäten und das Wissen ihrer Mitarbeiter zu verschaffen. Sie möchten sich ein Gesamtbild machen, damit sie wissen, an wen sie sich auf ihrer Suche nach Wissen halten können – besonders in Fällen, die außerhalb ihres offiziellen Verantwortungsbereichs liegen.

Auch Bibliothekare agieren häufig indirekt als Wissensmakler; sie sind aufgrund ihres Temperaments und ihrer Funktion als Informationsverwalter bestens für die Aufgabe geeignet, Verbindungen von Mensch zu Mensch oder *Text/Mensch*-Verbindungen herzustellen. Wenn zum Beispiel ein Mitarbeiter in einer High-Tech-Firma den Bibliothekar des Unternehmens um Forschungsunterlagen zur nächsten Chip-Generation mit reduziertem Befehlsvorrat bittet, könnte der wiederum sagen: „Wissen Sie, daß Herr Schmidt mit derselben Frage zu mir gekommen ist? Vielleicht sollten Sie mit dem mal reden." Da Bibliotheken häufig von der gesamten Organisation genutzt werden, gehören Bibliothekarsverwalter zu den wenigen Mitarbeitern, die Kontakte zu Leuten aus vielen Abteilungen haben. Bei ihrer Arbeit lernen sie eine Menge über die verschiedenen Wissensanforderungen und Wissensressourcen in ihrem Unternehmen. Traditionsgemäß messen Bibliothekare dem Kundendienst besondere Bedeutung bei und verfügen über ausgefeilte Techniken, wie etwas zu finden ist, was man noch nicht weiß. Aufgrund all dieser Zusammenhänge sind sie die geborenen Wissensmakler. Einer von uns hat im Rahmen einer Klientenberatung anschaulich erfahren, welch wichtigen Beitrag Unternehmensbibliothekare auf diesem Gebiet leisten können.

Unternehmensbibliothekare können als Wissensmakler unverzichtbar sein.

Vor rund acht Jahren beschloß *NYNEX*, Vergleichsmaßstäbe für alle wichtigen technischen Funktionen und Managementfunktionen aufzustellen. In diesem Zusammenhang bat das Unternehmen um Unterstützung bei der Ermittlung von Bibliotheksdiensten, die mit entsprechenden Aktivitäten in anderen Bibliotheken verglichen werden sollten. Der Direktor des Zentrums für Unternehmensressourcen legte eine Liste mit den wertvollsten Diensten vor, die die Bibliothek zu bieten hatte. Nun konnten wir auf 25 Jahre Erfahrung mit bibliotheks- und informationswissenschaftlichen Aktivitäten zurückblicken, so daß uns eine Aufstellung einschlägiger Bibliotheksleistungen nicht schwerfallen sollte.

Wir benannten acht Aktivitäten und schickten die Liste an eine unterschiedlich zusammengesetzte Informantengruppe bisheriger *NYNEX*-Bibliotheksbenutzer – mit der Bitte um Stellungnahme, ob dies auch wirklich die meistgeschätzten Bibliotheksaktivitäten waren. Zu unserem Erstaunen hatten wir ausgerechnet die Funktion vergessen, der mit Abstand der höchste Wert beigemessen wurde – dem Makeln von Wissen.

Die Funktion des Wissensmaklers hatten wir deshalb nicht genannt, weil es sich um eine informelle und nicht näher dokumentierte Funktion handelte, aber genau das war der Bibliotheksdienst, an dem die Leute besonders interessiert waren. Bibliotheksverwalter gelten als wichtige Bezugspersonen bei der Schaffung effizienter Wissensmärkte, weil sie dazu beitragen, daß Käufer und Verkäufer zueinander finden.

Oft genug verkennen Unternehmen, wie wichtig die Funktion der Bibliotheksverwalter als Wissensarbeiter und Wissensmanager ist; ihr Status und ihre Vergütung entsprechen nur selten ihrem wirklichen Wert für das Unternehmen. Überhaupt werden Wissensmakler häufig unterschätzt, obgleich sie eine so maßgebliche Rolle auf dem Wissensmarkt spielen. Aufgrund ihrer umfassenden, grenzüberschreitenden Interessen werden sie von rational denkenden Analytikern vielfach als zu wenig zielgerichtet oder undiszipliniert eingeschätzt – möglicherweise sogar als neugierig oder klatschsüchtig.[6] Da sie Wissensverbindungen in erster Linie durch Gespräche mit anderen herstellen, wird ihnen zuweilen vorgehalten, sie verbrächten ihre Zeit mit „Quatschen", anstatt „wirkliche Arbeit" zu leisten. Als diejenigen, die anderen zu Erfolg verhelfen, wird ihr Beitrag leicht verkannt von Managern, die nur an Produktivität herkömmlicher Art interessiert sind. Die Verdienste, die ihnen aufgrund ihrer Leistungen zukommen, sind in Personalbeurteilungssystemen, bei denen es um die Anzahl der unterstellten Mitarbeiter geht, einfach nicht zu messen oder auch nur zu erfassen. Zudem ist der Gewinn, zu dessen Erzeugung sie beitragen, weitaus schwieriger zu bemessen als die Kosten, die dem Unternehmen infolge von Gehaltszahlungen und Lohnnebenkosten entstehen. Eine der ersten Maßnahmen im Rahmen von Kostensenkungsprogrammen ist bezeichnenderweise die Schließung der Unternehmensbibliothek (und genau das sollten die Unternehmen als Letztes in Erwägung ziehen!).[7] Unternehmen sehen an Bibliotheksdiensten oft nur den Kostenaufwand – die Kosten für Personal, Räumlichkeiten, Bücher, Zeitschriften und Online-Subskriptionen. Ihnen fehlen schlicht vertraute Methoden, mit deren Hilfe sie die Vorzüge der Bibliothek als Informationsquelle und Wissensmarkt quantifizieren könnten. Selbst wenn sie „wissen", daß dort ein Wertpotential vorhanden ist, verhalten sie sich so, als ob dies nicht der Fall wäre – weil sie nicht in der Lage sind, diesbezügliche Werte in der traditionellen Buchhaltung mit finanziellen Kennziffern zu erfassen.

Manche dieser informellen Wissensmakler betätigen sich geradezu als „Wissensunternehmer": Sie entwickeln sich zielsicher zu Experten dafür, wer was weiß und wie dieses Wissen zu nutzen ist. Und dann „verkaufen" sie ihr Expertenwissen – nicht gegen Barzahlung, sondern in Erwartung künftiger Gefälligkeiten und Anerkennung. Mit anderen Worten: Sie betreiben ein internes Wissensgeschäft.

Das Preissystem

Alle Märkte verfügen über ein Preissystem, damit der Austausch von Wertobjekten effizient erfolgen und nachvollzogen werden kann. Wie sieht nun das Preissystem auf dem Wissensmarkt aus? In welcher Währung zahlen die Marktteilnehmer? Welche Marktbedingungen gilt es zu beachten?

Wenn Unternehmen Wissen außerhalb der eigenen Organisation erwerben, bezahlen sie häufig (wenn auch nicht ausschließlich) mit Geld. So kann ein Jurist, ein Investmentbanker oder ein Berater mehrere tausend Dollar am Tag „verdienen", wenn das Kundenunternehmen sein Spezialwissen entsprechend hoch einschätzt. Unternehmensintern ist Geld nur selten das gültige Tauschmittel, aber dennoch einigt man sich auf Währungen (oder „Tauschwerte", wie es in der Sprache der Austauschtheorie heißt), die den Wissensmarkt vorantreiben. Wie gesagt – Verkäufer wie Käufer beteiligen sich am Wissensaustausch, weil sie sich etwas von der Transaktion erhoffen. Wir wollen dazu ein Beispiel heranziehen, wie es Wissensverkäufern durchaus bekannt vorkommen dürfte.

> Sechs Uhr abends, mitten im Winter, und es schneit wieder. Wenn ich jetzt mein Büro verlasse, kann ich um sieben zu Hause sein. Zu der Zeit werde ich von meiner Familie erwartet. Ich freue mich auf einen ruhigen Abend zu Hause: gutes Essen, vielleicht bei gemütlichem Kaminfeuer. Gerade ziehe ich den Mantel an, da klingelt das Telefon. Ein Berater aus einem anderen Bereich des Unternehmens – ich kenne ihn nicht besonders gut, bin ihm ein- oder zweimal auf Sitzungen begegnet. Er entschuldigt sich, daß er in letzter Minute anrufe, aber man habe ihm soeben mitgeteilt, er müsse sofort einen Flieger nehmen, um am nächsten Morgen einen wichtigen Klienten zu besuchen. Ich hätte doch früher mal bei dem betroffenen Unternehmen gearbeitet – ob ich ihm wohl etwas über den Klienten erzählen könnte? Welche Leute spricht man am besten an? Was ist zur Unternehmenskultur zu sagen? Was steht bei denen hoch im Kurs? Was erwarten die von uns?
> Der Anrufer will also Wissen, nicht Daten oder Informationen, von mir erfahren, so daß ich ihn nicht mit ein paar Sätzen abspeisen oder an irgendeinen Online-Speicher verweisen kann. Das würde ihm vielleicht auch schon weiterhelfen, aber ausreichen würde es bestimmt nicht. Für eine sinnvolle Antwort brauche ich mindestens eine halbe

Stunde. Und wenn ich nun in meinem Büro bleibe und mit ihm rede (und somit meine Heimfahrt verschiebe und vermutlich einen gemütlichen Abend verderbe) – was habe ich davon? Wie wägt der stumme Auktionator in meinem Kopf die mir entstehenden Unannehmlichkeiten gegen eine mögliche Hilfestellung für einen Beraterkollegen ab? Welche Art von Bezahlung kann ich für die Weitergabe meines Wissens erwarten, für die es sich lohnen würde, meinen langen Arbeitstag noch länger zu machen und mein Privatleben hintanzusetzen?

Dieses Szenarium wirft die Frage auf, in welcher Form die Bezahlung auf dem Wissensmarkt erfolgt. Wir sind zu der Schlußfolgerung gelangt, daß mindestens drei Faktoren eine Rolle spielen. In der Reihenfolge abnehmender Bedeutung sind dies: *Gegenseitigkeit*, *Ansehen* und *Selbstlosigkeit*. Wir werden jeden dieser Faktoren kurz erörtern und anschließend auf die entscheidende Bedeutung von *Vertrauen* eingehen, ohne das kein Wissensmarkt effektiv funktionieren kann.

Gegenseitigkeit

Ein Wissensverkäufer wird den Aufwand an Zeit und Mühe für eine effektive Weitergabe von Wissen nicht scheuen, wenn er davon ausgehen kann, daß die Käufer ihrerseits als willige Verkäufer bereitstehen werden, wenn *er* ihr Wissen benötigt. Diese Bereitschaft zu „gegenseitigen Gefälligkeiten" meint Tom Wolfe, wenn er in *Bonfire of the Vanities* von „favor bank" spricht. Also verzichte ich auf mein Essen im Kreis der Familie und helfe meinem Beraterkollegen, wenn ich meine, daß der Anrufer über Wissen verfügt, das *ich* irgendwann einmal brauchen könnte. Verspreche ich mir hingegen vom Wissen des Anrufers keinerlei Vorteile, behaupte ich vermutlich, ich wüßte ihm nichts zu sagen, und begebe mich stattdessen auf den Heimweg.

Zeit, Energie und Wissen sind begrenzt und für die meisten Arbeitnehmer sehr knappe Ressourcen. Im allgemeinen sind wir nicht bereit, knappe Ressourcen einzusetzen – es sei denn, der Aufwand „lohnt". Ich mag ein noch so freundlicher Mensch sein (und einem Kollegen, der ein Problem hat, noch so gern helfen wollen), aber ich habe weder die Zeit noch die Kraft, auf jede an mich gerichtete Wissensnachfrage einzugehen. Die Auswahl, die ich dann treffe, hängt gewöhnlich von meinem subjektiv wahrgenommenen Eigeninteresse ab.

Gegenleistung kann auch auf weniger direktem Weg erfolgen – nicht immer läßt man sich die Weitergabe des eigenen Wissens durch das Wissen anderer entgelten. In partnerschaftlich strukturierten Unternehmen bedeutet die Weitergabe von profitsteigerndem Wissen immer auch einen Nutzen für denjenigen, der sein Wissen weitergibt – jetzt und in Zukunft. Mitarbeiter, die an ihrem Unternehmen mit beträchtlichen Aktienoptionen beteiligt sind, befinden sich in einer ähnlichen Situation. Doch unabhängig davon, ob ein Wissensverkäufer tatsächlich davon ausgeht, gleichermaßen wertvolles Wissen seitens des Käufers als Gegenwert zu erhalten – er könnte auch annehmen, wenn er für bereitwilliges Weitergeben von Wissen bekannt sei, wären im Gegenzug auch andere Kollegen im Unternehmen eher bereit, ihr Wissen mit ihm zu teilen. Dies ist eine durchaus rationale Annahme, denn sein Ruf als Verkäufer wertvollen Wissens erzeugt bei anderen Vertrauen in *seine* Bereitschaft zu Gegenleistungen, wenn er der Käufer ist und die anderen Wissen zu verkaufen haben: Ihm wird Wissenskredit gewährt. Nun stehe ich da in meinem Büro, schon im Mantel, und rede mit meinem Kollegen, um mein Ansehen als Wissensverkäufer aufzubessern. Vielleicht trägt das ja dazu bei, daß die Leute im Unternehmen ebenfalls freundlich reagieren, wenn *ich* ihr Wissen brauche. Gegenseitigkeit und Ansehen haben also etwas miteinander zu tun.

Ansehen

Ein Wissensverkäufer ist gewöhnlich daran interessiert, daß andere ihn als Wissensträger von wertvollem und bereitwillig kollegial geteiltem Expertenwissen kennen und schätzen. Ansehen mag als immaterielles Gut gelten, ist aber durchaus dazu angetan, materielle Ergebnisse zu erzielen. Wir haben bereits darauf hingewiesen: Wer für bereitwilliges Weitergeben von Wissen bekannt ist, kann um so leichter auf Gegenleistung pochen; ein guter Ruf als Wissensverkäufer läßt den Wissensträger zu einem effektiveren Wissenskäufer werden. Die Tatsache, daß jemand als wertvolle Wissensquelle angesehen wird, kann auch mit materiellen Vorteilen verbunden sein: Sicherheit des Arbeitsplatzes, Beförderungen sowie alle möglichen Anerkennungen und Würden eines Unternehmensgurus. Möglicherweise wird ein Wissensverkäufer nicht gleich in bar entgolten; wohl aber könnte er ein höheres Gehalt beziehen oder für die Weitergabe seines Wissens mit einer Prämie belohnt werden. In vielen Beratungsfirmen sind Bonuszahlungen an die Berater daran gekoppelt, daß sie Wissensgenerierung und Wissenstransfer unter Beweis stellen. Allerdings ist der Wert eines solchen Ansehens auf dem Wissensmarkt immer von den politischen und sozialen Strukturen der jeweiligen Organisation abhängig. Die Weitergabe von Wissen hat keinen festen oder universalen Marktwert, sondern wird völlig unterschiedlich bewertet – angefangen von Strafen (für „Zeitverschwendung" im Gespräch mit anderen anstelle aktiven „Arbeitseinsatzes") bis hin zu beträchtlichen Förderungsmaßnahmen aufgrund geleisteter Wissensbeiträge.

In Bereichen wie Beratung, Investmentbanking und Entertainment steht und fällt der Erfolg mit dem Ansehen. In den meisten heutigen Unternehmen gewinnt Ansehen um so mehr an Bedeutung, als der einstige, auf Dienstalter und Loyalität basierende Sozialvertrag zwischen Unternehmen und Arbeitnehmer immer brüchiger wird: Je weniger die Mitarbeiter aller Ebenen ein kontinuierliches Beschäftigungsverhältnis im Gegenzug für langjährige, loyale Betriebszugehörigkeit erwarten können, desto stärker sehen sie sich unter Druck gesetzt, ihr individuelles Ansehen aufgrund praktisch bewiesener Kenntnisse, Fähigkeiten und Kompetenzen zu erhöhen.

In unserem Winterabend-Beispiel könnte uns die Erwartung weiterer Pluspunkte in bezug auf unser Ansehen veranlassen, noch länger im Büro zu bleiben und die Fragen des Kollegen zu beantworten. Wenn dieser Berater dann den anderen erzählt, wie hilfsbereit der Prusak oder der Davenport ist und wie viel der doch weiß, und wenn diese Information vielleicht noch über die informellen betriebsinternen Netzwerke vermittelt wird, dann könnte all dies zu einer Erhöhung unseres Ansehens führen. (Allerdings könnten dadurch auch weitere Wissensnachfragen ausgelöst werden – ein möglicher Nachteil, mit dem ein erfolgreicher Wissensverkäufer rechnen muß.) Wenn unser Unternehmen die Bereitschaft, das eigene Wissen mit anderen zu teilen, formal registriert und belohnt, erhöht sich die Wahrscheinlichkeit, daß unsere Kooperation zukünftigen materiellen Nutzen bringt.

Selbstlosigkeit

Natürlich kann es auch vorkommen, daß ein Wissensträger ein besonders freundlicher Mensch ist, der sein Wissen mit anderen auch dann teilt, wenn er dafür nichts als ein „Dankeschön" erhält. Oder er ist vom eigenen Wissen derart fasziniert, daß er es nur zu gern an andere weitergibt, sobald sich eine Chance bietet. Solche Leute gibt es. Viele Wissensträger fühlen sich zur Weitergabe ihres Wissens teilweise durch Begeisterung für ihr Fach und in gewissem Maß auch durch selbstlose Beweggründe motiviert, und dabei geht es weniger darum, ob dies „zum Wohl der Firma" oder aus einer natürlichen Hilfsbereitschaft heraus geschieht. Wir alle kennen Individuen, die anderen einfach nur helfen wollen.

Auch die Wahrnehmung einer Mentoren-Funktion ist eine Form des Wissenstransfers, der zum Teil auf Selbstlosigkeit beruht. Unter anderen hat Erik Erikson darauf hingewiesen, der Mensch mache eine „generative Phase" (gewöhnlich in reiferen mittleren Jahren) durch, in der es ihm wichtig erscheint, das Gelernte an andere weiterzugeben. Unternehmen können den Impuls als solchen nicht erzeugen, aber sie können diese Entwicklung fördern oder auch behindern. Möglichkeiten zur Förderung von Mentoren-Funktionen bestehen etwa darin, vorhandene Mentoren-Beziehungen formell anzuerkennen, den Managern Zeit zur Weitergabe ihres Wissens zu geben und die Gewißheit zu vermitteln, daß erfahrene Mitarbeiter tatsächlich über wertvolles Wissen verfügen. Viele Unternehmen ignorieren den Dienst, den ältere Mitarbeiter mit ihren Beiträgen an jüngere Kollegen leisten, weil sie keine Möglichkeit kennen, das Wissen der Älteren zu bewerten oder auch nur effizient zu erfassen.

Eine interessante Ausnahme haben wir bei der *Chrysler Corporation* kennengelernt, wo die Wissensmanager überzeugt sind: Meister und Ingenieure verfügen über ein reiches Wissen, das für die Entwicklung des Unternehmens von entscheidender Bedeutung ist. Die „Engineering Books of Knowledge", die bei *Chrysler* erarbeitet und dokumentiert werden, dienen als eine Art formalisiertes Mentoren-Instrument. Die Beiträge zu diesen „verfahrenstechnischen Büchern" erfolgen zumindest teilweise aus selbstlosen Gründen. *Chrysler* fördert die Vertrauensbildung und den Aufbau selbstloser Mitarbeiterbeziehungen, indem es „Techno-Clubs" für Ingenieure mit vergleichbarem Hintergrund und vergleichbarer Orientierung einrichtet.

Selbstlosigkeit im Umgang mit Wissen ist eine reale und durchaus zu fördernde Einstellung. Sie gedeiht in Organisationen, die nette Leute einstellen und ihre Leute nett behandeln. Sie stößt jedoch an Grenzen, wenn Zeit und Energie der Mitarbeiter zu stark in Anspruch genommen werden oder kulturelle Faktoren einer selbstlosen Hilfsbereitschaft entgegenstehen. C. B. MacPherson argumentiert, unsere nationale Kultur sei durch „possessiven Individualismus" geprägt. In keinem Fall sollte man sich ausschließlich auf selbstlose Bereitwilligkeit verlassen, wenn etwas so Wichtiges wie die Weitergabe von Wissen gefördert werden soll.

Vertrauen

Vertrauen übertrifft in seiner Bedeutung alle übrigen Faktoren, die sich positiv auf die Effizienz von Wissensmärkten auswirken. Ohne gegenseitiges Vertrauen sind Wissensinitiativen zum Scheitern verurteilt – unabhängig davon, wie gründlich sie technologisch und rhetorisch unterstützt werden, und selbst dann, wenn das Überleben der Organisation von einem effektiven Wissenstransfer abhängt.[8] Der Wissensmarkt kann in einem Unternehmen nur dann richtig funktionieren, wenn Vertrauen auf dreierlei Weise wirkt:

1. *Vertrauen muß sichtbar sein.* Die Mitglieder der Organisation müssen sehen, daß man für die Weitergabe von Wissen Anerkennung bekommt. Sie müssen das Prinzip der Gegenseitigkeit unmittelbar erfahren. Für solches Vertrauen muß es direkte Beweise geben; eine Hervorhebung der Bedeutung von Vertrauen in den Leitsätzen des Unternehmens reicht nicht aus.
2. *Vertrauen muß immer und überall gegeben sein.* Sobald auch nur ein Teil des internen Wissensmarktes als nicht vertrauenswürdig gilt, entwickelt sich der Markt asymmetrisch und verliert an Effizienz.

3. *Vertrauenswürdigkeit muß an der Spitze beginnen.* Vertrauen fließt in Unternehmen in aller Regel von oben nach unten: Das Vorbild der oberen Führungsebenen vermag häufig die Normen und Werte des Unternehmens zu bestimmen. Wenn Topmanager vertrauenswürdig sind, wird sich Vertrauen in der gesamten Organisation ausbreiten und die Kultur prägen. Sind Führungskräfte hingegen zynisch darauf bedacht, das Wissen anderer zum persönlichen Vorteil zu mißbrauchen, entsteht im Unternehmen eine Kultur des Mißtrauens. Die Wertvorstellungen im Management werden dem Unternehmen durch Signale, Zeichen und Symbole vermittelt.

Persönliche Kontakte und Vertrauen sind eng miteinander verbunden. Für die *US Army* ist „face time" – die persönliche Begegnung – ein wesentliches Element vertrauensbildender Gruppenmaßnahmen und wird als eine der Determinanten für soziale Kompetenz gewertet. Vertrauen ist aber nicht nur eine notwendige Voraussetzung für den Wissensaustausch, sondern kann auch Produkt desselben sein. Das bei *British Petroleum* eingeleitete Projekt für virtuelle Teamarbeit hatte deshalb Erfolg, weil sich zwischen Management, Projektteam und den übrigen Beteiligten ein Klima gegenseitigen Vertrauens entwickeln konnte. In persönlichen Begegnungen nahmen die Beteiligten erste Kontakte auf. Häufige Videokonferenzen zum Zweck des Wissensaustauschs stärkten das Vertrauen und führten schließlich zu meßbaren Verbesserungen in bezug auf die Einhaltung zugesagter Termine.

Vertrauen ist eine wesentliche Bedingung für einen funktionsfähigen Wissensmarkt – wie für jeden Markt, der nicht durch bindende und einklagbare Verträge geregelt ist. Natürlich bedürfen selbst Transaktionen, die vertraglich in Schriftform festgelegt sind, eines gewissen Maßes an Vertrauen. Aber der Wissensmarkt – ohne schriftliche Verträge und Gerichtsbarkeit – ist nicht auf finanzielles Entgelt, sondern auf Kreditgewährung in Form von „Treu und Glauben" angewiesen: Gegenseitiges Vertrauen ist für den Austausch von Wissen von zentraler Bedeutung. Wenn wir in einer Organisation Wissen verkaufen, steht und fällt eine angemessene (sofortige oder künftige) Bezahlung mit der Vertrauenswürdigkeit des Käufers und des Managements. *Der Wissensmarkt in einem Unternehmen muß auf gegenseitigem Vertrauen gründen.* In den meisten Fällen werden wir nur dann Ansehen für eine Wissenstransaktion gewinnen, wenn der Käufer uns als Verkäufer öffentlich anerkennt. Gibt er hingegen vor, das Wissen sei ausschließlich „auf seinem Mist gewachsen", kräht kein Hahn nach uns. Wenn ein anderer unsere Forschungsergebnisse als seine eigenen ausgibt, werden wir unser Wissen künftig wohl ebensowenig an den Betreffenden weitergeben, wie wir auch keinem unser Haus anbieten würden, der uns das Auto geklaut hat. Ein Käufer, der uns als Wissensverkäufer nicht respektiert und der nicht erkennt, daß er in unserer Schuld steht, wird uns seinerseits kaum entgegenkommen, wenn *wir* einmal Wissen brauchen. Genausowenig wird ein Management, das nach außen hin betont, wie wichtig Wissensaustausch sei, im Unternehmensalltag jedoch Mitarbeiter belohnt, die ihr Wissen horten, das erforderliche Vertrauen für einen effektiven Wissensmarkt schaffen.

Die Bedeutung, die dem Vertrauen bei Wissenstransaktionen zukommt, läßt deutlich werden, warum Wissensinitiativen, bei denen man ausschließlich davon ausgeht, die Infrastruktur als solche werde automatisch Kommunikation bewirken, nur selten die erwarteten Vorteile bringen. Die Unpersönlichkeit von Groupware lädt jedermann zur Weitergabe von Informationen ein und gewährt anonymen Zugang zu diesen Informationen. Doch damit entsteht keinesfalls das Vertrauen in die Qualität von Wissen, wie es bei persönlicher Bekanntschaft und persönlichem Ansehen gewährleistet ist. Auch die Hoffnung auf Gegenleistung ist in einem solchen System nur schwach ausgeprägt. Der Käufer, der sich Datenmaterial von einem Server holt, fühlt sich dem, der die Daten bereitgestellt hat, nicht in dem Maß verpflichtet, als wenn ihm dasselbe Material über ein Telefongespräch oder bei einer persönlichen Begegnung vermittelt worden wäre. Deshalb wird bei den meisten erfolgreichen Groupware-Systemen eine Art Moderator eingeschaltet, um eine vollständige und rechtzeitige Dateneingabe zu gewährleisten. In einigen Systemen sind sogar Mechanismen vorgesehen, mit deren Hilfe die Nutzung der eingegebenen Daten und die Datenlieferanten registriert werden.

Signale auf dem Wissensmarkt

Unter „Marktsignalen" verstehen wir Informationen, die uns angeben, wo Wissen in der Organisation lokalisiert ist und wie man Zugang zu diesem Wissen erlangt. Die Zugänglichkeit von Wissensquellen dient einer Art Kostenbetrachtung – sie ist Maßstab dafür, wieviel Zeit und Mühe potentielle Käufer aufwenden müssen, um Wissen zu erlangen und den Erwartungen des Verkäufers in bezug auf Gegenleistungen gerecht zu werden. Auf Wissensmärkten sind formale und informelle Signale zu unterscheiden. Die informellen Signale bieten gewöhnlich die genaueren Hinweise, wo Wissen zu „kaufen" ist, setzen häufig aber persönliche Interaktionen voraus.

Position und Ausbildungsniveau

Titel und Position sind die häufigsten formalen Signale dafür, wer über wertvolles Wissen verfügt – oder verfügen sollte. Wenn wir etwas über ein bestimmtes Forschungsprojekt in Erfahrung bringen müssen, wenden wir uns am besten an den Projektleiter; wenn wir wissen müssen, was sich im Marketing abspielt, fragen wir ganz einfach den Direktor der Marketingabteilung. Dieses an sich selbstverständliche Vorgehen kann funktionieren, muß aber nicht immer zum Erfolg führen. So ist ein Organigramm meist kein besonders effektiver Wegweiser, wenn es um die Lokalisierung von Unternehmenswissen geht. Der Projektleiter ist vielleicht nicht bereit, sein Wissen weiterzugeben; möglicherweise ist er auch gerade mit den für uns wichtigen Aspekten des Projekts nicht unmittelbar vertraut. Und der Direktor der Marketingabteilung wußte früher vielleicht einmal eine Menge über Marketing, aber jetzt ist er in erster Linie mit der unternehmenspolitischen Aufgabe befaßt, eine Marketingabteilung zu leiten. Fest steht auch, daß Beförderungen in einem Unternehmen nicht ausschließlich wissensbasiert erfolgen, wobei nicht einmal latentes oder soziales Wissen eine Rolle spielt; maßgeblich sind vielmehr Kriterien wie Schwungkraft, Ehrgeiz, Energie, Intuition, Urteilsvermögen, Selbstbewußtsein (oder auch mangelndes Selbstbewußtsein) und eine Portion Glück. So mag der Experte, der genau das weiß, was wir wissen müssen, und der auch bereit wäre, uns zu diesem Wissen zu verhelfen, in einem der Büros sitzen, an denen wir auf unserem Weg zum Chefzimmer vorbeikommen. Man müßte eben nur wissen, in welchem!

Auch das Ausbildungsniveau ist ein formales Marktsignal, das nicht zwangsläufig weiterhilft. Wenn Frau Soundso auf einem Spezialgebiet promoviert hat, über das wir etwas in Erfahrung bringen müssen, wenden wir uns logischerweise an sie: Sie ist die Fachfrau und besitzt die erforderliche Glaub- und Vertrauenswürdigkeit. Vielleicht verfügt sie über genau das Wissen, das wir brauchen; vielleicht aber hat sie seit ihrer um Jahrzehnte zurückliegenden Promotion nichts Neues mehr hinzugelernt. Oder ihr Wissen ist zu theoretisch, als daß es sich sinnvoll auf praktische Situationen anwenden ließe. Und vielleicht ist sie auch nicht bereit, uns zu sagen, was sie weiß.

Informelle Netze

Die besten Signale auf dem Wissensmarkt – so unvollständig sie sein mögen – werden über informelle Netze weitergeleitet, wie sie im Unternehmensalltag entstehen. Innerhalb dieser Netze fragt der eine den anderen, ob er etwas weiß – wer beispielsweise bei früherer Gelegenheit einmal Wissen weitergegeben hat, das sich dann als zuverlässig und nützlich herausstellte. Wenn der nach einem spezifischen Wissen gefragte Kollege selbst keinen geeigneten Verkäufer weiß, so kennt er vermutlich einen anderen, der einen weiß. Ein Großteil der Unternehmensabläufe erfolgt auf der Basis, daß sich die Mitarbeiter gegenseitig über informelle Netze fragen, wer sich in welchen Dingen auskennt. Die informellen Netze von Käufern, Maklern und Verkäufern transportieren Wissen durch die gesamte Organisation. Wissensmärkte bilden sich in der Umgebung formaler und informeller Netze aus, so daß die Vermittlung von Informationen über solche Netze eine gute Möglichkeit zur Sichtbarmachung von Wissen darstellt.

Der informelle Charakter solcher Netze hat sowohl Vorteile als auch Nachteile. Da sie nur über persönliche Kontakte und Mundpropaganda funktionieren, sorgen sie für ein Vertrauen, das einen erfolgreichen Wissensaustausch erheblich zu fördern vermag. Die Empfehlung seitens eines Arbeitskollegen, den wir kennen und schätzen, führt uns mit größerer Wahrscheinlichkeit zu einem vertrauenswürdigen Verkäufer mit geeignetem Wissen als der nüchterne Blick auf das Organigramm oder in das firmeninterne Telefonverzeichnis. Solche informellen Netze weisen auch eine Eigendynamik auf: Weil sie aus Menschen bestehen, die ständig mehr oder weniger miteinander kommunizieren, aktualisieren sie sich ganz von selbst, sobald sich die äußeren Umstände ändern. Die Mitarbeiter reden darüber, wer aus dem Unternehmen ausgeschieden ist oder inzwischen an neuen Projekten arbeitet, wer kürzlich als überraschend nützliche Wissensquelle in Erscheinung getreten ist und wer sich völlig unerwartet zurückgezogen hat.

Dies hört sich nach Klatsch und Tratsch an – zu Recht. Bei den meisten Tagesgesprächen im Unternehmen handelt es sich um einen Wissenstransfer in bezug auf interne Prozesse. Wie der bekannte Organisationsexperte James March festgestellt hat, sind gerade die häufig als Zeitverschwendung kritisierten Gespräche am Arbeitsplatz dazu angetan, daß sich das unternehmensinterne Wissensnetz von sich aus aktualisiert. Demgegenüber verlieren formalisiertere Systeme wie Druckerzeugnisse oder elektronische Datenspeicher in bezug auf die Fähigkeiten und Interessen der Mitarbeiter schnell an Reiz, wenn sie sich erst einmal etabliert haben. Gewöhnlich fehlt ihnen auch die Interaktivität, die bei informellen Netzen für Bewegung sorgt.

Was sich nach Klatsch und Tratsch am Arbeitsplatz anhört, ist oft nichts anderes als die Selbstaktualisierung eines Wissensnetzes.

Von Nachteil ist bei diesen Netzen vor allem, daß sie aufgrund ihres informellen Charakters und der fehlenden Dokumentation nicht allen potentiellen Benutzern ohne weiteres zugänglich sind. Der Erfolg solcher Netze steht und fällt mit zufälligen Unterhaltungen und lokalen Verbindungen, die manchmal gut funktionieren, dann aber auch wiederum gar nicht zustande kommen. Man stelle sich einmal vor, Informationen über neue Autos oder Restaurants gelangten nur über ähnlich informelle Netze zu uns, und es gäbe keine Werbung, keine Fachbeiträge und keine Rezensionen. Wir müßten uns voll und ganz auf den Ratschlag von Bekannten verlassen. Dieses informelle Netz mag uns hier und dort vor schlechten Entscheidungen bewahren, aber es könnte uns nie alle Möglichkeiten auf unserem Gebiet aufzeigen. Schon wenn wir eine hinlänglich breite Palette an Empfehlungen bekommen wollen, müßten wir viel Zeit investieren, um all die Verzweigungen persönlicher, nicht näher dokumentierter Beziehungen zu verfolgen. Eine solche Suche kann sehr langwierig werden und führt oft zu unzuverlässigen Ergebnissen.

Zweckgemeinschaften

Manchmal bilden Mitarbeiter mit gegenseitig ergänzenden Kenntnissen eine Art „Zweckgemeinschaft". Diese selbstorganisierten Gruppen werden im allgemeinen von Mitarbeitern ins Leben gerufen, die miteinander kommunizieren, weil sie gemeinsame Arbeitsmethoden, Interessen oder Ziele verfolgen.[9] Wenn sich ihre Kommunikation dann im Lauf der Zeit als nützlich herausstellt, formalisieren sie ihre Verbindung, geben sich einen Gruppennamen und führen ein reguläres gruppeninternes Austauschsystem ein. So haben sich Wissenschaftler und Ingenieure bei *BP*, die ihr gemeinsames Interesse an der Produktion von Wasser als Nebenprodukt beim Bohren entdeckt hatten, zu einer Zweckgemeinschaft mit regem Kommunikationsaustausch über E-Mail, Rundbriefe und gelegentliche Zusammenkünfte gruppiert. Dieses „Wasserproduktion-Grüppchen" entwickelte sich später zu einer der Pilotgruppen für virtuelle Teamarbeit und nutzte schließlich auch die Videokonferenz-Technologie, um Interaktionen in noch engerem Verbund durchführen zu können. Auch die Leute, die an den *Citibank*-Kreditgeschäften in der südostasiatischen Region beteiligt waren, organisierten sich zu einer Gruppe, um ihre unterschiedlichen Kompetenzen besser einbringen und Probleme gemeinsam lösen zu können. Wissenschaftler mit gemeinsamen Interessen bilden schon seit Jahren solche Gruppen und kommunizieren häufig über das Internet.

Manager sollten solche Zweckgemeinschaften als Unternehmenswert betrachten und nach Möglichkeit fördern. Eine zu strikte Anwendung von *Reengineering*-Prinzipien mit ihrer Hervorhebung von Effizienz hat einige dieser informellen Wissensnetze und Gruppen geschwächt. Zum Teil haben die Unternehmen ihren Mitarbeitern die entspannte Gelassenheit, ohne die Zweckgemeinschaften nicht gut funktionieren können, nachhaltig ausgetrieben. Solchen *Reengineering*-Maßnahmen sind vermutlich auch Arbeitsplätze einstiger Wissensmakler zum Opfer gefallen, deren Aktivitäten für die Unternehmensabläufe als unwichtig galten, obgleich gerade sie die Wissensnetze zusammenhalten. Durch übermäßige Ausrichtung auf meßbares „Arbeiten" und Unterschätzung der Bedeutung des einfachen Miteinander-Redens können *Reengineering*-Programme das Entstehen von zwanglosen Gesprächen und Zweckgemeinschaften, über die ein so großer Teil der Wissensarbeit im Unternehmen erfolgt, leicht unterbinden.

Manager sollten den Wert des Miteinander-Redens nicht unterschätzen.

Ineffizienzen auf dem Wissensmarkt

Auf effizienten Märkten finden Käufer und Verkäufer zueinander: Der Güteraustausch funktioniert reibungslos. Durch ein eindeutiges Preisbildungssystem können sie sich unter minimalem Aufwand auf den Wert der zu verkaufenden Güter einigen. Sie haben dieselben oder zumindest ähnliche Vorstellungen vom Wert der Währung, die zum Güterkauf herangezogen wird. In der Praxis erzeugen effiziente Märkte ein Maximum an Gütern zu einem Minimum an Kosten. Doch Wissensmärkte sind in den meisten Organisationen ausgesprochen ineffizient. Der richtige Verkäufer ist häufig nur schwer ausfindig zu machen und dann noch schwer zu erreichen. Außerdem ist es schwierig, wenn nicht gar unmöglich, die Qualität des Wissens vor dem „Kauf" zu beurteilen. Sowohl der Wert des Wissens als auch die Wahrscheinlichkeit einer irgendwann erfolgenden Bezahlung sind ungewiß.

Um ein Gefühl für die Ineffizienzen des Wissensmarktes zu bekommen, wollen wir den Automobilmarkt zum Vergleich heranziehen. Wenn wir ein neues Auto kaufen wollen, können wir uns ohne weiteres Informationen über Verkäufer und Produkte verschaffen. In den *Gelben Seiten* sind sämtliche Autohändler aufgeführt. Zeitungen berichten regelmäßig darüber, welche Automodelle aktuell sind, wo man sie kaufen kann und was sie kosten. *Verbraucherberichte* und eine Menge anderer Veröffentlichungen bieten detaillierte, unabhängige Meinungen zu Autopreisen und Händlerkosten. In vielen Fällen kann ein Käufer für ein und dasselbe Produkt unter verschiedenen Anbietern wählen. Der Kaufinteressent hat zudem Gelegenheit, verschiedene Autos zu begutachten und zu testen, bevor er seine Kaufentscheidung trifft. Ein schriftlicher Vertrag definiert Kaufobjekt und Kaufpreis. Garantieleistungen und Gesetze schützen den Käufer, wenn das Produkt einen Defekt aufweist. Die Verkäufer ihrerseits haben Rechtsmittel in der Hand, wenn der Käufer nicht vertragsgemäß zahlt.

Auf den Wissensmärkten sind die Geschäfte weitaus undurchsichtiger. Der Wert des fraglichen Wissens ist nur selten so greifbar oder explizit wie der Wert eines Autos. Es gibt keine *Verbraucherberichte* über Wissensverkäufer und Wissensmakler. Und wie im Zusammenhang mit dem Preissystem bereits erörtert wurde, ist eine Bezahlung weitaus ungewisser und materiell weniger greifbar als auf dem Markt für Neuwagen. Die Informationen darüber, wo Wissen in der Organisation zu orten ist, sind ausgesprochen dürftig. Das derzeitige Interesse am Wissensmanagement geht wohl großenteils darauf zurück, daß es in den Organisationen schlicht an guten Informationen über die Lokalisierung einschlägigen Wissens fehlt und somit Wissenszugang und Wissensnutzung erschwert sind.

Drei Schlüsselfaktoren

Wie unsere Untersuchungen zeigen, führen besonders drei Faktoren dazu, daß die Wissensmärkte in vielen Organisationen ineffizient funktionieren: Unvollständigkeit der Informationen über den Wissensmarkt, Asymmetrie des Wissens sowie lokale Begrenztheit des Wissens.

Unvollständigkeit der Informationen: Interesse am Wissensmanagement entsteht vor allem dann, wenn Unternehmen erkennen, daß sie gar nicht wissen, wo in der eigenen Organisationen Wissen zu finden ist. Es fehlt an kognitiven Landkarten und *Gelben Seiten* (auf beides kommen wir später zurück), die einen potentiellen Wissenskäufer zu einem Wissensverkäufer führen könnten – ein grundlegendes Problem. Auch der Mangel an expliziten Informationen über die Preisbildungsstruktur trägt zur Ineffizienz bei, denn Wissenstransaktionen werden durch Unsicherheit bezüglich einer Gegenleistung für die Weitergabe von Wissen behindert.

Asymmetrie des Wissens: Häufig ist fachbezogenes Wissen im einen Unternehmensbereich in Hülle und Fülle vorhanden, während es in einem anderen gerade daran mangelt. So verfügt die Marketingabteilung vielleicht über umfangreiches Wissen in bezug auf einen bestimmten Kundenkreis, das der Verkauf dringend benötigt. Strategisches Wissen, an der Führungsspitze angesiedelt, ist unter Umständen den Mittelmanagern, die für die praktische Umsetzung zuständig sind, nicht zugänglich. Ein gewisses Maß an Asymmetrie gibt es auf jedem Markt – Märkte können ohne Knappheit nicht funktionieren. Doch eine zu starke Asymmetrie verhindert, daß Wissen dorthin gelangt, wo es benötigt wird.

Käufer und Verkäufer finden nicht zueinander. In Organisationen kommt es immer wieder zu „Wissensvöllerei" wie auch zu „Wissenshungersnöten". Doch wie bei anderen Hungersnöten hat das Problem weniger mit absoluter Knappheit als vielmehr mit Informationsmustern, Kaufkraft und Vertriebssystemen zu tun.

Lokale Begrenztheit des Wissens: Gewöhnlich beziehen die Mitarbeiter ihr Wissen vom nächsten Nachbarn im Unternehmen. Wissensmärkte sind vertrauensabhängig, und im allgemeinen vertraut man Leuten, die man kennt. Persönliche Begegnungen sind häufig die beste Möglichkeit, um an Wissen zu gelangen; und wie gesagt – zuverlässige Informationen über weiter entfernte Wissensquellen liegen meist nicht vor. Auch gibt es kaum Mechanismen, die solche entfernten Wissensquellen zugänglich machen. Also kaufen die Mitarbeiter das Wissen, das der Kollege im Büro nebenan zu bieten hat, anstatt sich der Mühe und Ungewißheit auszusetzen, einen potenteren Wissensträger im Unternehmen ausfindig zu machen. Simon und March benutzen das Wort „satisficing", um die menschliche Tendenz zum Ausdruck zu bringen, sich mit dem Nächstliegenden zufrieden zu geben: Das unmittelbar zu erlangende Wissen beziehungsweise schnelle Informationen sind für die eigenen Zwecke „gut genug". Wissensinitiativen führen zwangsläufig zu Problemen, wenn sie von der Voraussetzung ausgehen, daß die Beteiligten keine Mühe scheuen, an bestmögliches Wissen heranzukommen; in der Praxis funktioniert das höchst selten.[10] Hohe Suchkosten bei den Bemühungen um optimales Wissen sind wahrscheinlich das größte Hindernis für einen rundum effizienten Wissensmarkt in Unternehmen, vor allem in großen Organisationen. Die lokale Begrenztheit von Wissen trägt deshalb zur Marktineffizienz bei, weil sie die Leute veranlaßt, sich mit einem alles andere als optimalen Wissen zu begnügen, während ein sehr viel besseres „Produkt" unverkauft und nutzlos herumliegt. Die

Entfernung zwischen Käufer und Verkäufer verhindert das Zustandekommen von Transaktionen.

Ein Fallbeispiel

Die *Javelin Development Corporation*, eine existente, aber unkenntlich gemachte Ingenieur- und Konstruktionsfirma, hat einen Plan entwickelt, Wissen projektübergreifend zugänglich zu machen – in der Hoffnung, auf diese Weise den Zeit- und Kostenaufwand für Konstruktionsaufträge reduzieren zu können. Dahinter stand die Idee der Anwendung vorhandener Entwürfe und Lösungen auf neue Situationen. Kernanliegen der Initiative war die Einrichtung eines Online-Wissensspeichers, auf den die Ingenieure bei der Erarbeitung ihrer Entwürfe zurückgreifen konnten. Ein Jahr nach Beginn der Implementierungsarbeiten waren die geplanten Einrichtungen erst zu fünf Prozent realisiert; die Initiative fand immer weniger Unterstützung.

Wir können diese enttäuschenden Ergebnisse im Rahmen der oben beschriebenen Ineffizienzen auf dem Wissensmarkt analysieren. Das größte Problem war der Mangel an einem eindeutigen Preis, der den einzelnen Mitarbeitern für die Weitergabe ihres Wissens zu zahlen war. Im Gegenteil – die Mitarbeiter hatten bereits einige Entlassungen erlebt und fürchteten, es könnte zu weiteren Entlassungen kommen; also betrachteten sie ihr spezifisches Wissen als einen arbeitsplatzsichernden Vorteil, den sie durch Weitergabe nur schmälern würden. Wie in vielen Ingenieurfirmen stand auch bei *Javelin* die Schaffung neuen Wissens in Form von Wiederverwendung vorhandener Entwürfe hoch im Kurs. Das Management unterstützte zwar generell die gemeinsame Nutzung von Wissen, vermittelte mit seinem Vorgehen aber nicht die Gewißheit, die Weitergabe von Wissen sei wirklich wichtig und würde belohnt. Beispielsweise wurde von den Mitarbeitern erwartet, daß sie sich in ihrer

Freizeit weiterbildeten, nicht aber während der Dienstzeit im Büro – eine Unternehmensnorm, aus der abzuleiten war, daß die Aneignung von Wissen nicht als „eigentliche Arbeit" zählte. Die Wissensinitiative wurde verbal unterstützt, aber die Manager verliehen ihren Bekundungen nicht hinreichend Nachdruck in Form von Geld- und Personalinvestitionen. Manche der designierten Wissensmoderatoren steckten höchstens 10 Prozent ihrer Arbeitszeit in das Projekt. Ein Mechanismus zur Bewertung der Weitergabe von Wissen fand im Rahmen von Leistungsbeurteilungen keine Berücksichtigung. Infolge all dieser Signale entstand kein tragfähiges Vertrauen in die Echtheit der von oben verkündeten Bedeutung eines Wissensaustauschs.

Außerdem erwies sich der Wissensspeicher von *Javelin* als Markt-Flop: Die potentiellen Verkäufer sahen kaum Vorteile darin, die Online-Wissensbestände aufzustocken, während die potentiellen Käufer ihrerseits die Organisation der Speicherinhalte ablehnten. Die Projektingenieure hatten eine locker strukturierte Organisation gewählt, bei der das Wissen nicht in alte Kategorien gezwängt werden mußte. Doch die Ingenieure, für die das System eigentlich angelegt werden sollte, bevorzugten ein hierarchisches System, das ihnen die Suche nach genau der Information erleichtern würde, die sie zur Lösung eines spezifischen Problems benötigten.

Infolge all der Ungewißheit und Skepsis in bezug auf den Wert von Wissensangebot beziehungsweise Wissensaneignung, der lauen Unterstützung seitens des Managements und einer auf die Gewohnheiten potentieller Käufer schlecht abgestimmten Marktorganisation konnte der Wissensmarkt bei *Javelin* nicht effizient funktionieren. Wie schwerwiegend das Problem der lokalen Begrenztheit des Wissens im Unternehmen war, läßt sich vielleicht am besten am Beispiel der Erfahrung verdeutlichen, die ein kürzlich in das Unternehmen eingetretener Manager auf höchster Führungsebene machte. In seiner früheren Position bei einem anderen Unternehmen war er anerkannter Champion für eine sehr erfolgreiche Initiative im Bereich *Wissensmanagement* gewesen, doch die Organisationsexperten beim *Javelin*-Wissensprojekt wußten nichts von seinen Interessen und seinem einschlägigen Wissen. Kurzum: Das Unternehmen ist noch nicht annähernd in den Genuß der Vorzüge gekommen, die es sich von seinem Wissensprojekt letztlich erhofft.

Pathologische Zustände auf dem Wissensmarkt

Einige Wissensmärkte weisen Zustände auf, die wir schlicht als pathologisch bezeichnen möchten – Verwerfungen, die den Wissensfluß in drastischer Weise unterbinden. Diese nachstehend erörterten pathologischen Zustände überlappen sich zum Teil, doch die in Analogie zu externen Märkten vorgenommene Einteilung erleichtert die Ermittlung und Erklärung schwerwiegender Probleme auf unternehmensinternen Wissensmärkten.

Monopole

Wenn nur eine einzige Person oder Gruppe über ein Wissen verfügt, das andere benötigen, entsteht ein Wissensmonopol. Der Effekt ist ganz ähnlich wie bei Monopolen auf Güter- und Dienstleistungsmärkten: Für Monopolwissen ist ein besonders hoher Preis zu zahlen, weil es keine Konkurrenz gibt, die den Preis drücken könnte. Jeder, der einmal in einer Organisation gearbeitet hat, kennt Leute, die ausschließlich über ein bestimmtes unternehmensrelevantes Wissen verfügen und daraus eine Machtposition ableiten. Ein solcher Mitarbeiter könnte sein Wissen auch zwecks Durchführung einer bestimmten Aufgabe oder einer Problemlösung „verleihen", anstatt es (zu hohem Preis) zu verkaufen – denn mit der Weitergabe seines Wissens gibt er seine Monopolstellung auf. (In dieser Hinsicht unterscheiden sich Wissensmonopole von Güter- oder Dienstleistungsmonopolen.) Die Nachteile für die Organisation liegen auf der Hand: Ein „monopolgesperrtes" Wissen ist bei Bedarf für das Unternehmen nicht ohne weiteres zugänglich. Auch entfällt der Vorteil, daß mit dem Austausch von Wissen neues Wissen erzeugt wird. Nonaka und Takeuchi zufolge ist „Redundanz" eine wichtige Voraussetzung für Wissensgenerierung. Sie beschreiben Redundanz als gemeinsamen Informationsbestand, der den Beteiligten die „Grenzüberschreitung" ins Wissen des anderen erlaubt, gegenseitige Beratung ermöglicht und neue Perspektiven schafft.[11] Wir werden das Redundanz-Konzept im nächsten Kapitel ausführlicher erörtern – es bietet gewissermaßen die Antithese zum Monopoldenken.

Künstlich erzeugte Knappheiten

Wissensmonopole sind nur eine der Erscheinungsformen künstlich erzeugter Knappheiten. Im allgemeinen führt eine Unternehmenskultur, in der das Horten von Wissen die Norm ist, zu Knappheiten: Wissen wird sehr teuer – nicht, weil es nicht vorhanden wäre, sondern weil es schwer zugänglich ist. So kann es geschehen, daß den Abteilungen und Gruppen ein bestimmtes Wissen zur effektiven Durchführung ihrer Arbeit fehlt, nur weil die Kultur des „Hortens" Wissen zu einem knappen Gut macht.

Auch Downsizing kann Wissensknappheit zur Folge haben: Möglicherweise werden genau die Mitarbeiter entlassen, die im nachhinein als wichtige Wissensträger erkannt werden. Die mit solchem Wissensverlust verbundenen Kosten sind hoch: Wenn Prozesse nicht mehr funktionieren, müssen die entlassenen Mitarbeiter wieder zurückgewonnen oder deren Wissensäquivalente extern beschafft werden. Ein Beispiel dafür ist der Abbau der Rüstungsindustrie nach Beendigung des kalten Krieges: Viele Luft- und Raumfahrtunternehmen boten im Rahmen ihrer Unternehmensverkleinerung sogenannte „Buyout-Pakete" an: Sie mußten zusehen, wie mit den Mitarbeitern, die das Abfindungsangebot nutzten, auch dringend benötigtes Wissen verschwand – mit dem Resultat, daß dieselben Leute, die zum Ausscheiden aus dem Unternehmen aufgefordert worden waren, wieder angefordert werden mußten (und das häufig zu vergleichsweise hohen Beratungssätzen).

Im Rahmen von **Downsizing-***Programmen geht häufig Wissen verloren.*

Um diese „Entzugserscheinungen" beim Thermonuklearwaffen-Programm von vornherein zu verhindern, leitete das Unternehmen *Sandia National Laboratories* in New Mexico ein Programm zur Wissenserhaltung zu einem Zeitpunkt ein, zu dem viele der dort beschäftigten Waffenexperten kurz vor der Pensionierung standen. So wurden ausführliche Gespräche mit den Experten über ihr Wissen in Video- und Tonbandaufnahmen aufgezeichnet. Zwar ist zu hoffen, daß die Vereinigten Staaten dieses Wissen nie mehr benötigen, doch die Manager von *Sandia* haben dafür gesorgt, daß sie es notfalls an eine neue Generation von Wissenschaftlern weitergeben könnten.

Handelsbarrieren

Unternehmensinterne Wissensmärkte werden durch vielfältige Handelsbarrieren beeinträchtigt. Das Horten, wie es für Monopolbedingungen und künstlich erzeugte Knappheiten typisch ist, stellt eine Barriere dar, die infolge des Besitzanspruchs des hortenden Mitarbeiters oder der hortenden Abteilung errichtet wird. Die sich jedem neuen Wissen widersetzende Mentalität nach dem Motto „Ist nicht von uns" ist ein Spiegelbild der durch Horten aufgebauten Barriere: Es geht nicht um den Mangel an Bereitschaft, eigenes Wissen zu verkaufen, sondern um die Weigerung, fremdes Wissen zu kaufen. Eine besondere Variante der Barrieren, die durch das Horten von Wissen beziehungsweise durch die „Ist nicht von uns"-Mentalität entstehen, ist eine Art „Klassenbarriere": Die Mitarbeiter sind nicht bereit zum Wissensaustausch mit Kollegen, die einen vergleichsweise niedrigen Status besitzen.

Zuweilen wird eine Handelsbarriere – manchmal sogar eine Handelssperre – von einer Führungskraft angeordnet, die zwecks Durchsetzung einer orthodoxen Unternehmenspolitik die Macht besitzt, Mitarbeiter, die diese Politik gefährden könnten, „kaltzustellen". Anfang der 80er Jahre bestand Ken Olsen, Begründer der *Digital Equipment Corporation*, darauf, daß die Mitarbeiter von *Digital* weder das Wort „Personalcomputer" benutzten noch die damit verbundenen Konzepte diskutierten. Dieser „Maulkorberlaß" verhinderte weitgehend die Arbeitsmöglichkeiten auf einem Gebiet, dem durchaus Aufmerksamkeit hätte gewidmet werden müssen. Anstatt sich der Herausforderung offener Systeme mit Mikroprozessoren zu stellen, wollte Olsen deren Existenz totschweigen und schadete damit dem Unternehmen: Die Mitarbeiter von *Digital* waren machtlos – sie vermochten nicht, auf eine Bedrohung zu reagieren, die sie nicht öffentlich ansprechen durften.

Handelsbarrieren können auch dann entstehen, wenn es den Unternehmen an einer guten Infrastruktur für den Wissenstransfer oder an effektiven Marktmechanismen mangelt. Ein offensichtliches Beispiel ist das Fehlen eines effektiven Computernetzes oder Kommunikationssystems. Ohne die zur Kodifizierung und Verbreitung von Wissen erforderlichen technischen Einrichtungen bleiben Wissenstransaktionen eingeschränkt und lokal begrenzt. Wenn virtuelle beziehungsweise physische Möglichkeiten für die Begegnung von Käufern und Verkäufern fehlen, so ist dies ebenso ein Infrastrukturproblem wie der Mangel an Zeit, Wissen zu erkunden, zu erzeugen und auszutauschen. So gesehen führen *Downsizing-* und *Reengineering-*Maßnahmen, die in aller Regel die Zeitreserven für Wissensermittlung und Wissensaustausch reduzieren, zu einer Beeinträchtigung der für den Wissensmarkt notwendigen Infrastruktur.

Entwicklung effektiver Wissensmärkte

Es gibt eine Reihe von Möglichkeiten, wie Unternehmen die Ineffizienzen und pathologischen Zustände auf ihren Wissensmärkten überwinden können. Wir werden in den nachfolgenden Kapiteln noch ausführlich darauf eingehen und wollen uns hier auf drei Bereiche beschränken, in denen Unternehmen ganz besonders aktiv werden sollten.

Kluger Umgang mit der Informationstechnologie

Technologische Entwicklungen und Innovationen besitzen das Potential, die Marktdynamik in dramatischer Weise zu verändern. Um 1400 war Westeuropa, wirtschaftlich gesehen, eine absolut rückständige Region – verglichen mit den reichen, aktiven Märkten der Chinesen, Mohammedaner und Inder. Erst die europäische Entwicklung bewaffneter Schiffe erzwang eine Öffnung der Märkte für die Europäer und veränderte die Machtverhältnisse in einer Weise, daß um 1600 der Westen den Markt dominierte.[12]

Bei der Nutzung der Informationstechnologie für den Umgang mit Wissen gilt es, so manche Gefahren und Grenzen zu vermeiden – zum Beispiel den Versuch, fließendes Wissen in rigide Datenstrukturen zu pressen, oder eine zu starke Konzentration auf das System unter Vernachlässigung inhaltlicher Aspekte. Doch Netzwerke und Personalcomputer mit ihrem Potential, Verbindungen zwischen den Mitarbeitern herzustellen und buchstäblich unbegrenzt Wissensinhalte zu speichern und abzurufen, vermögen die Effizienz der Wissensmärkte drastisch zu steigern: Sie bieten eine Infrastruktur für den Austausch von Wissen und wissensrelevanten Informationen und ermöglichen damit den Aufbau virtueller Wissensmärkte.

Einige Organisationen haben elektronische *Gelbe Seiten* erarbeitet, um potentielle Benutzer besser darüber zu informieren, wo sich welches Wissen im Unternehmen befindet und wie dieses Wissen zu beschaffen ist. Auch das Projekt zur virtuellen Teamarbeit bei *British Petroleum* ist nichts anderes als das Bemühen, lokale Grenzen durch elektronische Vernetzung der Teammitglieder auszuweiten. Ein Arbeitskollege, den man durch Anklicken auf dem Monitor erreichen (und sprechen und sehen) kann, ist einem – wenngleich Tausende von Kilometern entfernt – näher „vor Ort" als jemand, der drei Stockwerke höher im selben Gebäude sitzt.

Aufbau von Märkten

Wo der Austausch von Wissen als Markt erkannt wird, entwickeln sich auch vernünftige Strategien, die diesen Markt robuster machen. Dazu zählt vor allem eine Maßnahme, auf die wir im Zusammenhang mit dem Wissenstransfer in Kapitel 5 noch ausführlich eingehen werden: die Schaffung von Markt*plätzen* – von physischen und virtuellen Räumlichkeiten, die eigens dem Wissensaustausch dienen. Zugrunde liegt dieselbe Logik wie bei Angebot und Nachfrage von Gütern und Dienstleistungen: Kaufen und Verkaufen sind menschliche Aktivitäten, und dazu brauchen die Beteiligten räumliche Möglichkeiten für ihre Begegnungen und Transaktionen. Die alte griechische Agora und das römische Forum waren solche Versammlungsplätze für die politische Diskussion und Entscheidungsfindung, für den Austausch von Tagesthemen und für den Handel mit Waren. Sowohl die Agora als auch das Forum sind treffende Urformen des öffentlichen Raums, den eine Gesellschaft (oder eine Organisation) braucht, um funktionieren zu können. Bezeichnenderweise gab die *NationsBank* einem internen Wissensprojekt den Namen *Project Agora*.

Viele japanische Firmen, darunter auch *Dai-Ichi Pharmaceuticals*, haben „Talk Rooms" eingerichtet – Räumlichkeiten, wo sich die Wissenschaftler zu einer Tasse Tee einfinden und eine knappe halbe Stunde miteinander über ihre Arbeit reden. Es gibt weder eine Tagesordnung noch einen Konferenztisch – lediglich die Erwartung, daß die Diskussion unter Kollegen zur gegenseitigen Bereicherung und zum Wohl des Unternehmens dient. Solche „Gesprächsräume" sind formalisierte und sanktionierte Orte für Unterhaltungen, wie sie in amerikanischen Unternehmen eher an der Eisbox, an der Kaffeemaschine oder in der Cafeteria geführt werden.

Einige Unternehmen organisieren auch Wissensmessen, auf denen Wissensverkäufer ihr Fachwissen ausstellen und Käufer nach dem benötigten Wissen Ausschau halten. Auch Glückstreffer sind möglich: Man stößt zufällig auf Wissen, das einem bislang nicht gerade gefehlt hat, aber doch von Nutzen sein könnte. So wie eine gewerbliche Ausstellung oder ein Landwirtschaftsmarkt ist auch eine Wissensmesse eine zeitweilige Ansammlung von Verkäufern, die potentielle Käufer anzieht. Einer der Autoren besuchte eine von *Texas Instruments* in Dallas veranstaltete „Share Fair", die dem Wissensaustausch über „Best Practices" gewidmet war. Die Energie, die von dieser gemeinschaftlichen – und vielfach erstmaligen – Aktion der Mitarbeiter und Manager ausging, war deutlich zu spüren. Der wohl häufigste Kommentar lautete: „Ich wußte gar nicht, daß wir Leute haben, die *so was* Tolles machen!"

Auch Unternehmensuniversitäten sowie Podiumsdiskussionen und elektronische Forumsgespräche, bei denen Leute über gemeinsam interessierende Themen reden, sind Beispiele für Wissensmärkte. Solche Forumsgespräche sind meist stärker strukturiert als Wissensmessen, doch bei erfolgreichen Veranstaltungen bleibt den Teilnehmern immer noch genug Zeit und Raum für informelle Unterhaltungen. Bei zufälligen Begegnungen der Teilnehmer auf dem Flur findet ein mindestens ebenso wertvoller Wissensaustausch statt wie im Auditorium während der offiziellen Veranstaltung.

Elektronische Wissensmärkte wie das Internet, unternehmensintern vernetzte Diskussionsgruppen sowie Groupware-Diskussionsdatenbanken weisen ähnliche Vor- und Nachteile auf wie elektronisches Shopping. Als Pluspunkte zählen Bequemlichkeit und Auswahl: Man hat vom eigenen Schreibtisch aus Zugang zu einem ungeheuer vielfältigen Angebot. Negativ wirken sich eventuelle Qualitätsabweichungen sowie der Mangel an persönlichen Kontakten aus – was in der Tendenz Vertrauen und Engagement schmälert. In der elektronischen Shopping-Branche wird daher mehr per Browser gestöbert, als daß Käufe getätigt werden. Auf dem elektronischen Wissensmarkt wird dies aller Wahrscheinlichkeit nach eine Abwertung des Online-Wissens zur Folge haben: Wissen könnte ignoriert oder mit Mißtrauen bedacht werden – es sei denn, es wird von einem anerkannten Online-Makler für gut befunden und nutzerfreundlich aufgearbeitet.

Der Aufbau eines Marktes – selbst eines elektronischen Marktes – setzt implizit voraus, daß den Mitgliedern einer Organisation genügend Zeit zum Kauf beziehungsweise

Verkauf von Wissen zugestanden wird. Natürlich bringt es gar nichts, wenn die Mitarbeiter in einem Unternehmen derart mit ihren Aufgaben befaßt sind, daß sie nicht die Zeit haben, Dinge zu lernen, die ihnen zu effizienterem Arbeiten verhelfen würden. So arbeiten Ingenieure unter Umständen Wochen und Monate an der Lösung eines Problems, weil sie sich keine Zeit für die Frage nehmen, ob vielleicht ein anderer Kollege im Unternehmen ein solches Problem schon einmal zu lösen hatte. Wenn ausgerechnet die einflußreichsten Mitarbeiter im Unternehmen zu beschäftigt sind, als daß sie an einer Wissensmesse oder einem Wissensforum teilnehmen könnten, ist es um die Funktionsfähigkeit des Wissensmarkts nicht gut bestellt.

Den Mitgliedern einer Organisation muß Zeit für Wissensshopping zugestanden werden.

Schaffung und Definition des Marktwerts von Wissen

Wie der *Javelin*-Fall zeigt, wird jede Marktaktivität erstickt, wenn keine zuverlässigen Informationen über den augenscheinlichen Wert vorliegen, der dem Wissensaustausch beigemessen wird (oder wenn dieser Wert nachweislich niedrig bemessen ist). Am sichersten ist eine empirische Bestimmung des Werts von Wissen: Es liegen direkte Beweise dafür vor, daß Mitarbeitern für die Weitergabe von Wissen Anerkennung, Beförderung und Belohnung zuteil wird. Wir haben festgestellt, daß die Unternehmen „das bekommen, wofür sie zahlen", wenn sie Wissensbelohnungen kreieren. Kurzfristige „Kinkerlitzchen" wie Vielflieger-Kilometer oder Eispralinen mögen zur einmaligen Inanspruchnahme eines Wissensmanagement-Systems motivieren. In ähnlicher Weise wollte man die Mitarbeiter eines Büros in einem professionellen Dienstleistungsunternehmen als Anerkennung für die Benutzung eines Wissensaustausch-Systems mit Mauspads „belohnen" – und stellte im nachhinein fest, daß die Akademiker in dem Unternehmen mit Laptops ohne Mausbedienung arbeiteten! Um auf Dauer eine Kultur des Wissensaustauschs zu erreichen, muß man schon eine wertvolle Währung einführen: ansehnliche finanzielle Belohnungen, Gehaltserhöhungen, Beförderungen usw.

Investitionen eines Unternehmens in den Wissensaustausch sind ein weiteres empirisches Signal dafür, daß dem Wissen echter Wert beigemessen wird. Wenn hochangesehene Mitarbeiter mit wissensfördernden Aufgaben betraut werden (und nicht etwa Mitarbeiter, die sonst nicht viel zu tun haben und dies als Teilzeit-Job erledigen), wenn gutbesuchte Messen und Foren veranstaltet werden und den Leuten Zeit zum Lernen und Weitergeben von Wissen zugestanden wird – dann wird mit einem derart demonstrierten Engagement sehr viel mehr erreicht als mit der Verkündung einer Unternehmensmission. Ein gutes Motto für die Entwicklung eines gesunden Wissensmarktes wäre: „Taten sprechen lauter als Worte."

In einigen Beratungsfirmen gilt Wissensaustausch mittlerweile als eines der grundlegenden Kriterien für den Prozeß der Leistungsbeurteilung: Auch dies ist ein konkreter Ansatz zur Zahlung eines vernünftigen Marktpreises für Wissen. Diese Unternehmen gehen motivationspsychologisch geschickt vor: Anerkannte und belohnte Verhaltensweisen verstärken sich, während ignorierte oder bestrafte Verhaltensweisen in den Hintergrund treten.

Auch „Wissensprediger" können zum Aufbau eines blühenden Wissensmarktes beitragen: Begeisterte, talentierte Manager, die sich engagiert für einen effizienten Umgang mit Wissen einsetzen und dies gegenüber der Unternehmensleitung mit Erfolg vertreten, können eine ganze Menge erreichen. Besteht Wissensmanagement allerdings *nur* in einem individuell geführten Kreuzzug, kann das Ganze dennoch scheitern – zumindest in der Anfangsphase. Wenn nämlich der Betreffende aus dem Unternehmen ausscheidet oder eine neue und anspruchsvolle Aufgabe übernehmen muß, bricht das Wissensprojekt unter Umständen zusammen.

Vorteilhafte Nebeneffekte von Wissensmärkten

Die unmittelbaren Vorzüge eines effizienten Wissensmarktes betreffen sowohl das Unternehmen insgesamt als auch die einzelnen Mitarbeiter. Wo Wissen freizügig fließt, realisiert sich sein potentieller Wert. Die Produktivität steigt, und aus der rechtzeitigen Anwendung des vorhandenen Wissens und der Hervorbringung neuer Ideen auf dem Wissensmarkt resultieren Innovationen. Wissenskäufer, Wissensverkäufer und Wissensmakler können sich das Wissen beschaffen, das sie für gute Arbeitsleistungen brauchen; für ihre Bereitschaft, Wissen weiterzugeben, erhalten sie eine angemessene Bezahlung in Form von Anerkennung und Beförderung.

Ein blühender Wissensmarkt hat aber auch Vorteile, die bei Verfolgung des Hauptanliegens, Wissen zum richtigen Zeitpunkt und am richtigen Ort verfügbar zu machen, gewissermaßen als Nebenprodukte anfallen. Auch diese „Nebeneffekte des Wissensmarktes" tragen zum Unternehmenserfolg bei.

Höhere Arbeitsmoral

Ein gesunder Wissensmarkt heißt: Die Mitarbeiter erkennen, daß ihr Fachwissen wertvoll ist, und sie wissen, daß andere Kollegen im Unternehmen mit ihnen kooperieren, wenn sie auf die Unterstützung von Experten angewiesen sind. Solche Mitarbeiter erfahren eine größere Arbeitsbefriedigung und setzen sich intensiver ein als Leute, die aufgrund fehlender Kommunikation, vergeblicher Mühe und schlecht informierter Entscheidungsfindung ständig frustriert sind. Zynismus unter den Mitarbeitern kann verheerende Auswirkungen auf den Unternehmenserfolg haben: „In diesem Unternehmen läuft aber auch alles schief." „Die Leute, die wirklich Bescheid wissen, werden überhaupt nicht gefragt." „Hier werden doch nur Hornochsen befördert."

Stärkerer Zusammenhalt im Unternehmen[13]

Ein aktiver Austausch von Informationen und Ideen in einer Atmosphäre der Offenheit und des Vertrauens vermittelt den Mitarbeitern auf allen Ebenen einen Überblick über das, was im Unternehmen läuft. James Walsh und Geraldo Ungson, zwei Wissenschaftler, die sich eingehend mit dem Konzept des „organisatorischen Gedächtnisses" befaßt haben, definieren eine Organisation unter anderem als „Netzwerk von ... gemeinsam getragenen Bedeutungen".[14] Ein gemeinsames Bewußtsein in bezug auf Unternehmensziele und Unternehmensstrategien vermittelt den einzelnen Mitarbeitern nicht nur Anhaltspunkte für die Orientierung der eigenen Arbeit an einem kooperativen Ziel, sondern auch das Gefühl, daß ihrer Arbeit im Rahmen einer umfassenderen Zielsetzung Bedeutung zukommt. Nonaka und Takeuchi sprechen diesen Aspekt an, wenn sie hervorheben, wie wichtig es sei, den einzelnen Mitarbeitern eine unternehmensweit geltende „organisatorische Intention" bewußt zu machen.[15] *Kao*, der größte Hersteller von Haushaltsartikeln und chemischen Produkten in Japan, schätzt den Wert des Zusammenhalts im Unternehmen so hoch ein, daß jede Sitzung im Unternehmen, auch Topmanagement-Sitzungen, für alle Mitarbeiter frei zugänglich sind. Dank dieser Politik gerät jede Sitzung bei *Kao* zu einem potentiell produktiven Wissensmarkt. Dazu heißt es bei Nonaka und Takeuchi: „Auf diese Weise gewinnt das Topmanagement neue Erkenntnisse von Mitarbeitern, die mit den anstehenden Problemen am besten vertraut sind, und die Mitarbeiter ihrerseits gewinnen ein besseres Verständnis für die allgemeine Unternehmenspolitik."[16]

Reichere Wissensbestände

Wissensmärkte unterscheiden sich von Gütermärkten darin, daß jeder Verkauf den Wissensbestand im Unternehmen insgesamt erhöht. Der Verkäufer behält sein Wissen und gibt es an andere weiter. Noch wichtiger ist die Tatsache, daß die Transaktion als solche vielfach neues Wissen erzeugt. Und wenn neuerworbenes Wissen mit vorhandenem Wissen interagiert, „zünden" Ideen, auf die weder Käufer noch Verkäufer zuvor gekommen sind. Eine der wichtigsten Quellen für neues Wissen wird in unserem nächsten Kapitel zum Thema *Wissensgenerierung* diskutiert: *Fusionen* sind dazu angetan, Leute mit verschiedenen Ideen zur Bearbeitung ein und desselben Problems zusammenzuführen.

Eine Wissenstransaktion, ganz besonders ein persönlicher Austausch von Mann zu Mann, ist ein Test für die Gültigkeit des Wissensangebots. Wissenskäufer nehmen Wissen selten passiv entgegen. Sie beurteilen dieses Wissen und testen es in Aktion, denn sie haben den Wissenskauf vorgenommen, um einen bestimmten Bedarf zu decken. Ein aktiver Wissensmarkt bedeutet somit eine kontinuierliche Bewertung und Vertiefung der Wissensbestände in einem Unternehmen.

Ein blühender Wissensmarkt bedeutet eine ständige Bewertung und Vertiefung von Unternehmenswissen.

Ausgeprägte Ideen-Meritokratie

Ein wirklich offener Wissensmarkt ist ein Prüfstand für offiziell verkündete Überzeugungen und deckt in diesem Zusammenhang Unzulänglichkeiten auf, noch bevor sie großen Schaden anrichten können. Wäre Ken Olsen nicht in der Lage gewesen, den Wissensmarkt bei *Digital* zu dominieren, hätte das Unternehmen auf Veränderungen in der Computerbranche vermutlich rascher und effektiver reagiert. Bei *Polaroid* gelang Edwin Land mit seiner beharrlichen Auffassung, *Polavision* (ein Sofortbild-Film) sei ein Spitzenprodukt, die Unterdrückung sämtlicher Diskussionen, bis das Unternehmen schließlich nahezu aktionsunfähig war. Die strenge Kontrolle eines Dr. An Wang über das Wissen im Zusammenhang mit der künftigen Entwicklung der Computerbranche hatte bei den *Wang Labs* einen ähnlichen Effekt.

Wissensmärkte sind in aller Regel dazu angetan, Hierarchien umzustoßen oder zu umgehen, so wie die aufkommenden Mittelschichten in Europa die Macht der Kirche und der Aristokratie im 16. Jahrhundert allmählich untergruben. Wissensmärkte richten sich nach den Netzen der Wissensträger, nicht nach der Architektur einer offiziellen Berichtsstruktur. Leute mit nützlichem Wissen gibt es auf allen Ebenen einer Organisation. Der Wissensmarkt hat seine eigene veränderliche Hierarchie, die auf den potentiellen Wissensträgern und ihrer Hilfsbereitschaft basiert. Ein gesunder, unverzerrter Markt ist eine Ideen-Meritokratie. Unter Bezugnahme auf *Apple Computer* in seinen kreativsten Jahren hat Steve Jobs einmal geäußert: „Es macht keinen Sinn, gescheite Leute einzustellen, um ihnen dann zu sagen, was zu tun ist; wir haben gescheite Leute eingestellt, damit sie uns sagen, was zu tun ist."

Marktdenken

Selbst vertraute Gütermärkte sind in ihrer Komplexität nur schwer zu analysieren und zu beeinflussen. Der Wissensmarkt, weniger greifbar und noch bis vor kurzem nicht einmal als Marktgeschehen erkannt, ist um nichts leichter zu durchschauen. Doch wenn wir das, was wir über Märkte wissen, auf den Wissensaustausch in Organisationen anwenden, so wird uns zumindest verständlich, warum Wissenstransaktionen stattfinden – oder auch nicht. Und wenn erst ein klarer Rahmen für das Verständnis des Wissenstransfers abgesteckt ist, besteht auch die Möglichkeit, diesen zu verbessern. Unserer Überzeugung nach ist jede Form von Wissensmanagement ein Bemühen, die Effizienz auf Wissensmärkten zu steigern.

Die folgenden drei Kapitel zur Wissensgenerierung, zur Wissenskodifizierung und zum Wissenstransfer sind dem Wissensmanagement als „Prozeß" gewidmet. Jedes Unternehmen, das Höchstleistungen beim Wissensmanagement erzielen will, muß diese drei „Teilprozesse" beherrschen: Zwar werden *Generierung*, *Kodifizierung* und *Transfer* von Wissen nur selten als Prozesse analysiert, doch Aktivitäten, die in den genannten Kategorien erfolgen, sind ausnahmslos als Versuch zu betrachten, Wissensmärkte in ihrer Funktionsweise effizienter und effektiver zu gestalten.

In den Folgekapiteln sollen darüber hinaus Hindernisse untersucht werden, die Unternehmen überwinden müssen, wenn sie Unternehmenswissen in Unternehmenswerte umsetzen wollen. Dazu werden wir Marktrealitäten betrachten, die den Wissensaustausch fördern, die Art und Weise untersuchen, wie Menschen Wissen erzeugen, die Anforderungen und Grenzen einer Wissenskodifizierung aufzeigen und die Voraussetzungen für einen erfolgreichen Transfer und Einsatz von Wissen erörtern. Des weiteren wollen wir auf die Wechselbeziehung zwischen Wissen und Technologie sowie auf spezifische Wissensfunktionen im Unternehmen eingehen und zusammenfassend eine Reihe pragmatischer Wissensmanagement-Projekte vorstellen.

Anmerkungen

1. Eigentlich ist es das, was Wirtschaftswissenschaftler als „Quasi-Markt" bezeichnen, denn seine Transaktionen lassen sich mit formalen Verträgen nicht durchsetzen.
2. Siehe die Kommentare von White in Richard Swedborg, Hrsg. (1994) *Economics and Sociology* (Princeton, N. J.: Princeton University Press).
3. Dieses Suchkonzept wurde von James March und Herbert Simon (1993) in *Organizations* (Oxford: Blackwell) sowie in vielen späteren Arbeiten, die auf ihren Erkenntnissen aufbauen, geringfügig abgeändert.
4. Siehe Thomas H. Davenport, Robert G. Eccles und Larry Prusak (1992) „Information Politics", *Sloan Management Review* (Herbst 1992): 53–65.
5. Michael L. Tushman und Thomas Scanlan (1981) „Characteristics and External Orientations of Boundary Spanning Individuals", *Academy of Management Journal* 24, Nr. 1 (1981): 83–98.
6. Zur Bedeutung von Tratsch und Klatsch in Organisationen siehe James March (1988) „Gossip, Information, and Decision-Making" in dem von ihm herausgegebenen Sammelband *Decisions and Organizations* (Oxford: Blackwell).
7. Siehe Jim Matarazzo (1987) *Closing the Corporate Library* (Washington, D.C.: Special Libraries Association).
8. Eine interessante Analyse von gegenseitigem Vertrauen als ökonomischen und sozialen Wert bietet Francis Fukayama (1995) in *Trust* (New York: Free Press).
9. John Seely Brown und Paul Duguid (1991) „Organizational Learning and Communities-of-Practice: Toward a Unified View of Working, Learning, and Innovation", *Organization Science*, Nr. 1 (Februar 1991): 40–57.

10. March und Simon (1993) *Organizations*.
11. Ikujiro Nonaka und Hirotaka Takeuchi (1995) *The Knowledge-Creating Company* (New York: Oxford University Press), 81.
12. Siehe Carlos Cipolla (1984) *Guns, Sails, and Empire* (Lawrence, Kansas: Sunflower Books).
13. Eine ausführliche Beschreibung dieses Konzepts bieten David J. Teece, Richard Rumelt, Giovanni Dosi und Sidney Winter (1994) „Understanding Corporate Coherence", *Journal of Economic Behavior and Organization* 23 (1994): 1–30.
14. Zitiert von Karl Weick (1995) *Sensemaking in Organizations* (Thousand Oaks, Calif.: Sage Publications), 38.
15. Nonaka und Takeuchi (1995) *The Knowledge-Creating Company*, 75.
16. Nonaka und Takeuchi (1995) *The Knowledge-Creating Company*, 173.

Schlechte Zeiten haben wissenschaftlichen Wert. Sie sind Gelegenheiten, die lernfähige Menschen nicht missen möchten.
– Ralph Waldo Emerson

Kapitel 3

Wissensgenerierung

Alle gesunden Organisationen erzeugen und nutzen Wissen. Bei der Interaktion mit ihrer Umgebung nehmen sie Informationen auf, setzen diese in Wissen um und handeln entsprechend – im Verbund mit ihren Erfahrungen, Wertvorstellungen und internen Regeln. Wahrnehmung und Reaktion ergänzen einander. Ohne Wissen könnte sich eine Organisation nicht organisieren; sie wäre unfähig, sich als funktionierendes Unternehmen zu behaupten.

In diesem Kapitel wollen wir uns mit der bewußten und beabsichtigten Generierung von Wissen befassen – mit den spezifischen Aktivitäten und Initiativen, die Unternehmen durchführen, um ihre Wissensbestände zu erhöhen. Im allgemeinen handelt es sich dabei um die am wenigsten systematisch vorgenommenen Aktivitäten im Rahmen des Wissensmanagements. Viele Unternehmen betrachten die Wissensgenerierung als „Black Box": Vorrangig sind sie bemüht, intelligente Leute einzustellen und alles weitere ihnen zu überlassen. Einer von uns (Davenport) hat 30 prozeßorientierte Ansätze zu verbessertem Umgang mit Wissen gemeinsam mit zwei Koautoren untersucht. Dabei haben wir festgestellt, daß die meisten erfolgreichen Initiativen nicht den Prozeß der Wissensgenerierung als solchen betrafen, sondern vielmehr externe Arbeitsbedingungen einschließlich Standort und Teamstruktur.[1]

In den letzten Jahren sind zu diesem Thema einige wichtige Veröffentlichungen erschienen, darunter *The Knowledge-Creating Company* (Nonaka und Takeuchi) und *Wellsprings of Knowledge* (Dorothy Leonard-Barton).[2] Als Beispiele werden vielfach japanische Unternehmen herangezogen, die systematisch eine aggressive Wissensgenerierung zur Gewährleistung von Unternehmenserfolg betreiben. Unsere Ausführungen basieren auf diesen Quellen wie auch auf unseren eigenen Beobachtungen und Untersuchungen in verschiedenen Unternehmen (einige davon ebenfalls japanischer Herkunft).

Wir wollen im vorliegenden Zusammenhang fünf Möglichkeiten zur Wissensgenerierung erörtern: Akquisition, Einrichtung spezieller Wissensressourcen, Fusion, Adaptation und Wissensvernetzung. In jedem Fall sind wir durch sprachliche Konventionen gezwungen, Wissen als „Objekt" zu betrachten, das man „managen" kann. Allerdings sei noch einmal darauf hingewiesen, daß Wissen nicht nur ein Gebrauchsgegenstand oder Objekt ist, sondern zugleich auch eine Handlung oder einen Prozeß darstellt.

Akquisition von Wissen

Wenn wir von Wissensgenerierung sprechen, verstehen wir darunter sowohl das extern erworbene Wissen einer Organisation als auch ihr intern entwickeltes Wissen. Erworbenes Wissen muß nicht neu erzeugt worden sein – es ist lediglich neu für das akquirierende Unternehmen. *British Petroleum* verleiht sogar dem Mitarbeiter, der die besten Ideen in der Anwendungsentwicklung „gestohlen" hat, die besondere Auszeichnung „Dieb des Jahres". Bei *BP* hat man erkannt, daß es im Zusammenhang mit Unternehmenswissen weniger auf Originalität als vielmehr auf Verwendbarkeit ankommt. Aus ähnlichen Gründen vergibt *Texas Instruments* einen Preis nach dem Motto „Nicht bei uns erfunden, aber mit Erfolg angewendet", wenn Mitarbeiter nützliche Praktiken innerhalb oder außerhalb des Unternehmens „abkupfern". Ein spanisches Sprichwort lautet kurz und bündig: „Guter Diebstahl ist halbe Arbeit." Das wissensorientierte Unternehmen muß zweckdienliches Wissen parat haben, wann immer und wo immer sich Anwendungsmöglichkeiten bieten – die Erzeugung neuer Ideen um der Ideen willen ist hier nicht gefragt.

Das Sprichwort „Guter Diebstahl ist halbe Arbeit" macht im Wissensgeschäft durchaus Sinn.

Der direkteste und häufig effektivste Weg zur Aneignung von Wissen ist die Wissensakquisition: Man kauft eine geeignete Organisation oder beschäftigt Mitarbeiter mit dem benötigten Wissen.[3] Natürlich sind nicht alle Kauftransaktionen eines Unternehmens Wissensakquisitionen. Unternehmen akquirieren andere Unternehmen aus ganz unterschiedlichen Gründen: Erzielung zusätzlicher Erlöse; Gewährleistung strategischer Größe oder Optimierung des Produktprogramms; Zugang zu neuen Märkten; oder „Einverleibung" der Fähigkeiten eines erfahrenen Managementteams (wobei dies allerdings schon an Wissensakquisition grenzt). Manchmal entsteht Wissen auch als Nebenprodukt einer vorrangig aus anderen Gründen erfolgten Kaufaktion. Doch immer mehr Unternehmen akquirieren andere Unternehmen ganz gezielt aufgrund des dort vorhandenen Wissens. Häufig sind sie sogar bereit, einen über den Marktwert des Unternehmens weit hinausgehenden Kaufpreis zu zahlen, weil sie der erhofften Erweiterung ihrer eigenen Wissensbestände hohen Wert beimessen. Ein einschlägiges Beispiel aus jüngster Zeit liefert *IBM*: Das Unternehmen kaufte 1995 *Lotus* auf und zahlte 3,5 Milliarden Dollar – das Vierzehnfache des mit 250 Millionen angesetzten *Lotus*-Buchwerts. Ganz sicher zahlte *IBM* diesen Kaufpreis nicht für die derzeitigen Umsätze von *Notes* und anderen *Lotus*-Produkten oder für die Fertigungs- und Vertriebskapazitäten von *Lotus*. Vielmehr ist der von *IBM* gezahlte Spitzenpreis in Höhe von 3,5 Milliarden Dollar Ausdruck der hohen Wertschätzung, die *IBM* dem speziellen Wissen von *Lotus* in bezug auf *Notes* und andere gemeinschaftliche Software-Anwendungen beimaß. Die Leute, die *Notes* erfunden hatten, waren *IBM* mehr wert als die Software als solche: Sie sind fähig, Visionen zur nächsten Software-Generation für den Kommunikations- und Informationsaustausch zu entwickeln; sie besitzen das Potential an Kompetenz, Erfahrung und Kreativität, das *IBM* braucht, um *sein* Wissen auf die neue Welt der kollaborativen Software anwenden zu können. *IBM* hat aufgrund seiner Überzeugung gehandelt, daß diese Kapazität von *Lotus* – das *Lotus*-Wissen – einen höheren Mehrwert schafft, als rein rechnerische Bilanzen ausweisen können.

Ein weiteres Beispiel für den Versuch einer Wissensakquisition ist die Übernahme von *NCR* durch *AT&T*. *AT&T* kaufte *NCR*, um sich Zugang zur Computerbranche zu verschaffen, doch das sehr breit angelegte *NCR*-Computergeschäft befand sich in keinem guten Zustand. Die Faktoren, die zum Scheitern dieser Akquisition beigetragen haben, sind zu komplex (und teilweise auch zu undurchsichtig), als daß sie hier erörtert werden könnten; dennoch verdeutlicht diese keineswegs ungewöhnliche Fehlentwicklung, wie problematisch eine Wissensakquisition sein kann. Dies ist besonders dann der Fall, wenn die Zielsetzung verfolgt wird, ein bestimmtes Wissen mit einem anderen Wissenstyp zu kombinieren – wie in diesem Beispiel, wo *NCR*-Wissen in der Computerbranche mit dem Wissen von *AT&T* auf dem Gebiet der Kommunikation verbunden werden sollte. Wie gesagt: Wissen wird im Rahmen einer spezifischen Unternehmenskultur generiert, so daß es sich einem Transfer nachhaltiger widersetzt als die meisten anderen Unternehmensressourcen.

Ein Unternehmen, das ein anderes Unternehmen aufgrund des dort vorhandenen Wissens erwirbt, kauft Leute (beziehungsweise Wissen, das in den Köpfen der Leute und in den Gemeinschaften der Wissensträger steckt), vielleicht ein bestimmtes Maß an strukturiertem Wissen in Form von schriftlichen und elektronischen Dokumenten sowie sämtliche Routinen und Prozesse, in die das Wissen des gekauften Unternehmens eingebettet ist. Da es noch keine zuverlässigen analytischen Werkzeuge für die Bewertung eines solchen Wissens gibt, erfolgt die Wertbestimmung rein spekulativ und zuweilen unbotmäßig subjektiv. Bei einem solchen mit „gebührender Sorgfalt" vorgenommenen Unterfangen ist lediglich dafür Sorge zu tragen, daß die wichtigsten Leute durch Arbeitsverträge und Abfindungsvereinbarungen wenigstens für ein paar Jahre „unter Verschluß" gehalten werden.

Alle bisherigen Ansätze zur Entwicklung formaler Maßstäbe, die bei Wissenskäufen richtungweisend sein könnten, haben sich als unzulänglich und unvollständig erwiesen. Wenn Manager beispielsweise den Bildungsgrad ihrer Mitarbeiter beurteilen, treffen sie häufig keine Unterscheidung zwischen sehr allgemeinen Fähigkeiten und dem für ein Unternehmen wirklich wertvollen Wissen. Vielfach wird auch ein nicht weiter dokumentiertes und verborgenes Fachwissen übersehen. Daß Wissen und Talent nicht mit Universitätsabschlüssen gleichzusetzen sind, ist schon daraus zu ersehen, daß der Vorsitzende von *Microsoft* nicht einmal einen College-Abschluß hat. Solche und andere Überlegungen zur Bewertung von Wissen lassen zumindest erkennen, daß Wissen als Vermögenswert angesehen wird, doch sie zeigen auch, wie schwierig eine Quantifizierung ist. Sid Schoeffler leistet Pionierarbeit auf dem Gebiet der Wissensbewertung und ist einer der Begründer der *PIMS*-Methode zur Bemessung von strategischem Markterfolg (*PIMS, Profit Impact of Market Strategies*); seiner Meinung nach weist die Bilanz eines Unternehmens den realen Unternehmenswert nur zu 20 bis 25 Prozent aus. Mit anderen Worten: Es gibt keine Standardmethoden für die genaue Analyse der größten Wertkomponenten im Unternehmen. Wirtschafts- und Handelsorganisationen (zum Beispiel *FASB, GATT, OECD* und *EU*) sowie Regierungsbehörden der USA sind derzeit bemüht, metrische Systeme auf der Basis öffentlich zugänglicher Finanzinformationen als grobe Raster für die Quantifizierung von Wissen zu entwickeln.[4] Im Zuge dieser Forschungsbemühungen und einer deutlichen Verbesserung der analytischen Werkzeuge dürften die Märkte für Unternehmenswissen effizienter und die auf meßbarem Wissen basierenden Akquisitionen mit Sicherheit zahlreicher werden.

Abgesehen von den mit der Bewertung des gekauften Wissens verbundenen Problemen könnte das akquirierende Unternehmen auch Schwierigkeiten haben, das neuerworbene Wissen genau zu orten. Viele der Leute, deren Wissen für die Funktionsfähigkeit einer Organisation unverzichtbar ist, werden häufig gar nicht mit den Ergebnissen, die sie erzielen, in Verbindung gebracht oder gar offiziell dafür verantwortlich gemacht. Leonard-Barton beschreibt, wie *El Products* im Jahr 1988 *Grimes* aufkaufte – beide Unternehmen stellten Elektrolumineszenzplatten her. *El Products* wollte damit nicht nur einen Konkurrenten loswerden, sondern versprach sich auch Vorteile von dem anscheinend größeren Expertenwissen bei *Grimes* in bezug auf die effiziente Produktion hochwertiger Beleuchtungskörper. Mit anderen Worten: *ELP* wollte das Wissen von *Grimes* kaufen. Allerdings übersah das Unternehmen, daß es sich bei dem entscheidenden Expertenwissen um das verborgene Wissen von Fachkräften handelte, die nicht in den neuen Betrieb übergewechselt waren. Damit konnte der transferierte Prozeß nicht zufriedenstellend funktionieren: Die wichtigsten Wissensträger fehlten.[5] In der Beratungsbranche gilt dies als klassisches Problem, zumal dort Wissen und wissensbasierte Fähigkeiten in hohem Maß sichtbar sind.

Das Wissen, das Sie zu kaufen gedenken, könnte sich mit unerkannt gebliebenen Wissensträgern verabschieden.

Viele Beratungsunternehmen zögern denn auch, Akquisitionen vorzunehmen, weil sich die eingekauften „menschlichen Vermögenswerte" nach dem Einkassieren lukrativer Belohnungen für immer verabschieden könnten.

Aber auch eine robuste wissensintensive Organisation könnte sich insoweit als zerbrechlich erweisen, als ein Großteil ihrer Wissensbestände die mit einer Akquisition verbundenen Umbrüche vielleicht nicht überstehen. So könnte die organisch gewachsene Bindung von Wissen an bestimmte Leute und eine bestimmte Umgebung bedeuten, daß ein Käufer letztlich nur einen Bruchteil des Wissens erhält, das vor dem Verkauf vorhanden war. Die Unsicherheiten einer Unternehmensübernahme und Störungen im Ablauf der internen Arbeitsprozesse und Netzwerke veranlassen so manche fähigen Mitarbeiter, sich nach neuen Möglichkeiten umzusehen oder gar das Unternehmen zu verlassen – ihr Wissen nehmen sie natürlich mit.

Weniger sichtbare, aber um nichts weniger reale Verluste werden unter Umständen durch Veränderungen in der Arbeitsumgebung ausgelöst. Größe, Fokus, Management und immaterielle Werte wie Vertrauen und Arbeitsklima eines Unternehmens können sich in einer Weise verändern, daß die Wissenskultur empfindlich gestört wird. Wir haben in Kapitel 1 auf die Vorteilhaftigkeit der Tatsache hingewiesen, daß Wissen am besten in der Umgebung gedeiht, in der es entstanden ist. Diese „Anhänglichkeit" verhindert, daß sich die Konkurrenz ein Wissen, dessen Entwicklung erhebliche zeitliche und finanzielle Investitionen erforderte, ohne weiteres aneignen kann. Die Bereitschaft, ein Unternehmen wegen seines Wissens zu akquirieren (und dafür einen Spitzenpreis zu zahlen), ist stets mit der Erkenntnis verbunden, daß an das Wissen dieses Unternehmens durch Abwerben von Personal oder durch „Abkupfern" von ein paar Ideen unmöglich heranzukommen ist. Doch auch bei Akquisition des gesamten Unternehmens könnten die begehrten Wissensbestände nicht in vollem Umfang zugänglich werden, wenn der Akquisitionsprozeß die Ökologie der wissensgenerierenden Umgebung zerstört.

Letztlich ist vielleicht das akquirierende Unternehmen selbst nicht in der Lage, neues Wissen effektiv zu integrieren. Zwar ist die Kaufaktion als solche ein Beweis dafür, daß ein Unternehmen seine Wissensbestände erweitern will, doch könnte es kulturelle und politische Barrieren geben, die eine volle An- und Aufnahme des akquirierten Wissens verhindern.[6] Fest verankerte Interessen im akquirierenden Unternehmen könnten dazu führen, daß sich neue Mitarbeiter mit ihren Vorgehensweisen nicht durchsetzen – selbst dann nicht, wenn die neuerworbenen Verfahren nachweislich besser sind. Hindernisse dieser Art werden häufig noch dadurch verstärkt, daß der Käufer beziehungsweise die Akquisition als Eroberer und Beute angesehen werden. Diese Sichtweise hat auch zum Scheitern der *NCR*-Übernahme durch *AT&T* sowie der Akquisition von *ROLM* durch *IBM* beigetragen.

In Anbetracht solcher potentiellen Probleme ist eine Wissensakquisition mit äußerster Sorgfalt zu handhaben: Der Erfolg könnte entscheidend von umfassenden Bemühungen abhängen, das Wissen des akquirierten Unternehmens zu orten und auszuwerten, die einschlägigen Wissensträger und die Arbeitsumgebung während und nach dem Kauf zu schützen und eine reibungslose Integration von vorhandenem und neuerworbenem Wissen zu fördern.

Beschaffung von „Mietwissen"

Externes Wissen muß nicht gleich gekauft werden – man kann es auch mieten oder pachten. Eine häufig anzutreffende Leasing-Form liegt vor, wenn ein Unternehmen Forschungsprojekte an der Universität oder einer anderen Forschungseinrichtung unterstützt und sich im Gegenzug das Vorrecht sichert, vielversprechende Ergebnisse als erster kommerziell zu verwenden. Joseph Badaracco, Jr., zufolge waren bis 1987 rund 200 *Industrie/Universität*-Konsortien im Rahmen des 1984 erlassenen *National Cooperative Research Act* tätig.[7] Diese Unternehmen hatten sich für eine teilweise oder auch vollständige externe Vergabe ihrer Forschung und Entwicklung entschieden. Sie geben damit ein gewisses Maß an Kontrolle auf – im Gegenzug für eine Reduzierung der finanziellen und organisatorischen Belastungen. Das Pharmaunternehmen *Hoechst* beispielsweise unterstützt Forschungsarbeiten des molekularbiologischen Instituts am *Massachusetts General Hospital* in der Hoffnung, auf diese Weise die Entwicklung eines profitablen neuen Medikaments zu fördern. In Australien sorgt *CSIRO*, ein nationales F+E-Konsortium, für einschlägige Beziehungen zwischen Forschungsinstitutionen und Industrie. F+E-Vorhaben sind immer spekulativ – die Voraussage, wann und ob sich eine Forschungsarbeit auszahlt, ist keineswegs leicht. Dennoch sollte es im Lauf der Zeit möglich sein, den Wert von „Mietwissen" abzuschätzen und die erwarteten Renditen der finanziell unterstützten F+E-Projekte zu bestimmen. Die Erstentscheidung zur Unterstützung einer bestimmten Forschungsinstitution oder -abteilung basiert auf denselben nützlichen, aber unvollständigen Kriterien, wie sie derzeit beim Kauf eines wissensreichen Unternehmens hinzugezogen werden: Ansehen der Organisation und der jeweiligen Mitarbeiter, bisheriger Erfolg und Expertenmeinung zum zukünftigen Forschungspotential.[8]

Die Beschaffung von „Mietwissen" bedeutet nichts anderes als die Anmietung einer Wissensquelle. Ein offensichtliches Beispiel ist die Hinzuziehung eines Beraters für ein bestimmtes Projekt. Wichtigster Wertmaßstab ist das Ansehen des Beraters: Das Unternehmen zahlt dem Berater ein Honorar im Gegenzug dafür, daß dieser dem Unternehmen sein Wissen bereitstellt oder es im Rahmen einer bestimmten Problemlösung einsetzt. Im Gegensatz zur An- oder Vermietung von Ausrüstungen und Anlagen hat die Beschaffung von „Mietwissen" immer etwas mit Wissenstransfer zu tun. Zwar handelt es sich nur um eine temporär zugängliche Wissensquelle, doch aller Wahrscheinlichkeit nach verbleibt ein Teil des Wissens beim Unternehmen. Manche Klienten, mit denen wir zusammengearbeitet haben, verlangen mittlerweile in ihren Beraterverträgen die Bereitstellung von Beraterwissen in strukturierter, kodifizierbarer Form. Die Berater ihrerseits gehen dazu über, ihre Dienste teilweise auf Basis eines Wissenstransfers an Klienten zu vermarkten. Beispielsweise gibt es inzwischen schon mehrere High-Tech-Beratungsfirmen, die dem Klienten eine technische Einweisung in das Software-Paket *SAP* anbieten, wenn dieser die Firma mit der Implementierung des Pakets beauftragt.

Wenn Sie sich „Mietwissen" beschaffen wollen, sollten Sie sicherstellen, daß Sie dieses Wissen auch behalten können.

Verfügt ein Experte über sehr tiefgreifendes Wissen, läßt sich allerdings nur ein Bruchteil davon im Rahmen eines kurzen Beratungsauftrags oder einer strukturierten Wissensbereitstellung vermitteln. Die Unternehmen, die solche Beratungsdienste in Anspruch nehmen, verfolgen möglicherweise ganz andere Ziele. So könnte ein Unternehmen, das Unterstützung bei der Lösung eines bestimmten Problems anmietet, mehr an den Empfehlungen des Beraters als am zugrundeliegenden Wissen interessiert sein. In anderen Fällen möchte das Unternehmen soviel Wissen wie möglich aus seinem externen Berater „herausholen". Wie auch bei vielen anderen Investitionen auf dem Gebiet der Wissensgenerierung ist die Zielsetzung ausschlaggebend: Ein Unternehmen muß wissen, was es will, um letztlich an das benötigte Wissen gelangen zu können. Hochkarätige Berater sind zuweilen überrascht, welch geringe Erwartungen die Klienten an einen solchen Wissenstransfer stellen. Man sollte meinen, Unternehmen, die unter erheblichem finanziellem Kostenaufwand Beratungsdienste einen Tag oder eine Woche lang in Anspruch nehmen, wären daran interessiert, soviel Wissen wie möglich aus den Beratern herauszuquetschen. Doch gewöhnlich werden Fragen, die den Unternehmen zur praktischen Integration des Expertenwissens verhelfen würden, gar nicht gestellt.

Einrichtung spezieller Wissensressourcen

Eine häufig anzutreffende Form der Wissensgenerierung in Unternehmen ist die Einrichtung zweckdienlicher Einheiten oder Gruppen. Als Standardbeispiel gilt der Aufbau von Forschungs- und Entwicklungsabteilungen: Ihr Ziel besteht ausschließlich in der Bereitstellung neuen Wissens beziehungsweise neuer Verfahrensweisen. So ist auch das *Center for Business Innovation* von *Ernst & Young* eine Art F+E-Abteilung. *Andersen Consulting* unterhält technologische Forschungszentren im Silicon Valley und in Südfrankreich. *IBM Consulting* nutzt zweckdienliche Kompetenzentwicklungsgruppen in wichtigen Beratungsbereichen. Die von *Motorola*, *Merck* und *McDonald's* eingerichteten Universitäten, das *Palo Alto Research Center* von *Xerox* und andere unternehmenseigene Forschungs- und Ausbildungsstätten sind ebenfalls Ressourcen, die mehr oder weniger der Erzeugung von Wissen dienen. Auch einige Unternehmensbibliotheken können als eine Art F+E-Abteilung gelten, denn auch von ihnen wird erwartet, daß sie ihrer Organisation neues Wissen bereitstellen. Dies trifft in besonderem Maß zu, wenn die Bibliothek (wie in vielen Beratungsunternehmen) an einen bestimmten Wissensprozeß oder an eine bestimmte Funktion gebunden ist.

Da Forschungsarbeiten erst nach geraumer Zeit finanzielle Erträge abwerfen und diese vorab nur schwer einzuschätzen sind, könnte eine Ausrichtung auf kurzfristige Gewinne eine Kostensenkung durch Reduzierung der F+E-Arbeiten nahelegen. Sicher sollte ein Unternehmensteil, der keinen meßbaren Wertbeitrag leistet, nicht unbegrenzt finanziert werden, doch eine zu enge Bilanzauslegung könnte „Einsparungen" bewirken, die der Wissensgenerierung lebenswichtige Ressourcen entziehen.

Da spezielle Wissensressourcen definitionsgemäß vom Arbeitsalltag einer Organisation zu unterscheiden sind, erweist sich der Transfer von Wissen an die angestrebten Einsatzorte häufig als schwierig. Im allgemeinen lassen sich patentfähige und explizit formulierbare neue Ideen leichter vermitteln als das sogenannte „interne" Wissen – ein mehr subjektives, prozeßorientiertes Wissen darüber, wie etwas zu gestalten und einzuschätzen ist.

Wenn F+E-Einheiten von anderen Teilen des Unternehmens abgegrenzt werden, so geschieht dies in der Absicht, den Wissenschaftlern die Freiheit einzuräumen, ihren Forschungsarbeiten ohne Zwänge in Form von Gewinnzielen und Terminvorgaben nachzugehen. Doch die so entstandene Distanz ist unter Umständen nur schwer zu überbrücken, wenn die F+E-Ergebnisse schließlich der Organisation als solcher vermittelt werden sollen. Die Wissensgeneratoren einerseits und die Wissensbenutzer andererseits sprechen möglicherweise nicht einmal dieselbe Sprache. Der wohl schlimmste Fall einer kostspieligen Transfer-Lücke ereignete sich Mitte der 70er Jahre im *Palo Alto Research Center (PARC)* von *Xerox*. Die Wissensarbeiter im *Xerox PARC* entwickelten Schlüsselelemente für den graphischen Schnittstellenrechner samt Maus, graphischen Symbolen und Menüs. Ausgerechnet die Unabhängigkeit, die diesen Durchbruch ermöglichte, trug mit dazu bei, daß man die Bedeutung und den potentiellen Wert der Innovation bei *Xerox* verkannte: Die Entscheidungsträger bei *Xerox* standen der Forschung nicht nahe genug, als daß sie das neugeschaffene Wissen hätten wertschätzen können. Steve Jobs hingegen war aufgrund seiner Arbeit bei *Apple* (wie auch aufgrund seiner kulturellen Prägung und seines Temperaments) für solche neuen Ideen höchst empfänglich und erkannte sehr schnell ihr Potential. (Allerdings maß selbst er einigen anderen bei *Xerox PARC* entwickelten Objekttechnologien keine Bedeutung bei, was er später bereute). Ein kurzer Besuch bei *Xerox PARC* war alles, was er brauchte, um die Früchte einer jahrelang von *Xerox* finanzierten Forschung zu ernten. Zu Hause bei *Apple* baute er daraufhin den *Macintosh* – im wesentlichen auf Kosten von *Xerox*.[9] Auch *Xerox* gelang es schließlich, aus einigen *PARC*-Forschungsergebnissen (wie der Entwicklung des Groß-Laser-Druckers) Profit zu schlagen; dennoch war dem Unternehmen eine große Marktchance entgangen.

Um solche chaotischen Entwicklungen zu vermeiden, müssen Manager nachdrücklich dafür sorgen, daß die Erkenntnisse der speziellen Wissensgruppen dem ganzen Unternehmen zugänglich gemacht werden. Bei *Sharp* werden die Forschungsresultate der zentralen F+E-Gruppen formal den Forschungslabors der neun *Sharp*-Geschäftsbereiche übermittelt und dann an die Labors der Geschäftssparten weitergeleitet. Den Wissenschaftlern aus den zentralen Forschungsgruppen steht es auch frei, mit ihrem Wissen auf Gruppen- oder Spartenebene überzuwechseln. Damit wird gezielt die Absicht verfolgt, Wissen dorthin zu bringen, wo es von Nutzen ist. Auch regelmäßig organisierte Treffen auf höchster Ebene dienen der Beurteilung und Integration neuen Wissens: So treffen sich Führungskräfte aus der Unternehmensleitung und die Laborleiter der Bereichsgruppen einmal im Monat, um über F+E-Projekte zu diskutieren. Des weiteren bietet eine regelmäßig veranstaltete Laborleiter-Konferenz den Laborleitern, dem Direktor der Stabsfunktion *F+E-Planung* und dem Direktor der Stabsfunktion *Intellektuelles Eigentum* Gelegenheit, die F+E-Strategie sowie den Transfer neuentwickelten Wissens in die Geschäftsbereiche zu planen.[10]

Wissensbeschaffung durch Fusionen

Während der F+E-Ansatz darauf ausgerichtet ist, Zwänge und Ablenkungen, die produktives Forschen behindern können, nach Möglichkeit zu reduzieren, werden bei der Wissensgenerierung durch Fusionen bewußt Komplexität und sogar Konflikte eingeleitet, um neue Synergieeffekte zu erzielen. Fusionen sind dazu angetan, Leute mit unterschiedlichen Perspektiven zusammenzuführen – mit dem Ziel, gemeinsam Problemlösungen zu finden oder Projekte zu bearbeiten.

In Anlehnung an einen von Gerald Hirshberg, Direktor der *Nissan Design International*, geprägten Ausdruck bezeichnet Dorothy Leonard-Barton diesen Prozeß als „kreativen Abrieb": Sie beschreibt, wie Leute mit unterschiedlichen Fähigkeiten, Ideen und Wertvorstellungen in gezielter Kombination kreative Lösungen zu erzeugen vermögen. „Innovationen", sagt sie, „entstehen an den Übergängen zwischen unterschiedlichen Einstellungen und Sichtweisen und nicht innerhalb der provinziellen Grenzen ein und derselben Wissens- und Kompetenzbasis."[11] *Nissan Design International* ist fest vom kreativen Potential der Fusion überzeugt. So trifft das Unternehmen seine Personalentscheidungen unter dem Aspekt der Förderung kognitiver Diversität im Unternehmen: Beispielsweise wird ein analytisch und rational denkender neuer Mitarbeiter gleich durch einen Kandidaten mit intuitiven und ästhetischen Neigungen „kompensiert". Hirshberg kommentiert diese Art von Diversität wie folgt: „Ein reichhaltiges und gärendes Abriebpotential, aus dem ich nicht Wärme, sondern Licht gewinnen wollte."[12]

In ihrem Buch *The Knowledge-Creating Company* sagen Nonaka und Takeuchi, das Zusammenführen von Leuten mit unterschiedlichen Kenntnissen und Erfahrungen sei eine der Vorbedingungen für die Wissensschöpfung. Aus der Kybernetik entlehnen sie den Terminus der „erforderlichen Vielfalt" (*requisite variety*), um sowohl den produktiven Konflikt des kreativen Abriebs (bei Nonaka und Takeuchi als „kreatives Chaos" bezeichnet) als auch den Wert des Zugangs zu einem umfassenderen, komplexeren Ideenpool zu beschreiben. Die Verschiedenartigkeit der Individuen hindert die Gruppe daran, in Routine-Problemlösungen zu verfallen. Da die Gruppe als solche keine vertrauten Lösungen kennt, müssen die Gruppenmitglieder gemeinsam neue Ideen erarbeiten oder ihre alten Ideen auf neuartige Weise kombinieren. Für eine solche Diversität unter den Mitarbeitern spricht, daß die unterschiedlichsten Talente und Hintergründe fokussiert werden können – *Keine Angst vor „kreativem Chaos"!* was die Erfolgschancen erhöht. Dabei sollten Komplexität und Diversität der zur Bearbeitung eines Problems eingesetzten Kräfte der Komplexität und Diversität des anstehenden Problems entsprechen. (Zumindest sollte der Proporz gewahrt bleiben.) Wie gesagt: Ein wichtiger Vorzug von Wissen ist die Befähigung, komplexe Probleme effizient, aber nicht reduktiv anzugehen.

Nonaka und Takeuchi führen die Entwicklung des ersten

Brotbackautomaten bei *Matsushita* als praktisches Beispiel für „erforderliche Vielfalt" und „kreatives Chaos" an. *Matsushita* kombinierte drei kulturell unterschiedliche Produktsparten mit dem Ziel, einen erfolgreichen Brotbackautomaten zu entwickeln – wohl wissend, daß es der vielfältigen Kenntnisse und Erfahrungen verschiedener Gruppen bedurfte, die zuvor mit der Herstellung von Reiskochern, Toastern und Kaffeemaschinen sowie Mixern befaßt gewesen waren. Das neue Produkt vereinigte das Wissen der ersten Gruppe auf dem Gebiet der Computersteuerung, die Erfahrungen der zweiten Gruppe mit der Induktionsheiztechnologie und die Kenntnisse der dritten Gruppe in bezug auf Drehmotoren. Das kreative Chaos resultierte aus dem Zusammenbruch alter Annahmen und Verfahrensweisen – einer absichtlich herbeigeführten Erschütterung des *Status quo*, der bei konventioneller Darstellung kaum als innovativ gelten kann. Zu Anfang war es fast so, als ob die kombinierten Gruppen (insgesamt 1400 Mitarbeiter) „unterschiedliche Sprachen sprächen".[13]

Totales Chaos ist allerdings alles andere als kreativ. Wenn Leonard-Barton argumentiert, Innovationen entstünden „an den Übergängen zwischen Einstellungen und Sichtweisen", so bedarf es zunächst einmal der Verknüpfung dieser Einstellungen und Sichtweisen, damit Übergänge entstehen können. Kreativer Abrieb und Fusion setzen eine gemeinsame Grundlage voraus: Ein gewisser Wissensaustausch muß stattfinden, bevor „Kollaboration" möglich wird. (Nonaka und Takeuchi bezeichnen diese Wissensüberlappung als „Redundanz" und halten sie für eine notwendige Voraussetzung jeglicher Wissensschöpfung.) *Matsushita* erreichte mit einer dreitägigen Klausurtagung für die Mittelmanager und einer regelmäßig erscheinenden Betriebszeitung für die Fabrikarbeiter, daß letztlich all die unterschiedlichen „Wissensarbeiter" eine gemeinsame Sprache sprachen und auf einem gemeinsamen „Arbeitsgebiet" heimisch waren. Darüber hinaus erfolgte bei *Matsushita* eine organisatorische Absichtserklärung – die explizite Formulierung eines gemeinsam angestrebten Ziels oder Konzepts zwecks Fokussierung des Arbeitseinsatzes der unterschiedlichen Gruppenmitglieder. (In diesem Fall lautete das Motto: „leicht und reich". Die Japaner lieben metaphorische oder – zumindest für amerikanische und europäische Ohren – kryptische Phrasen, die der Gruppe eine einheitliche Ausrichtung ermöglichen, ohne die Kreativität durch zu eindeutige Vorgaben zu behindern.)

Wissensgenerierung ist schon als solche ein lohnendes Unterfangen, nicht aber das einzige wertvolle Ergebnis wissensorientierter Aktivitäten. *IDEO*, ein großes und erfolgreiches Produktdesign-Unternehmen, nimmt „routinemäßig Innovationen" für seine Klienten vor.[14] Das Unternehmen ist ein begeisterter Verfechter formalisierter Brainstorming-Sitzungen: Drei bis zehn Teilnehmer hocken ein bis zwei Stunden zusammen und erzeugen ein „Arsenal von Lösungsmöglichkeiten". Solche Sitzungen sind geprägt durch spezifische Verhaltensregeln, eindeutig festgelegte Moderatoren-Funktionen und vielfältige Inputs.

Häufig betreffen die Vorzüge dieser Sitzungen weniger Umfang und Qualität der erzeugten Ideen als vielmehr „Spillover"-Effekte wie „Gedächtnisnachhilfe" für das Unternehmen, Freisetzung einer Vielfalt an Fertigkeiten sowie Festigung einer „klugen" Wissenseinstellung. *Klugheit* wird bei *IDEO* definiert als das qualitative Kennzeichen erfahrener Praktiker, die ihr „Nichtwissen" offen zugeben und die Gültigkeit ihres individuellen wie auch des organisatorischen Wissens immer wieder hinterfragen. Eigentlich bedarf es keiner Erwähnung: Eine solche Einstellung ist in Organisationen höchst selten anzutreffen und schafft doch erst die richtige Atmosphäre, damit der Prozeß der Wissensgenerierung blühen und gedeihen kann. Müßten wir eine Organisation auf ihre Offenheit für Wissensgenerierung hin testen, so würden wir die Frage stellen, wie häufig die Führungskräfte ihr eigenes Wissen hinterfragen.

Fusionen mögen zu wirkungsvollen Resultaten führen, die auf andere Weise nicht zu erreichen wären, aber sie ermöglichen keine Abkürzung auf dem Weg zur Wissensgenerierung. Stets bedarf es eines erheblichen Aufwands an Zeit und Mühe, um den Gruppenmitgliedern durch Wissensaustausch und eine gemeinsame Sprache die Zusammenarbeit überhaupt zu ermöglichen. Darüber hinaus ist ein sorgfältig überlegtes Management erforderlich, damit das Aufeinandertreffen verschiedener Arbeitsstile und Ideen keine Konfrontationen auslöst, sondern positive Ergebnisse bewirkt. Der kreative Abrieb sollte, wie Hirshberg es formuliert, „Licht und nicht Wärme" erzeugen.

Die nachstehend aufgeführten fünf Managementprinzipien tragen dazu bei, daß Fusionen effektive Wirkung zeigen:

1. Förderung eines Wertbewußtseins im Zusammenhang mit der Suche nach Wissen sowie der Bereitschaft, in den Prozeß der Wissenserzeugung zu investieren;
2. Ermittlung der wichtigsten Wissensarbeiter, die es im Rahmen einer Fusion zusammenzuführen gilt;
3. Betonung des kreativen Potentials gedanklicher Komplexität und Ideenvielfalt, wobei Unterschiede positiv und nicht als Konfliktquellen angesehen und einfache Antworten auf schwierige Fragen vermieden werden;
4. Verdeutlichung des Bedarfs an Wissenserzeugung, um den damit verbundenen Prozeß zu fördern, zu belohnen und auf ein gemeinsames Ziel auszurichten;
5. Einführung von Maßstäben und Erfolgskriterien, die den wahren Wert des Wissens vollständiger zu erkennen geben als schlichte Bilanzrechnungen.

Innovative Adaptation

In *Microcosmic God*, einer *Science-Fiction*-Story von Theodore Sturgeon aus dem Jahr 1941, erschafft die Hauptfigur eine Miniaturwelt mit Lebewesen, deren Leben und Evolution extrem schnell verlaufen. Dieser „Schöpfer" zwingt seine Lebewesen zu Innovationen, indem er ihnen verschiedene Umweltbedrohungen auferlegt: Auf Stürme, Hitze, Dürre – sogar auf einen Metallklumpen, der sich ihnen unerbittlich von ihrem „Himmel" herab nähert – reagieren sie mit einem stetigen Strom an Erfindungen und Entdeckungen – von neuen Isoliermaterialien über neue Energiequellen bis hin zu superhartem Aluminium. Die Umweltkrisen dienen ihnen als Katalysatoren für die Wissensgenerierung. „Anpassen oder umkommen" ist ihr Schicksal; also passen sie sich an und entwickeln sich fort.

Die Erzählung bietet eine anschauliche Metapher dafür, wie externe (und zuweilen auch interne) Veränderungen Unternehmen zu Adaptationen veranlassen. Neue Konkurrenzprodukte, neue Technologien sowie soziale und wirtschaftliche Veränderungen treiben die Wissensgenerierung voran, weil Unternehmen, die nicht auf die sich wandelnden Bedingungen reagieren, zum Scheitern verurteilt sind. So ist ein bereits ansehnlicher und immer noch wachsender Literaturbestand nicht nur mit selbstorganisierenden und komplexen adaptiven Systemen befaßt, sondern auch mit der Relevanz solcher Modelle für Effektivität und Strategieentwicklung in Unternehmen.[15]

Positive wie negative Beispiele gibt es in Hülle und Fülle. *Digital Equipment* und *Wang Laboratories* sind als einst erfolgreiche Unternehmenskulturen genannt worden, denen die erforderliche Anpassung nicht gelang. Erfolge sind oft genug die Feinde von Innovation – nicht zu Unrecht ist die Rede vom „Fluch des Gewinners".[16] Es fällt schwer, etwas zu verändern, was sich bewährt hat und vielleicht immer noch funktioniert. So manches Unternehmen sonnt sich in seinem bisherigen Erfolg und verkennt dabei, daß sich ein Wandel vollzieht oder daß dieser Wandel auch Auswirkungen auf den eigenen Betrieb haben könnte. Als preisgünstige, qualitativ hochwertige japanische Autos auf den US-Markt drängten, veränderte dies die Automobilszene, doch jahrzehntelange Vorherrschaft machte die amerikanischen Autohersteller blind gegenüber der Größenordnung der japanischen Bedrohung. Genauso ignorierte *Sears* die Veränderungen, die *Wal-Mart* im Einzelhandel vornahm, bis rückläufige Umsatzzahlen das Unternehmen zwangen, sich der Realität zu stellen. Vor einigen Jahren wurde einer von uns (Prusak) von einem sehr erfolgreichen Nahrungsmittelhersteller angefordert, um zu beurteilen, wie das Unternehmen seine Kerninformationen managte (wovon keine Rede sein konnte!) und welche Verbesserungen vorgenommen werden könnten. Schon bald stellte sich heraus, daß man im Unternehmen kein echtes Interesse daran hatte, Routineabläufe zu verändern. Der Ausspruch einer Führungskraft war bezeichnend: „Wir schießen wie eine Rakete zum Mond. Wozu eine Kursabweichung mit Veränderungen?" Nun – auch Raketen könnten einmal in Treibstoffnöte geraten oder Ablenkungen durch Kräfte erfahren, die außerhalb ihrer Kontrolle liegen!

Als dann ausgesprochen erfolgreiche Unternehmen der 70er und 80er Jahre eines nach dem anderen in den 90ern von Krisen erschüttert wurden, erwachte die Welt zu dem Bewußtsein, daß Erfolg die Bereitschaft verkümmern läßt, sich veränderten Bedingungen anzupassen, Herausforderungen zu erkennen und mit der Erzeugung neuen Wissens zu reagieren. John F. McDonnell von der *McDonnell Douglas Corporation* (die selbst Anpassungsschwierigkeiten hatte und kürzlich von *Boeing* übernommen wurde) bemerkt in diesem Zusammenhang: „Es ist schon schwierig genug, ein um sein Überleben kämpfendes Unternehmen zu verändern, aber so gut wie unmöglich, Veränderungen in einem Unternehmen zu bewirken, das allem äußeren Anschein nach Erfolg hat. Ohne eine Krise oder eine Periode großer Belastung als Auslöser sind die meisten Organisationen – wie die meisten Menschen – nicht in der Lage, lebenslange Gewohnheiten und Einstellungen aufzugeben."[17]

Leonard-Barton spricht von „Kernrigiditäten", zu denen auch die Tendenz von Unternehmen und Mitarbeitern gehört, auf „ausgetretenen erfolgreichen Pfaden" zu wandeln: „Die Köpfe der Mitarbeiter sind die flexibelsten Vermögenswerte, die ein Unternehmen besitzt – und zugleich die rigidesten. Die Leute sind zu höchst erstaunlichen Sprüngen in ihrer Intuition fähig und halten zugleich hartnäckig an den Details belangloser, unproduktiver Routinen fest."[18]

In ihrem Streben nach kontinuierlicher Innovation sind einige Unternehmen bemüht, Krisengefühle zu erzeugen, bevor es überhaupt zu einer Krise kommt. Wie die Hauptfigur in Sturgeons Erzählung rütteln sie ihre Organisationen wach und bauen Hindernisse auf, die das Unternehmen durch Erzeugung neuen Wissens überwinden muß. Der *Canon*-Vorsitzende Ryuzaburo Kaka hat einmal gesagt: „Die Aufgabe des Topmanagements besteht darin, den Mitarbeitern sowohl ein Krisengefühl als auch hochfliegende Pläne zu vermitteln."[19] Und Lew Platt von *Hewlett-Packard* stellt fest, eines seiner vornehmlichen Ziele sei die Schaffung eines künstlichen Krisengefühls. Die Entscheidung von *BP* zugunsten einer Umstrukturierung des Unternehmens in eine große Anzahl vergleichsweise autonomer Geschäftseinheiten war weniger eine Anpassung an aktuelle Probleme als vielmehr die Vorwegnahme künftiger Herausforderungen. Die Führungskräfte von *BP* sind überzeugt, daß neues Wissen das Unternehmen wettbe-

Erzeugen Sie ein Krisengefühl, bevor es zu einer Krise kommt – Sie könnten damit einer echten Krise zuvorkommen.

werbsfähig hält und möglicherweise Veränderungen in der Umwelt vorgibt, auf die dann andere Firmen reagieren müssen.

Unternehmen mögen aus unterschiedlichen Gründen Schwierigkeiten mit der Anpassung an Veränderungen in ihrem Umfeld haben, doch letztlich zählt nur eines: Die bisherige Entwicklung spielt in der Tat eine wichtige Rolle. So entwickelt sich auch die Fähigkeit eines Unternehmens zur Durchführung bestimmter Aktivitäten (selbst die Fähigkeit, Zusammenhänge zu erkennen und zu durchschauen) erst mit der Zeit. Unternehmenswissen ist ein soziales Konstrukt, das sich aus den kollektiven Erfahrungen der Mitarbeiter, den vom Unternehmen belohnten Fähigkeiten und dem gemeinsam getragenen Gedächtnis des Unternehmens mit all seinen Erfolgen und Mißerfolgen zusammensetzt. Das derzeitige Interesse an der Frage, wie das sogenannte agile Unternehmen in einer höchst veränderlichen Wettbewerbsumgebung Erfolg haben kann, sollte nicht darüber hinwegtäuschen, daß die Beweglichkeit eines jeden Unternehmens notwendigerweise an Grenzen stößt. Weder Unternehmen noch die darin arbeitenden Menschen können sich nach Art eines Chamäleons jedweder Veränderung anpassen. Sie können nur auf den in ihnen angelegten Fähigkeiten aufbauen. Ein Unternehmen mag einschneidende Veränderungen vornehmen, aber es ist ihm nicht möglich, sich in einen gänzlich anderen Organismus zu verwandeln.

Die Aufmerksamkeit, die Manager in den letzten Jahren der Ermittlung von Kernkompetenzen gewidmet haben, läßt erkennen, wie sehr die Unternehmen bemüht sind, die Möglichkeiten und Grenzen ihres adaptiven Umgangs mit Wandel zu erkunden. Kernkompetenzen lassen sich in einzelne Wissenspakete aufteilen, die genau zu erkennen geben, wie bestimmte Aufgaben abgewickelt werden. So ist beispielsweise die vieldiskutierte „Koppel-Kompetenz" von *Wal-Mart* nichts anderes als das Wissen darüber, wie man eine komplexe „Ballettkomposition" aus Menschen, Lastwagen und Gabelstaplern in einem Auslieferungslager instrumentiert und geeignete Einrichtungen und Infrastrukturen für ein effektives Informationssystem schafft, um die täglichen „Aufführungen" zu sichern. Dieses Wissensvermögen *ist* das Unternehmen. Es könnte eines Tages notwendig werden, Mittel und Wege zur Anwendung solchen Wissens auf neue Produkte und Dienstleistungen zu finden, wenn externe Veränderungen die alten konkurrenzunfähig machen, aber es ist unmöglich, sie völlig abzustoßen und ganz von vorn anzufangen – so wie auch ein Individuum seine Persönlichkeit oder ein Land seine Kultur nicht gänzlich „umkrempeln" kann. Das Unternehmen mag sich neuen Aktivitäten und Vorgehensweisen zuwenden, doch die unternehmerische Kompetenz als solche wird nicht viel anders sein als bisher.[20]

Das Anpassungsvermögen eines Unternehmens basiert auf zwei grundlegenden Faktoren: (1) Das Unternehmen verfügt über interne Ressourcen und Fähigkeiten, die auch bei neuen Vorgehensweisen zum Einsatz kommen können; (2) das Unternehmen ist aufgeschlossen für Wandel und besitzt hohes „Absorptionsvermögen". Eine umfassende Erörterung dieser Faktoren würde den Rahmen des vorliegenden Buches sprengen, doch sei immerhin so viel gesagt, daß beide Faktoren für das Wissensmanagement von besonderer Bedeutung sind. Die wichtigsten „adaptiven Ressourcen" sind Mitarbeiter, die sich leicht neues Wissen und neue Fertigkeiten anzueignen vermögen. Da nachweisbare Erfahrungen in bezug auf die Übernahme neuer Aufgaben die besten Rückschlüsse auf geistige Beweglichkeit zulassen, sollten die Unternehmen nach solchen Mitarbeitern Ausschau halten, die bereits vielfältige Funktionen und Fertigkeiten beherrschen. Auch nach ihrer Einstellung soll-

Mitarbeiter, die willens und fähig sind, Neues zu lernen, sind für ein adaptierendes Unternehmen unverzichtbar.

ten solche Mitarbeiter ermutigt werden, ihren Arbeitsplatz häufig zu wechseln, ihr Kompetenz-Portfolio zu erweitern und zu organisieren und „Lern-Freizeiten" zu nutzen, um Kenntnisse in neuen arbeitsrelevanten Disziplinen zu erwerben.

Mitarbeiter, deren Werdegang Aufgeschlossenheit gegenüber Wandel erkennen läßt, sollten daher bevorzugt eingestellt werden. Darüber hinaus sollte den Mitarbeitern und Führungskräften eine Vielfalt an Wissensanreizen geboten werden – besonders zu Zeiten, in denen sich ein Wandel als lebenswichtig erweist. Bei der *Agricultural Chemicals Division* von *Monsanto* beispielsweise erhielten die Chemiker Zugang zu umfangreichen externen Marktinformationen, und zwar kurz vor Ablauf wichtiger Produkt-Patente. *Standard Life*, eine große britische Versicherungsgesellschaft, erschloß ihren Spitzenführungskräften neue Wissensquellen über die Konkurrenz zu einem Zeitpunkt, zu dem der Versicherungsmarkt in Großbritannien eine rasche Diversifizierung erfuhr. Natürlich sollte neues Wissen nach Möglichkeit verarbeitet und erzeugt werden, bevor es zu einer Unternehmenskrise kommt – dann nämlich könnte es für eine Reaktion zu spät sein.

Wissensvernetzung

Wissen wird auch durch informelle, selbstorganisierende Netzwerke innerhalb der Organisationen erzeugt, die erst mit der Zeit formalisiert werden.[21] In Gemeinschaften von Wissensträgern, die über gemeinsame Interessen zusammengefunden haben, erfolgen Wissensaustausch und Problemlösungen gewöhnlich im persönlichen Gespräch, in Telefonaten sowie über E-Mail und Groupware. Reicht die gemeinsame Wissensbasis für eine effektive Kommunikation und Kollaboration aus, sind solche Vernetzungen dazu angetan, neues Unternehmenswissen zu generieren. Dieser Prozeß mag schwer zu kodifizieren sein, bewirkt aber eine deutliche Bereicherung der Wissensbestände im Unternehmen. Wie in Kapitel 6 noch ausführlich beschrieben wird, erfordern Netzwerke dieser Art häufig die professionelle Unterstützung von Wissensredakteuren oder Netzwerk-Moderatoren, die in der Lage sind, ein andernfalls in den Köpfen der Experten verbleibendes Wissen zu dokumentieren. Auch die Erstbenutzer des Netzes spielen unter Umständen eine wichtige Rolle bei der praktischen Wissensanwendung. So werden neue Technologien häufig von „Pionieren" aufgegriffen und über die Netzwerke weitergegeben. Auf diese Weise wird ein bestimmtes Verfahren oder Vorgehen allmählich Bestandteil des aktiven Wissenskapitals im Unternehmen.[22]

In Anbetracht der Tatsache, daß Beratungs- und Dienstleistungsfirmen *Wissen* als Produkt anbieten, kann es nicht überraschen, wenn gerade solche Unternehmen ihre zunächst informellen Zweckgemeinschaften zu formalen Netzwerken organisieren, in denen Budgets für Technologien, Wissenskoordinatoren, Bibliothekare, Korrektoren und Sachbearbeiter vorgesehen sind. Einige kleinere Beratungs- und Dienstleistungsunternehmen haben sich gegen eine solche Formalisierung entschieden – entweder, um keine weiteren Gemeinkosten zu verursachen, oder aus der Überzeugung heraus, daß zuviel „Einblick" seitens des Managements die Spontaneität und Begeisterung informeller Netzwerke unbotmäßig dämpfen könnte.

Wo keine formalen wissenspolitischen Richtlinien und Prozesse vorhanden sind, bieten Netzwerke die entscheidende Gelegenheit zur Weiterleitung so mancher innovativer Ideen. Als Beispiel wollen wir ein Geschehen heranziehen, das sich kürzlich bei *Hoeschst-Celanese*, einem großen Textilhersteller aus North Carolina, zugetragen hat. Beim Mittagessen mit Kollegen erwähnte ein Wissenschaftler aus der F+E-Abteilung von *Hoeschst*, soeben von einer Konferenz über die Herstellung synthetischer Fasern aus Europa zurückgekehrt, eine bestimmte Präsentation im Zusammenhang mit einem neuen Material. Einer seiner Kollegen gab ein paar Details aus dem mittäglichen Gespräch an rund 18 Wissenschaftler-Kollegen in aller Welt über informelle E-Mail-Vernetzung weiter. Drei Wochen später erwähnte einer der Netzwerk-Wissenschaftler während eines gemeinsamen Fluges zu einem Klientenbesuch diese E-Mail-Nachricht gegenüber einem seiner Unternehmensmanager. Der Manager besprach die Angelegenheit mit seinen Teamkollegen – denn dieses Team hatte den Auftrag, neue Marktchancen zu erkunden. Schon bald darauf wurde bei *Hoeschst* eine kleine Führungsgruppe gebildet, die sich näher mit diesem vielversprechenden Material befassen sollte.

Das Beispiel wird jedem Leser vertraut vorkommen, der weiß, wie Wissen in Organisationen „die Runde macht". Es zeigt, wie umfassend und nachhaltig ein informelles Netzwerk Wissen erzeugen kann, wenn jeder Teilnehmer einen kleinen Beitrag dazu leistet. Zugleich wird deutlich, welche Bedeutung auch dem Zufall zukommt, bis Wissen schließlich dorthin gelangt, wo es genutzt werden kann. Wie leicht hätte es passieren können, daß das von der Konferenz mitgebrachte Wissen niemals zu der Gruppe gelangt wäre, die es verwerten konnte! Im Rahmen unserer Beratungstätigkeit benutzen wir diese Geschichte gern als „Aufhänger": Wir wollen Denkanstöße geben, was das Management von *Hoeschst-Celanese* tun (beziehungsweise nicht tun!) sollte, um diesen informellen Prozeß künftig effektiver und effizienter zu gestalten.

Gemeinsame Voraussetzungen

All diese Bemühungen um Wissensgenerierung und Wissensakquisition erfordern *Zeit* und *Raum*. In Unternehmen mit speziellen Wissensressourcen bedeutet „Raum" nicht nur die Einrichtung von Labors und Bibliotheken, in denen Entdeckungen zu machen sind, sondern auch die Bereitstellung von Örtlichkeiten, wo sich Wissensarbeiter zwanglos treffen können. In einigen Fällen mag es sich auch um virtuelle Treffpunkte handeln, aber irgendwelche eigens dafür vorgesehenen „Versammlungsplätze" müssen vorhanden sein. Leider ist weniger der Raumbedarf als vielmehr der erforderliche Zeitaufwand die Unternehmensressource, die Wissensaktivisten am ehesten mißgönnt wird: Zeit ist die knappste aller Ressourcen – sie läßt sich nicht wiederholen und ist doch für echte Wissensgenerierung unverzichtbar.

Eine dritte entscheidende Voraussetzung ist die Erkenntnis seitens der Manager, daß Wissensgenerierung nicht nur einen wichtigen Beitrag zum Unternehmenserfolg leistet, sondern auch ein eigenständiger Prozeß ist, den es in besonderer Weise zu kultivieren gilt. Zugegeben: Wissensgenerierung ist schwer zu messen, und hin und wieder erfolgende Einmischungen können verheerende Wirkung haben. Doch in Anbetracht der nicht zu widerlegenden Tatsache, daß Wissen den größten Vermögenswert eines Unternehmens darstellt, müssen Unternehmen, denen die Generierung neuen Wissens nicht gelingt, um ihre Existenz bangen.

Anmerkungen

1. Thomas H. Davenport, Sirkka L. Larvenpaa und Michael C. Beers (1996) „Improving Knowledge Work Processes", *Sloan Management Review* (Sommer 1996): 53–65.
2. Ikujiro Nonaka und Hirotaka Takeuchi (1995) *The Knowledge-Creating Company* (New York: Oxford University Press);

Dorothy Leonard-Barton (1995) *Wellsprings of Knowledge* (Boston: Harvard Business School Press).
3. Eine gründliche Analyse dieses Akquisitionstyps bietet Joseph Badaracco, Jr.(1991) in *The Knowledge Link* (Boston: Harvard Business School Press).
4. Diese Institutionen setzen sich mittlerweile ernsthaft mit der Thematik auseinander. Siehe zum Beispiel: *OECD-Booklet* (Real Miller) und Organization for Economic Cooperation and Development (1996) *Employment and Growth in the Knowledge-Based Economy* (Paris: OECD).
5. Leonard-Barton (1995) *Wellsprings of Knowledge*, 171.
6. Siehe zum Beispiel: D. J. Teece (1976) *The Multinational Corporation and the Resource Cost of International Technology Transfer* (Cambridge, Mass.: Ballinger Publishing Co.).
7. Joseph Badaracco, Jr. (1991) *The Knowledge Link*, 5.
8. Neuere Ansätze finden sich in M. Gibbons *et al.* (1996) *The New Production of Knowledge* (London: Sage).
9. Dough Smith und Robert C. Alexander (1988) *Fumbling the Future* (New York: William Morrow).
10. Nonaka und Takeuchi (1995) *The Knowledge-Creating Company*, 181.
11. Leonard-Barton (1995) *Wellsprings of Knowledge*, 63–64.
12. Leonard-Barton (1995) *Wellsprings of Knowledge*, 59.
13. Nonaka und Takeuchi (1995) *The Knowledge-Creating Company*, 99.
14. Die Informationen über *IDEO* stammen von Robert Sutton und Andrew Hardagon (1996) „Brainstorming Groups in Context: Effectiveness in a Product Design Firm", *Administrative Science Quarterly* 41, Nr. 4 (1996): 685–718 sowie aus persönlichen Gesprächen mit den Autoren.
15. Diese Überlegungen werden vertieft von Stuart Kaufman (1996) in *At Home in the Universe* (New York: Oxford University Press) und John Holland (1966) in *Hidden Order* (Reading, Mass.: Addison-Wesley).
16. Richard H. Thaler (1997) *The Winner's Curse* (Princeton, N. J.: Princeton University Press).
17. Zitiert in Leonard-Barton (1995) *Wellsprings of Knowledge*, 29.

18. Leonard-Barton (1995) *Wellsprings of Knowledge*, 31, 260.
19. Zitiert in Nonaka und Takeuchi (1995) *The Knowledge-Creating Company*, 79.
20. Eine häufig als „ressourcenorientierte Unternehmenstheorie" bezeichnete Schule des strategischen Denkens deckt im wesentlichen die strategische und wirtschaftliche Ausrichtung ab, die wir hier ansprechen. Siehe zum Beispiel: Edith Penrose (1995) *The Theory of the Growth of the Firm*, 2. Aufl. (New York: Oxford University Press) und Cynthia Montgomery, Hrsg. (1995) *The Resource-Based Theory of the Firm* (Boston: Kluwer).
21. Eine ausgezeichnete Zusammenfassung neuerer Denkansätze im Hinblick auf Netzwerke in Organisationen ist nachzulesen bei Nitin Nohria und Robert Eccles (1994) *Networks and Organizations* (Boston: Harvard Business School Press).
22. David Krackhardt und Jeffrey Hanson (1993) „Informal Networks: The Company behind the Chart", *Harvard Business Review* (Juli-August, 1993): 104–111; Erik von Hippel (1988) *The Sources of Innovation* (New York: Oxford University Press).

*Es ist nicht schwer, Ideen zu haben,
schwer ist nur, sie auszudrücken.*
– Henri Bergson

Kapitel 4

Kodifizierung und Koordinierung von Wissen

Mit seiner Kodifizierung soll Unternehmenswissen in eine Form gebracht werden, die es für alle, die dieses Wissen benötigen, zugänglich macht. Wissen wird buchstäblich in einen Code (wenngleich nicht notwendigerweise in einen Computercode) umgesetzt, um es wohlorganisiert, explizit, portabel und so verständlich wie möglich zu machen. Ein analog zu verstehendes Beispiel ist das Rechtssystem, in dem die Gesetze und Entscheidungen in Präzedenzfällen in vielen Texten (und mittlerweile auch in Online- und CD-ROM-Systemen) kodifiziert sind. Solche Bezugsquellen stellen natürlich nur einen Teil „des Rechts" und seiner Anwendung dar. Nicht erfaßt sind all die verborgenen Fähigkeiten von Anwälten, Richtern und anderen Juristen. Immerhin aber verkörpert das kodifizierte Material einen bedeutenden Anteil am artikulierten Rechtswissen und läßt diesen zugänglich werden.

In ähnlicher Weise wird Unternehmenswissen durch Kodifizierung in zugängliche und anwendbare Formate umgesetzt. Wissensmanager und Wissensbenutzer können Wissen kategorisieren, beschreiben, in kognitiven Landkarten und Modellen erfassen, simulieren und in Regeln und Anleitungen einbetten. Bei all diesen Ansätzen gilt es, spezifische

Werte und Grenzen zu berücksichtigen; sie können einzeln wie auch in Kombination angewendet werden. Offensichtlich kommt den neuen Technologien bei der Wissenskodifizierung große Bedeutung zu – an die genannten Aktivitäten werden um so höhere Erwartungen gestellt.

Grundprinzipien der Wissenskodifizierung

Als erstes stellt sich im Rahmen der Kodifizierungsarbeiten die schwierige Frage, wie Wissen zu kodifizieren ist, ohne daß es seine distinktiven Eigenschaften verliert und zu weitaus weniger kraftvollen Informationen oder Daten gerät. Mit anderen Worten: Ein gewisses Maß an Strukturierung des Wissens ist erforderlich, aber zuviel davon erstickt das Wissen. Unternehmen, die Wissen mit Erfolg kodifizieren wollen, sollten sich daher an die folgenden vier Grundprinzipien halten:

1. Die Manager müssen entscheiden, welchen Unternehmenszielen das kodifizierte Wissen dienen soll. (Beispielsweise könnten sich Firmen mit der strategischen Absicht, größere Kundennähe zu erzielen, zur Kodifizierung von kundenbezogenem Wissen entschließen.)
2. Die Manager müssen in der Lage sein, das zur Realisierung solcher Ziele erforderliche Wissen in seinen verschiedenen Erscheinungsformen zu ermitteln.
3. Wissensmanager müssen das Wissen im Hinblick auf seine Brauchbarkeit und Kodifizierbarkeit einschätzen können.
4. Die mit der Kodifizierung beauftragten Experten müssen eine zweckdienliche Trägereinrichtung für die Kodifizierung und Verteilung ermitteln.

Die Kodifizierung des gesamten Unternehmenswissens wäre ein ungeheuer aufwendiges und auch nutzloses Unterfangen – und mindestens genauso schwierig wie der meistenteils vergebliche Versuch, alle Unternehmensdaten in Modellen zu erfassen. So meint Patricia Seemann, Beraterin und vormals Direktorin des Wissensprojekts *Right First Time* bei *Hoffmann-LaRoche*: „Relevanz ist bei weitem wichtiger als Vollständigkeit." Sinn der ganzen Kodifizierung ist die Umsetzung von Wissen in ein nützliches Format; also muß das Unternehmen auch eine Vorstellung davon haben, wozu es dieses Wissen nutzen will. Die Definition von „Nutzen" und „Nützlichkeit" sollte allerdings nicht zu eng ausfallen. *Honda* beispielsweise verfolgt auch „fehlgeschlagene" Entwicklungsideen in der Erkenntnis, daß diese irgendwann einmal zu Erfolg führen könnten; auch vielversprechende, aber derzeit nicht realisierbare Ideen müssen für später aufbewahrt werden. Richtig lohnt sich ein Projekt zur Wissenskodifizierung aber erst dann, wenn mehr damit bezweckt wird, als lediglich Wissen allgemein zugänglich zu machen.

Bei *Senco Products*, einem innovativen Hersteller von metallischen Befestigungselementen mit Sitz in Cincinnati, ist eine unternehmensweite Initiative gestartet worden: Man will den „logischen Pfad", der zu wichtigen Entscheidungen führt, in Diagrammen festhalten und auf diese Weise erreichen, daß mögliche Wissenslücken oder Fehlbegründungen nachvollzogen werden können, wenn sich eine Entscheidung im nachhinein als unzulänglich erweist. Natürlich können sich Unternehmen eine solche Analyse nur leisten, wenn sie eine durch großes Vertrauen geprägte Kultur besitzen – mikropolitische Spannungen würden sich verheerend auswirken!

Entscheidende Bedeutung kommt der Quellensuche für das zu kodifizierende Wissen zu: Wenn man nicht weiß, wo sich dieses Wissen befindet, kann man auch nichts damit anfangen – vermutlich weiß man nicht einmal, worum es im einzelnen geht. Die „Kartographierung" von Wissensquellen im Unternehmen wird weiter unten noch ausführlich erörtert: Sie ist ein wichtiger Teilschritt im Kodifizierungsprozeß. Sobald die Quelle feststeht, muß das Wissen im Hinblick auf seine Nützlichkeit und Bedeutung für die Organisation ausgewertet und wissenstypologisch bestimmt werden. Handelt es sich um das reichhaltige, implizite, intuitive Wissen eines erfahrenen Experten, oder ist es ein regelhaftes, schematisches, explizites Wissen (oder irgendeine Variante dazwischen)? *Ob* Sie mit dem Wissen etwas anfangen können, hängt von seiner Bedeutung ab; *was* Sie damit anfangen können, hängt vom Wissenstyp ab. Eine sorgfältige Auswertung, die durchaus laborintensiv sein kann und ein erhebliches Maß an Geschick und Unternehmenswissen erfordert, ist eine aufwendige, aber unverzichtbare Voraussetzung für erfolgreiches Kodifizieren. Da mit einer solchen Abschätzung hohe Kosten verbunden sein können, ist um so wichtiger, daß die Kodifizierungsarbeiten auf ein bestimmtes Ziel oder einen bestimmten Zielkomplex hin ausgerichtet sind.

Kodifizierung verschiedener Wissenstypen

Unternehmenswissen reicht vom komplexen, im Lauf der Zeit angesammelten Expertenwissen, das in den Köpfen einiger weniger Individuen verborgen ist und sich teilweise oder auch weitgehend nicht in Worte fassen läßt, bis hin zu strukturierten und expliziten Wissensinhalten. Der folgende Überblick geht auf eine Arbeit von Sidney Winter zurück und führt einige zweckdienliche Kodifizierungsstrategien für verschiedene Wissenstypen auf.[1] Neben den Kodifizierungsoptionen als solchen weist die Aufstellung auf das Spannungsfeld hin, das sich zwischen dem Nutzen der Erfassung reichhaltigen, potentiell höchst wertvollen Unternehmenswissens einerseits und der Schwierigkeit einer effektiven Darstellung dieses Wissens andererseits auftut.

Kodifizierungsdimensionen des Wissens

Verborgen	Artikulierbar
Nicht lehrbar	Lehrbar
Nicht artikuliert	Artikuliert
Nicht beobachtbar bei Nutzung	Beobachtbar bei Nutzung
Reichhaltig	Schematisch
Komplex	Einfach
Undokumentiert	Dokumentiert

Kodifizierung verborgenen Wissens

Das latent vorhandene komplexe Wissen, vom Wissensträger über einen langen Zeitraum hinweg erarbeitet und internalisiert, läßt sich so gut wie überhaupt nicht in einem Dokument oder einer Datenbank erfassen.[2] Bei einem solchen Wissen sind derart viele Lerninhalte zusammengekommen, daß es unmöglich ist, die eingebetteten Regelstrukturen vom Handeln des betroffenen Individuums zu trennen. So läßt sich der distinktive Ausdrucksstil eines virtuosen Musikers kaum in Worte fassen und schon gar nicht so „veräußern", daß ein anderer lernen könnte, genauso zu spielen. Auch das Wissen, das ein kreativer Wissenschaftler als Entscheidungsbasis für seine Forschungsmethoden heranzieht, kann nicht Schritt für Schritt aufgelistet oder in einem Bericht dargestellt werden. Wenn es möglich wäre, auf diese Weise Wissen aus dem Wissensträger herauszuholen, würde dies unsere Vorgehensweisen sowohl hinsichtlich der Vergütung als auch hinsichtlich der Aus- und Weiterbildung grundlegend verändern.

Es ist schlechterdings unmöglich, den Köpfen der Wissensträger bestimmte Wissensteile zu entnehmen und effektiv darzustellen. Zur Veranschaulichung soll eine Begebenheit aus der Kindheit von Larry Prusak geschildert werden:

> In der achten Klasse spielte ich mit meinen Klassenkameraden in einem Baseball-Team. In meiner Klasse waren nur neun Jungen, so daß man mich in die Mannschaft nehmen mußte, damit überhaupt genug Spieler da waren. Aufgrund einer bei der Geburt erlittenen Behinderung war ich der weitaus schlechteste Schlagmann im Team. Ich konnte überhaupt nicht schlagen (aber sehr wohl laufen und im Feld spielen). Meine Mannschaftskameraden machten mir natürlich die Hölle heiß. Sie waren leidenschaftliche Wettkämpfer und setzten alles daran zu gewinnen. Als mein Vater sah, wie unglücklich ich über die Situation war, kaufte er mir ein Buch von Ted Williams: *The Art of Hitting*. Mein Vater verstand nicht viel von Baseball, aber er liebte Bücher und hielt dies für die einzige Möglichkeit, mir zu helfen. Ted Williams wußte vom Schlagen nicht mehr und nicht weniger als jeder andere Mensch und versuchte nun, dieses Wissen zu Papier zu bringen. Ich konnte nicht schlagen, aber ich konnte lesen, und so las ich das Buch zweimal – und kannte es dann praktisch auswendig. Resultat: Ich konnte immer noch nicht weit schlagen. Ich hatte nur einen sehr bescheidenen Fortschritt erzielt, vielleicht infolge eines neugewonnenen Selbstvertrauens. Außerdem war ich sowieso kein besonders guter Sportler. Aber selbst wenn es so gewesen wäre – Baseball-Schlagen ist meines Erachtens einfach nicht mit Buchwissen beizubringen. Die damit verbundenen Fertigkeiten sind viel zu komplex und diffizil und auch viel zu sehr internalisiert; sie lassen sich einfach nicht in Worte fassen, die ein anderer praktisch verwerten könnte.

Kurzum: Sie lassen sich nicht *effektiv* kodifizieren – zumindest nicht in einem Druckerzeugnis. Ein Textdokument kann unmöglich das Wissen von Ted Williams, seine Geschicklichkeit, seine Erfahrung, sein Verständnis, seine Leidenschaft und seine Freude beim Schlagen erfassen. Wie der Titel seines Buches zu erkennen gibt, ist Baseball-Schlagen eine Kunst, und Künste lassen sich schwerlich in Regeln und Formeln fassen. Und selbst wenn ein solches Wissen mit Erfolg kodifiziert werden könnte – der Prozeß, es zu Papier zu bringen, wäre mit einem untragbaren Arbeitsaufwand verbunden. Genauso mühselig und nutzlos wäre der Versuch, all das, was ein geschickter Wissensarbeiter weiß, dokumentarisch festzuhalten. Der Philosoph Michael Polanyi, der als erster das Konzept vom verborgenen Wissen im Gegensatz zum expliziten Wissen formuliert hat, bemerkt dazu, die Bedeutung verborgener Erfahrungen könne man am besten abschätzen, wenn man im einzelnen die Bewegungsabläufe beim Schwimmen oder Fahrradfahren zu erklären versuche.[3]

Aus diesem Grund beschränkt sich der Kodifizierungsprozeß bei besonders reichhaltigem, verborgenem Unternehmenswissen im allgemeinen darauf, einen geeigneten Wissensträger ausfindig zu machen, den Wissenssuchenden auf diesen Wissensträger hinzuweisen und die Interaktion der beiden zu fördern. Arian Ward, Manager bei *Hughes Space and Communications*, hat sich ein System ausgedacht, das Problemlösungen im Rahmen der Satelliten-Entwicklung mit Hilfe von verborgenem Wissen erarbeiten soll – beispielsweise die Beschaffung eines Ersatzlieferanten in letzter Minute. Dazu bedarf es nicht nur einschlägiger Lieferantenkenntnis, sondern auch Vertrautheit mit dem Beschaffungssystem, um eine schnelle Abwicklung zu gewährleisten. Das System verbindet Leute, die Probleme haben, mit Leuten, die Problemlösungen kennen. Weil gewisse Probleme immer mal wieder auftraten, begann Ward schließlich damit, die Muster verborgenen Wissens zu strukturieren und Lösungen in einem Speicher zu erfassen. Er bezeichnete das System als „Knowledge Highway" – als „Wissensautobahn". Auch das Projekt der virtuellen Teamarbeit bei *British Petroleum* beruht auf der Annahme, daß es effizienter ist, Zugang zu Leuten mit verborgenem Wissen zu ermöglichen, als den Versuch zu unternehmen, dieses Wissen elektronisch oder auf Papier zu erfassen und zu kodifizieren. Nichts anderes beweist auch das traditionelle System der Lehrlingsausbildung, das sich im Industriezeitalter so erfolgreich bewährt hat.

Kartographierung und Modellierung von Wissen

Eine Wissenskarte – ob nun eine Art kognitiver Landkarte, eine Orientierungshilfe für Wissensträger nach Art der *Gelben Seiten* oder auch eine klug aufgebaute Datenbank – weist den Weg zum Wissen, enthält aber keine Wissensinhalte als solche. Eine Wissenskarte ist eine Art Reiseführer, kein Speicher. Die Erarbeitung einer Wissenskarte bedeutet, daß zunächst wichtige Wissensstandorte in der Organisation ausfindig gemacht werden; anschließend wird eine Aufstellung oder Graphik angefertigt, die den Weg zu diesen Wissensstandorten aufzeigt. Solche Wissenskarten enthalten meist Hinweise nicht nur auf Wissensträger, sondern auch auf Dokumente und Datenbanken.

Der vorrangige Zweck – und zugleich wichtigste Vorteil – einer Wissenskarte ist darin zu sehen, daß den Mitarbeitern in der Organisation gezeigt wird, wohin sie gehen müssen, wenn sie sachdienliche Unterstützung brauchen. Sie sollen sich nicht mit schnell greifbaren, aber unzureichenden Antworten begnügen müssen oder viel Zeit für die Suche nach besserem Wissen aufbringen (und damit gewissermaßen selbst einen Wegweiser erstellen) – mit einer guten Wissenskarte hat jeder Mitarbeiter Zugang zu Wissensquellen, die sonst schwer oder gar nicht auffindbar gewesen wären.

Eine Wissenkarte kann auch zur Bestandsaufnahme dienen. Ein Straßenüberblick für eine Großstadt zeigt zum einen, welche Ressourcen (Bibliotheken, Krankenhäuser, Bahnhöfe, Schulen) es gibt, und zum anderen, wie man dorthin kommt. Genauso stellt eine Wissenskarte dar, was wo im Unternehmen vorhanden ist. Damit ist eine Wissenskarte auch ein Instrument zur Ermittlung der Wissensbestände in einem Unternehmen: Sie weist auf, welche Stärken es zu nutzen gilt und welche Lücken gefüllt werden müssen.

Wir haben bereits darauf hingewiesen: Das Organigramm eines Unternehmens ist nur ein schlechter Ersatz für eine Wissenskarte. In manchen Fällen können Position oder Titel verläßliches Wissen ausweisen (beispielsweise ist ein regionaler Verkaufsdirektor häufig die beste Quelle für Wissen über Kunden in der betroffenen Region); aber im allgemeinen gibt ein Organigramm keine Auskunft darüber, welche Anlaufstellen bei der Wissenssuche am zweckdienlichsten sind. Zum einen sind die meisten Organigramme hierarchisch aufgebaut und weisen die formalen Berichtsstrukturen an der Spitze sehr viel detaillierter aus als an der Basis. Doch einschlägiges Wissen kann überall im Unternehmen anzutreffen sein. Wer bei seiner Wissenssuche effektiv vorgehen will, muß fast immer Abteilungsgrenzen – unter Nichtbeachtung der offiziellen Berichtsstrukturen – überschreiten, um sich das benötigte Wissen zu beschaffen. Mit anderen Worten: Wissenskarten können mikropolitische Spannungen zur Folge haben. Fachwissen und Erfahrungen, die weder in Titeln noch in Stellenbeschreibungen zum Ausdruck kommen, sind aus einem Organigramm nicht zu ersehen. Zudem enthält es keinerlei Hinweise über deren Zugänglichkeit. Wirklich kompetente Wissensträger verfügen nicht nur über Wissen – sie sind auch willens und fähig, dieses Wissen mit anderen zu teilen.

Eine gute Wissenskarte reicht über konventionelle Abteilungsgrenzen hinaus.

Zumindest zu Anfang sollte die Kartographierung von Wissen auf einen eindeutig definierten Bedarf ausgerichtet sein. Eines unserer Klientenunternehmen, ein Hersteller von Gesundheitsprodukten, wollte sich strategisch auf Einrichtungen im Rahmen des Gesundheitswesens und andere Anbieter außerhalb der klinischen Gesundheitsfürsorge konzentrieren, aber die Manager hatten erkannt, daß ihr Wissen über diese Kunden ausgesprochen diffus und unzureichend organisiert war. Arian Ward, der den *Hughes Communications Knowledge Highway* entwickelt hat, meint, man solle mit Bereichen beginnen, die „nach Kartographierung schreien".[4] So war auch die bei *Hoffmann-La-Roche* entwickelte Wissenskarte gezielt darauf angelegt, die Bearbeitung neuer Arzneimittelanwendungen effizienter zu gestalten und Nachfragen schneller beantworten zu können.

„Minikarten"-Puzzle

Die zur Erstellung einer Wissenskarte erforderlichen Informationen sind häufig schon in den Organisationen vorhanden – meist allerdings in fragmentierter und nicht näher dokumentierter Form. Jeder Mitarbeiter hat ein kleines Stückchen dieser Karte in seinem Kopf, weiß um die eigenen Kenntnisse und Erfahrungen und kennt auch Leute, an die er sich wenden muß, um Antworten auf bestimmte Fragen zu erhalten. Die Erstellung einer organisatorischen Wissenskarte bedeutet nichts anderes, als daß all diese individuellen „Minikarten" zusammengesetzt werden. Organisationen, die solche Wissenskarten erstellen wollen, führen häufig Umfragen durch, in denen die Mitarbeiter aufgefordert werden, ihr eigenes Wissen anzugeben und die Quellen zu benennen, aus denen sie das für ihre Arbeit notwendige Wissen beziehen. Sie analysieren die Rückmeldungen, fügen sie wie Puzzleteile aneinander und setzen auf diese Weise viele private „Minikarten" zu einer öffentlich zugänglichen Wissenskarte zusammen.[5]

Wissenskartographen können auch Empfehlungen nachgehen und ihre Erkenntnisse nach Art eines „Schneeballsystems" zusammentragen, wie Soziologen dies nennen würden: Sie sprechen mit den Wissensträgern, die ihnen von jemandem genannt werden, wenden sich anschließend an diejenigen Wissensquellen, die ihnen die befragten Wissensträger empfehlen, greifen danach wiederum deren Anregungen auf usw. Letztlich bekommt man auf diese Weise alles an Informationen, was man braucht – so speziell oder weitläufig diese auch sein mögen: Die immer breitere Kaskade an Weiterempfehlungen dringt in die entferntesten Winkel vor. (Der Titel von John Guares Stück *Six Degrees of Separation* nimmt Bezug auf die Vorstellung, daß es nur sechs Schritte sind, die einen x-beliebigen Erdbewohner von irgendeinem seiner Mitmenschen trennen – von allen Leuten, die man kennt, zu allen Leuten, die diese kennen, zu all deren Bekannten und so weiter...)

Im folgenden soll ein Beispiel für eine effektive, sowohl innerhalb als auch außerhalb einer Organisation funktionierende Wissenskarte vorgestellt werden. Es verdeutlicht, wie Assoziationspfade zu hilfreichen Informationen führen können.

Vor einigen Jahren erhielt einer der diensterfahrensten Rechercheure im umfangreichen und gut organisierten *Time-Life*-Informationszentrum einen Anruf von einem der hauseigenen Autoren: „Ich muß wissen, ob Spinnen autokrank werden können." Der Mann arbeitete an einem *Time*-Artikel über *Rodeo-Drive*-Juweliergeschäfte, die Taranteln in ihre Schaufenster setzten, um Einbrecher abzuschrecken. Nur waren die Taranteln schon nach wenigen Tagen „Dienstzeit" tot – warum, wußte keiner. Eine Theorie lautete, die lange LKW-Fahrt von Lateinamerika setze ihnen zu. Wie alle der 240 Vollzeit-Rechercheure hatte auch der angesprochene Mitarbeiter eine Experten-Datei für alle möglichen Gebiete zur Hand. In seiner Wissenskarte fanden sich vier Spinnen-Spezialisten. (Denn seine Datei war nichts anderes als eine Wissenskarte – Wissenskarten können vielerlei Gestalt haben.) Zwei der Wissenschaftler hatten sich seiner Datei zufolge mit Spinnenkrankheiten befaßt. Der Rechercheur rief einen von ihnen an. Der konnte die Frage zwar nicht selbst beantworten, gab ihm aber Name und Telefonnummer eines Kollegen, der sich auf Störungen bei spinnenartigen Tieren spezialisiert hatte. Dieser Kollege schließlich war in der Lage, die benötigte Information zu liefern. (Übrigens verhält es sich damit folgendermaßen: Spinnen besitzen kein Innenohr und leiden nicht unter einer durch Autofahren hervorgerufenen Übelkeit; die Taranteln starben, weil nicht ausreichend Luft in den Schaufenstern zirkulierte.) Der Rechercheur nahm den Namen des neuen Experten in seine Datei auf und erweiterte und aktualisierte damit seine Wissenskarte. Hätte dieser Mann die Antwort auf seine Frage nicht gewußt, so hätte er ihm vermutlich einen Kollegen nennen können, der ihm weitergeholfen hätte. Die *Time-Life*-Rechercheure bringen ihre Quellen (und die Quellen für neue Quellen) kontinuierlich in einen Wissenspool ein. Die kritische Masse an Wissenssuche und Wissensaustausch verhalf der Organisation zu einem ausgezeichneten Wissenszugang.

Die Wissenskarte bei Microsoft – ein überzeugendes Beispiel

Wie gesagt: Wissenskarten beziehen sich auf Dokumente und strukturiertes Wissen, auf Leute oder auch auf beides. Detaillierte Wissenskarten, die spezielle Wissensträger ausweisen, können ausgesprochen komplex sein: Wissensstrukturen sind vielschichtig, Wissen ändert sich im Lauf der

Zeit, Subjektivität spielt eine Rolle, und Fachwissen ist mit Macht verbunden. Eines der besten Beispiele für eine auf Wissensträger bezogene Wissenskarte liefert *Microsoft*, dessen Informationssystem-Gruppe beschlossen hatte, das Wissen der Systementwickler zu kartographieren. 1995 wurde mit Erfolg ein Pilotversuch in einer Anwendungsentwickler-Gruppe durchgeführt; die volle Implementierung findet derzeit statt. Das Projekt trägt die Bezeichnung *Skills Planning „und" Development (SPUD)* und ist nicht am branchenüblichen „Eintrittswissen" orientiert, sondern am Bedarf eines Wissens, das dem Unternehmen die Marktführung in der Branche sichert.

Ziel des Projekts ist eine effektivere Abstimmung der Mitarbeiter auf ihre Aufgaben und Arbeitsteams. *Microsoft* vertritt die Überzeugung, daß die Mitarbeiter in der Informationstechnologie (IT) Weiterbildungsangebote innerhalb und außerhalb des Unternehmens besser nutzen können, wenn sie erst einmal eine klarere Vorstellung davon haben, welche Kenntnisse und Erfahrungen von ihnen verlangt werden. Letztlich läßt sich das Projekt auf alle Unternehmensbereiche wie auch auf kundenorientierte Produkte und Dienstleistungen erweitern.

Das Projekt durchläuft fünf entscheidende Phasen:

1. Strukturierung nach Typ und Niveau der vorhandenen Wissenskompetenzen;
2. Definition des Wissensbedarfs für bestimmte Arbeitsaufgaben;
3. Einstufung der Leistung einzelner Mitarbeiter in bestimmten Jobs nach ihrer Wissenskompetenz;
4. Erfassung der Wissenskompetenzen in einem Online-System;
5. Verknüpfung des Wissensmodells mit Schulungsprogrammen.

Das *SPUD*-Projekt arbeitet mit einer Wissensstruktur, die vier Kompetenzstufen umfaßt. Kompetenzen mit Eintrittsniveau fallen unter Grundwissen. Über diesem Grundwissen stehen lokal begrenzte oder spezifische Wissenskompetenzen – fortgeschrittene Fertigkeiten, die bei einem bestimmten Job-Typus Anwendung finden. Ein Netzwerkanalytiker zum Beispiel müßte eine Fehlerdiagnose-Kompetenz für Ortsnetze mitbringen. Das nächsthöhere Kompetenzniveau ist globaler Art – es betrifft alle Mitarbeiter in einer bestimmten Funktion oder Organisation. So sollte sich jeder Mitarbeiter in der Finanzbuchhaltung mit Finanzanalysen auskennen; jeder IT-Mitarbeiter muß etwas von Technologie-Architekturen verstehen. Die höchste Ebene in der Wissensstruktur umfaßt Universalkompetenzen, die allen Mitarbeitern im Unternehmen abverlangt werden. Dazu zählen einschlägige Branchenkenntnisse, Wissen über die Produkte des Unternehmens sowie ein Überblick über die treibenden Kräfte auf dem Markt.

Auf jeder dieser vier Kompetenzebenen werden zwei Kategorien von Wissen unterschieden. Explizite Wissenskompetenzen umfassen Fachwissen in bezug auf spezifische Instrumente oder Methoden (zum Beispiel *Excel* oder *SQL 6.0*). Implizite Kompetenzen, wie sie bei der Definition von Anforderungsprofilen erforderlich sind, verlangen die Fähigkeit zu abstrakterem Denken und Argumentieren. Insgesamt gibt es 137 implizite und 200 explizite Kompetenzen in der *Microsoft*-Wissensstruktur. Bei jedem Kompetenztyp werden ebenfalls vier definierte Fähigkeitsebenen unterschieden: Grundwissen, Arbeitswissen, Führungswissen und Expertenwissen. Jede Fähigkeitsebene wird mit einer Auflistung von Anhaltspunkten eindeutig und meßbar beschrieben.

Jeder Job in der *Microsoft*-Informationstechnologie muß von einer Führungskraft im Hinblick auf 40 bis 60 arbeitsplatzbezogene Wissenskompetenzen überprüft werden. Auch Arbeiter werden bezüglich des Wissens beurteilt, das sie am derzeitigen Arbeitsplatz unter Beweis gestellt haben. Zunächst erfolgt die Einstufung in mehrfacher Absprache zwischen dem betroffenen Mitarbeiter und seinem Vorgesetzten; später ist das ganze Arbeitsteam beteiligt.

Microsoft nutzt den Prozeß der Mitarbeiterbeurteilung zum Aufbau einer Online-Wissenskarte mit unternehmensweitem Zugriff. So kann ein Manager bei der Aufstellung eines Teams für ein neues Projekt das Online-System aufrufen: „Nenne mir die besten fünf Kandidaten, deren Führungsfähigkeiten bei 80 Prozent der für diesen Job erforderlichen Wissenskompetenzen liegen und die in Redmond [*Microsoft*-Zentrale in Washington State] beschäftigt sind." Das System arbeitet mit *SQL*-Server und Web-Browser, um einen reibungslosen Intranet-Zugriff rund um die Welt zu gewährleisten.

Die im System erfaßten Wissenstypen und -ebenen sind darüber hinaus mit spezifischen Weiterbildungsmöglichkeiten innerhalb und außerhalb des Hauses verknüpft. Letztlich, so hofft die für Lern- und Kommunikationsressourcen zuständige *Microsoft*-Gruppe, wird man in der Lage sein, nicht nur bestimmte Kurse zu empfehlen, sondern sogar bestimmte, auf die Zielebene ausgerichtete Kursmaterialien oder Kurssegmente zu nennen.

Die *Microsoft*-Wissenskarte zeigt, daß man Wissen im Unternehmensmanagement hoch einschätzt und den Wissensaustausch unterstützt. Allein die Tatsache, daß die Führungskräfte Zeit und Geld zu diesem Zweck einsetzen, ist von Wert – vom eigentlichen Anwendungspotential der Wissenskarte als solcher ganz abgesehen. Die Wissenskarte erleichtert die Wisssuche und fördert zugleich die Vorstellung, daß Unternehmenswissen dem Unternehmen als Ganzem und nicht einer bestimmten

Auch der symbolische Wert einer Wissenskarte für die Unternehmenskultur sollte nicht unterschätzt werden.

Gruppe oder einem einzelnen Mitarbeiter gehört. Da Erfolg beziehungsweise Mißerfolg im Umgang mit Wissen in hohem Maß von der Unternehmenskultur abhängig ist, sollte gerade dieser Vorzug der Wissenskarte nicht unterschätzt werden.

Zur Kartographierungstechnologie

Wie das *Microsoft*-Beispiel zeigt, trägt die Computertechnologie durchaus zur erfolgreichen Nutzung von Wissenskarten bei. „*Gelbe Seiten* online" oder eine elektronische Datenbank mit Angaben zu Wissensträgern werden allen Mitarbeitern im Unternehmensnetz zugänglich gemacht. Gewöhnlich können die Benutzer Themen oder Stichwörter eingeben, so daß potentielle Wissensquellen leicht zu orten und zu vergleichen sind. Vor allem aber kann eine elektronische Karte häufiger überarbeitet werden als ein gedrucktes Register. Organisationen sind dynamisch; Wissenskarten veralten mit dem Zeitpunkt ihrer Erstellung. Elektronische *Gelbe Seiten*, die mehr oder weniger laufend aktualisiert werden, sind nützlicher und glaubwürdiger als ein zunehmend ungenaues Papierdokument. Auch läßt sich per Computer ein zutreffenderer Eindruck vom Wissensträger vermitteln, als dies bei einem Druckerzeugnis möglich wäre. In vielen Unternehmen zeigen die *Gelben Seiten* ein Bild des betreffenden Wissensträgers. Einige Organisationen bieten statt dessen auch einen kurzen *Video-Clip* mit einer noch aussagekräftigeren Persönlichkeitsdarstellung. Da erfolgreiche Wissenstransaktionen in so hohem Maß von Vertrauen und gegenseitigem Harmonieren abhängen, können solche Persönlichkeitseinträge zu den aufgeführten Wissensträgern die Wissenskarte noch effektiver machen.

Üblicherweise werden *Lotus Notes* und Web-Browser/Intranet-Systeme zur Bereitstellung unternehmensinterner Wissenskarten eingesetzt. So nutzt das Forschungslabor von

Hewlett-Packard die Web-Technologie, um das Wissen seiner Wissenschaftler weiteren Kreisen zugänglich zu machen; ein ähnliches System hat das Unternehmen für seine Ausbilder und Dozenten eingerichtet. *McKinsey, Ernst & Young* und *IBM Global Services* verwenden *Notes* für ihre Wissenskarten. *British Petroleum*, das derzeit elektronische *Gelbe Seiten* für sein Netzwerk zur virtuellen Teamarbeit entwickelt, setzt sowohl Groupware als auch Web-Browser im Rahmen der unternehmensinternen Kommunikationssoftware ein.

In vereinfachter Form bieten auch allgemeine Personal-Software-Pakete wie *PeopleSoft* und *SAP* begrenzte Möglichkeiten zur Angabe von Fähigkeiten und Kenntnissen der Mitarbeiter und des für bestimmte Positionen erforderlichen Fach- und Erfahrungswissens. Da solche allgemeinen Software-Pakete meist auch zu Zwecken der Lohn- und Gehaltsabrechnung verwendet werden, besteht die Möglichkeit, die Vergütung an Wissen zu koppeln. Allerdings sind die aufgeführten Wissenskategorien nur von einfacher und grundsätzlicher Art, so daß die Unternehmen kaum Gebrauch von dieser Möglichkeit machen.

Auf nächsthöherer Funktionsebene im Personalwesen gibt es überblicksartig angelegte Software-Pakete, die häufig mit umfassenderen Systemen wie *PeopleSoft* vernetzt sind. Diese Systeme (darunter auch *Restrac* und *Resumix*) arbeiten mit Scannern, die Auszüge zu schlagwortartig eingegebenen Konzepten erstellen und diese mit dem für bestimmte Jobs erwünschten Fachwissen abgleichen. Sie lassen sich gleichermaßen für interne und externe Kandidaten einsetzen, doch sind die meisten Unternehmen mehr auf den externen Arbeitsmarkt ausgerichtet. Auszüge aus Internet-Dokumentationen oder aus unternehmensinternen Netzeinträgen können ebenfalls analysiert werden.

Systeme, die der Erstellung von Auszügen und Zusammenfassungen dienen, sollen in erster Linie den Kosten- und

Zeitaufwand bei der Personaleinstellung verringern; die Beurteilung des Wissens der einzelnen Mitarbeiter spielt in diesem Zusammenhang kaum eine Rolle. Die ausgewiesenen Wissenskategorien sind zwar aussagekräftiger als ihre Äquivalente in den meistverwendeten Personalsystemen, aber immer noch recht begrenzt und allgemein. Selbst bei der Ermittlung der Fähigkeiten von Bewerbern bieten diese Systeme in bezug auf Konzeptanalyse und Suchmöglichkeiten allenfalls einen ersten Ansatz. Manche Systeme sind inzwischen so angelegt, daß Linienmanager die Bewerber-Datenbanken direkt einsehen und überprüfen können, ohne die Personalabteilung ansprechen zu müssen.

Einige kleinere Anbieter haben sich unmittelbar mit der Wissensproblematik befaßt und bieten Systeme an, die auf spezifische Wissensbereiche, insbesondere die Informationstechnologie, ausgerichtet sind. So können die Unternehmen beim Software-Programm *Success Factor Systems* bestimmte Erfolgsfaktoren („Wissen, Fertigkeiten, Fähigkeiten und Verhaltensweisen") für ihre Organisation vorgeben, um dann zu beurteilen, inwieweit Jobs und Bewerber harmonieren. Im Bereich Informationstechnologie ermöglicht ein Programm *Skillview* die Beurteilung von bis zu 300 einschlägigen Fertigkeiten, wie sie von Mitarbeitern, Vorgesetzten, Kollegen beziehungsweise Kunden oder Klienten erwartet werden. Diese Fertigkeiten sind hinreichend aufgeschlüsselt, so daß sich das Fertigkeitsprofil eines Mitarbeiters zur Erstellung eines auf die Person zugeschnittenen Ausbildungsprogramms verwenden läßt.

Trotz all dieser durchaus nützlichen Eigenschaften vermag die Technologie als solche dennoch nicht sicherzustellen, daß die Wissenskarte in einer Organisation auch effektiv eingesetzt wird. Hier – wie auch in anderen Bereichen der Wissensarbeit – trifft die 33,3-Prozent-Regel zu: Wird mehr als ein Drittel der zeitlichen und finanziellen Ressourcen eines Projekts für die Technologie aufgewendet, gerät das

Unterfangen zu einem informationstechnologischen Projekt – und dann ist es kein Wissensprojekt mehr. Eine klare Zweckbestimmung, Genauigkeit, Verfügbarkeit und Benutzerfreundlichkeit sind die wichtigsten Merkmale einer guten Wissenskarte. Zwar kann die Technologie durchaus einen Realisierungsbeitrag leisten, aber erst diese Merkmale machen den eigentlichen Wert einer Wissenskarte aus. Einige der erfolgreichsten Wissenskarten sind nicht einmal elektronisch angelegt.

Bei der *Chemical Bank* (inzwischen *Chase Bank*) wurde früher mal ein Telefonverzeichnis für die gesamte Informationstechnologie-Organisation mit mehreren tausend Leuten erstellt. In diesem Telefonbuch hatte man die Mitarbeiter erstmalig nach ihren *Tätigkeiten* kategorisiert. Wie in vielen solcher Verzeichnisse wurden traditionelle Auflistungskategorien verwendet: alphabetische Abfolge von Nachnamen, geographischen Bereichen und Sparten. Die Innovation bestand darin, daß die Mitarbeiter darüber hinaus nach den Tätigkeiten aufgelistet wurden, die sie an ihrem Arbeitsplatz leisteten (und von denen sie vermutlich einiges verstanden). So konnten beispielsweise zum ersten Mal sämtliche C++-Programmierer als Einheit aufgeführt werden. Das Telefonbuch war ein Riesenerfolg bei den Mitarbeitern: Viele von ihnen stellten fest, bisher sei es ihnen noch nie möglich gewesen, gleichgesinnte kompetente Kollegen ausfindig zu machen.

Das *Rolodex*-System, wie es einst von den *Time-Life*-Rechercheuren benutzt wurde, erfüllte seinen Zweck als Low-Tech-Wissenskarte ausgesprochen effektiv. Eine elektronische Version desselben Informationsmaterials würde die Sucharbeit beschleunigen und die Aktualisierung erleichtern (*Time Life* entschloß sich später tatsächlich zur Online-Umstellung des *Rolodex*-Systems). Doch der Wert der Wissenskarte bestand eindeutig in der Qualität und Tiefe der Informationen und nicht in den Finessen eines ausgefeilten Speicher- und Abrufsystems.

Mikropolitische Spannungen bei der Kartographierung von Wissen

Die meisten Landkarten haben eine politische Dimension. Eine solche Karte soll die Realität darstellen, und wenn diese Realität mehrdeutig oder umstritten ist, sind auch bei der Kartographierung gewisse Parteilichkeiten nicht auszuschließen. Damit gerät die Karte selbst zur Gestaltungskraft bei der Schaffung einer Realität, die sie eigentlich darstellen soll. Die alte Spruchweisheit „Eine Karte macht noch kein Land" mag, wörtlich genommen, zutreffen, aber eine Landkarte kann sehr wohl *Einfluß* auf das darzustellende Gebiet nehmen – in Form von Definitionen und Beschreibungen.

Auch Wissenskarten in Unternehmen sind politische Dokumente: Über die Frage, wer auf einem bestimmten Gebiet über das nützlichste Wissen verfügt, läßt sich trefflich streiten (anders als etwa bei der Frage, wo sich in einem Bürogebäude Wasseranschlüsse befinden). Wenn Wissen für eine Organisation wirklich von Bedeutung ist und die Wissensträger anerkannt und belohnt werden, vermittelt die Wissenskarte ein zutreffendes Bild von Status und Erfolg und dient zugleich als Wegweiser. Dazu ein Negativbeispiel: Die Rechercheure von *Time Life* waren zwar in der Lage, ihr Wissen anderen mitzuteilen, doch der Versuch, die von den Redakteuren und Autoren einer hauseigenen Zeitschrift verwendeten Wissensquellen zu dokumentieren und allgemein zugänglich zu machen, scheiterte: Die Weitergabe der eigenen Wissensquellen in einem bestimmten Kontext wurde mit dem Verzicht auf Macht und Einfluß gleichgesetzt. Wann immer es um eine Aufstellung zum Thema „Wer weiß was" geht, sind Mitarbeiter daran interessiert, ob sie auf der Wissenskarte genannt sind oder nicht: Sie versuchen, Einfluß auf die Kartographen zu nehmen, damit auch ihr Name vertreten ist. Als ein High-Tech-Unternehmen aus unserer Klientel eine Wissenskarte mit den wichtigsten Wissensträgern und Wissensquellen für die Entwicklung neuer Produkte erstellen wollte, wäre das Projekt fast gescheitert – infolge heftigen Gerangels um möglichst gute „Plazierung" auf der Karte. Es ist schon so, wie einer der Autoren kürzlich in einem Artikel feststellte: „Wenn bei einer Wissensmanagement-Initiative keine Politik im Spiel ist, kann man darauf wetten, daß die Organisation der Sache keinen besonderen Wert beimißt."[6]

In gewisser Hinsicht ist somit das mikropolitische Gerangel um eine unternehmensweite Wissenskarte ein gutes *Mikropolitische Spannungen bedeuten, daß Wissen wichtig ist.*
Zeichen: Es läßt darauf schließen, daß Wissen zählt. Aber zugleich stellt sich die Frage, wie zu verhindern ist, daß mikropolitische Spannungen eine Karte verzerren, die doch Wissensstrukturen und kein Machtgefüge darstellen soll. Als Ted Lumley, Leiter des technischen Rechenzentrums bei *Mobil Exploration and Producing*, Ende der 80er Jahre ein Verzeichnis mit den Fertigkeiten der Mitarbeiter aufstellen wollte, forderte er die Leute auf, ihre Erfahrungen und Kenntnisse selbst einzustufen. Dabei stellte er fest, daß „Experten ihre Fähigkeiten eher bescheiden beurteilten, während Novizen zur Überschätzung neigten". Inwieweit dies auf einer tatsächlichen Fehleinschätzung der Dimensionen von Expertenwissen beruhte und inwieweit mikropolitische Statusinteressen im Spiel waren, ist schwer zu sagen; Lumley zumindest hatte den Eindruck, daß mikropolitische Spannungen eine wichtige Rolle spielten. Als er einige Jahre später eine neue Karte erstellte, verzichtete er ganz auf solche Einstufungen.[7]

Modellierung von Wissen

Die Erstellung dynamischer Modelle hat eine lange Geschichte und findet gewöhnlich wohlwollende Akzeptanz, wenn es darum geht, Managern das Verstehen eines bestimmten Vorgehens zu erleichtern oder verfahrenstechnische Verbesserungen vorzunehmen. Wie die *Operations-Research*-Ansätze haben sich auch Modelle als nützlich erwiesen, sofern eine gewisse Stabilität bei Regeln, Einheiten und Routinen gegeben ist, aber hinsichtlich einer Anwendung in wissenszentrierten Unternehmungen ist noch viel Neuland zu entdecken.

Einer unserer Klienten – ein großes Konsumgüterunternehmen – hat ein dynamisches Modell für die Entwicklung neuer Produkte in seinen wichtigsten Einheiten erarbeitet. Dieses Modell nimmt verschiedene Wissenstypen und Wissensformen als Input, bedient sich der Managementaktionen zur Vermittlung und liefert neue Produkte als Output beziehungsweise Ergebnis. Zu den interessantesten Aspekten bei diesem Projekt zählt der Versuch des Unternehmens, den Wert der Schlüsselvariablen wie auch der „Reibungsflächen", die den Wissensfluß und seine Nutzung behindern, zu quantifizieren. Solche „Reibungsflächen" entstehen durch Mängel in der Infrastruktur, durch Schwierigkeiten im sozialen, politischen, kognitiven und kommunikativen Bereich und durch Willensschwäche seitens der Führungskräfte. Noch wird an diesem Experiment gearbeitet, und die Ergebnisse insgesamt sind noch nicht abzusehen; aber schon die Tatsache, daß ein solcher Versuch unternommen worden ist, verdeutlicht den Mitarbeitern im Unternehmen die Bedeutung von Wissen, wobei diesbezügliche Diskussionen die Zielsetzung des Managements unterstützen. Generell ist festzuhalten, daß der größte Wert der Modellierung von Wissensprozessen weniger in einem exakten Begreifen von Input, Output und „Durchflußmenge" an Wissen zu sehen ist; wichtiger ist die Ermittlung derjenigen Modellvariablen, auf die das Management Einfluß nehmen kann.

Erfassung verborgenen Wissens

So schwierig die Kodifizierung verborgenen Wissens sein mag – ein solcher Ansatz ist der Mühe wert. Wenn in einem Unternehmen kartographiert wird, wer was weiß, so ist damit eine wichtige Bestandsaufnahme des vorhandenen Wissens verbunden. Nur bedeutet das noch lange keine Garantie für kontinuierliche Verfügbarkeit dieses Wissens. Vielmehr muß das Unternehmen damit rechnen, daß ein Zugriff auf das vorhandene Wissen nur dann möglich ist, wenn der Wissensträger Zeit hat und zum Wissensaustausch bereit ist; und sollte der betreffende Mitarbeiter das Unternehmen verlassen, ist sein Wissen für die früheren Kollegen verloren. Probleme dieser Art können den Wert des Wissenskapitals erheblich gefährden, so daß die Unternehmen gut daran tun, Strategien zur Verhinderung solcher Verluste zu entwickeln. Als Teillösung, wie sie im nächsten Kapitel näher erörtert werden soll, kann versucht werden, soviel Wissen wie möglich zu transferieren – etwa im Rahmen einer Betreuung durch einen Mentor oder Lehrmeister; dann bliebe verborgenes Wissen zumindest nicht auf einen einzigen Mitarbeiter beschränkt. Multimediale Vernetzungen und die Hypertext-Kapazitäten unternehmensinterner Computernetze bieten die Möglichkeit, zumindest einen bedeutenden Anteil wichtigen Expertenwissens effektiv zu erfassen und damit Verborgenes explizit zu machen. Wenn Larry Prusak die Möglichkeit gehabt hätte, die Schlagtechnik eines Ted Williams mit Hilfe eines Films oder sogar eines interaktiven Multimedia-Computerprogramms visuell zu studieren – wer weiß, dann hätte er *vielleicht* etwas dazugelernt. In den Unternehmen geht man immer mehr dazu über, solche Technologien zur Aufzeichnung persönlicher Schilderungen und Nuancen zu nutzen, die viel vom eigentlichen Wert des Wissens vermitteln. Bei *IBM* ist man um die Sicherung wichtiger Wissensbestände im *Lotus-Develop-*

ment-Bereich bemüht: Man versucht, die entscheidenden Mitarbeiter durch Einrichtung spezieller Programme zur Ermittlung und Belohnung maßgeblicher Wissensträger zu halten.

Der Wert persönlicher Schilderungen

Menschen lernen am besten aus Geschichten und Erzählungen. Karl Weick hat einmal gesagt, die Leute dächten weniger in argumentativen oder paradigmatischen, sondern vielmehr in narrativen Bahnen.[9] Diese Feststellung ist jedem, der selbst unterrichtet, intuitiv schon immer klar gewesen; Forschungsarbeiten aus jüngster Zeit, besonders die von Roger Schank an der *Northwestern University*, scheinen ihre Bedeutung zu erhärten.[10] Die Arbeiten von Schank stützen sich auf neuere Untersuchungen zur Rolle der Rhetorik bei der Wissensvermittlung. Donald (jetzt Deidre) McCloskey hat sich mit Rhetorik in den Wirtschaftswissenschaften befaßt; Bob Eccles und Nitin Nohria untersuchen ihre Bedeutung im Organisationsverhalten.[11] Weitere Studien sind auf juristische, theologische und andere Bereiche ausgerichtet. Überall zeigt die Forschung: Wissen wird am effektivsten vermittelt durch überzeugende Schilderungen – vorgetragen mit förmlicher Eleganz und lebhaftem Engagement.

Im Zusammenhang mit der Erörterung, was vonnöten ist, wenn etwas Sinn machen soll (und nichts anderes vermittelt Wissen), sagt Weick:

> Die Antwort ist ... etwas, was Plausibilität und Kohärenz wahrt, was vernünftig ist und im Gedächtnis haftet, was Erfahrungen und Erwartungen beinhaltet, was bei anderen Leuten Anklang findet, was sich retrospektiv darstellen, aber auch prospektiv nutzen läßt, was sowohl Gefühle als auch den Verstand anspricht, was mit derzeitigen Ungereimtheiten in Einklang zu bringen ist, was man gern kon-

struiert. Kurz gesagt – wer einen Sinnzusammenhang herstellen will, braucht eine gute Geschichte.[12]

Diese Beschreibung vom Geschichtenerzählen – die Art, wie persönliche Schilderungen Erfahrungen vermitteln und diese auf zukünftige Erwartungen anwenden, ihr Verankertsein im Fühlen und Denken, ihr „Allzumenschliches" – ist unserer Beschreibung von Wissen vergleichbar. Tatsächlich besteht zwischen solchen Geschichten und Wissen eine bedeutsame Verbindung. Wir haben von „Kriegsgeschichten" gesprochen, die mit ihren „Lebenswahrheiten" die effektivste Form der Kommunikation nicht nur von Informationen, sondern auch von Wissen darstellen: Sie vermitteln ein reichhaltiges und komplexes Verständnis von Ereignissen oder Situationen in einem menschlichen Kontext.

Eine gute Geschichte bietet oft die beste Möglichkeit zur Vermittlung bedeutungsvollen Wissens.

Und wie ist die Bedeutung persönlicher Schilderungen im Zusammenhang mit der Kodifizierung von Wissen zu verstehen? Der Versuch, Wissen in einen „Code" zu verwandeln, würde dem Zweck der Wissenskommunikation durch fesselndes Geschichtenerzählen zuwiderlaufen. Sobald wir aber erkannt haben, daß persönliche Schilderungen die beste Möglichkeit zur Vermittlung und zum Lernen komplexer Zusammenhänge sind, können wir häufig die Geschichten als solche *kodieren*, um auf diese Weise Bedeutungsgehalte zu vermitteln, ohne allzuviel von deren Wertpotential zu verlieren. Viele Unternehmen tun bereits so etwas, wenn sie ihren Filialen Videos schicken, die dort während der Mittagspause gezeigt werden sollen. Früher ging es meist um eine Rede oder einen Aufruf seitens einer hochrangigen Führungskraft. Doch zunehmend verteilen die Unternehmen auch Videos, in denen von einem wichtigen Geschäftsereignis – beispielsweise von der Erzielung eines besonders interessanten Verkaufsabschlusses – berichtet wird. Wissen bleibt mit größerer Wahrscheinlichkeit haften, wenn es sich in das einfügt, was die Zuhörer als „Lebenswahrheit" wahrnehmen, wenn es einfühlsam vermittelt wird und wenn es in einen Kontext oder Rahmen gestellt wird, der sich mit dem der Zuhörer zumindest teilweise deckt. Eine bekannte Effektenverwertungsgesellschaft verschickt über ihre „Hup- und Sirenen"-Netzleitung allmorgendlich ein „Grußwort" an ihre Makler – mit sogenannten „hilfreichen Informationen" zu einem bestimmten Verkaufsabschluß, einem bevorstehenden Ereignis oder irgendeiner wichtigen Kundenrückmeldung. Diese Grußworte erfolgen fast immer in Form von persönlichen Schilderungen. Bei *Verifone* (einer kürzlich neuerworbenen *Hewlett-Packard*-Tochter), deren Mitarbeiter in alle Welt verstreut sind, machen Geschichten zu erwünschtem Geschäftsverhalten elektronisch die Runde (Motto: „Excellence in Action").

Wir haben so manche Ansätze dieser Art scheitern sehen, weil es den Sprechern an Einsicht oder Vorstellungskraft mangelte, um zu erkennen, aus welchem Umfeld ihre Zuhörer kommen und in welchem Kontext sie demzufolge das Gehörte interpretieren. In einem Fall war es so, daß der Geschäftsführer einer größeren Fertigungsfirma aus dem Mittleren Westen allen amerikanischen Mitarbeitern des Unternehmens über Satellitenverbindung eine *Reengineering*-Initiative ankündigen wollte. Unglücklicherweise war seine Rede derart mit betriebswirtschaftlichen Ausdrücken gespickt, daß viele Fabrikarbeiter einfach nicht folgen konnten. Noch schwerwiegender war, daß es dem Redner in keiner Weise gelang, die natürlichen Ängste anzusprechen, die für die Arbeiter mit Reengineering verbunden waren. In Anbetracht all des Medienrummels um Reengineering und Downsizing hätte er wissen müssen, daß die Mitarbeiter selbst neutrale Vorschläge mit negativem Vorzeichen beurteilen würden. Was immer er an Wissen vermitteln wollte, konnte er nicht „an den Mann bringen", weil er mit seinen

Mitarbeitern nicht in einer ihnen verständlichen Sprache kommunizierte.

Eingebettetes Wissen

Komplexe und zunächst verborgene Wissenszusammenhänge können auch in den Produkten oder Dienstleistungen eines Unternehmens zum Ausdruck kommen: Wissensträger bringen ihre Erfahrungen und Kenntnisse in die Entwicklung von Prozessen oder Produkten ein, die dann zumindest einen Teil ihres Wissens enthalten. Jeder Fertigungsprozeß, ob automatisiert oder durch die Abfolge von Verfahrensschritten formalisiert, geht letztlich auf das Wissen einzelner Wissensträger zurück. Theoretisch ist dieses eingebettete Wissen unabhängig von den eigentlichen Urhebern und besitzt daher gewisse organisatorische Stabilität – ein einzelner Experte kann das Unternehmen verlassen, ohne daß der Prozeß aufgehalten oder der Unternehmensbestand an eingebettetem Wissen reduziert würde. In der Praxis aber ist zwischen einem vollumfänglich prozeßgebundenen Wissen einerseits und dem in den Köpfen der Menschen verborgenen Wissen zur Prozeßdurchführung andererseits schwer zu trennen. Wir haben in Kapitel 3 bereits darauf hingewiesen: Als *El Products*, ein Hersteller von Elektrolumineszenzplatten, das Konkurrenzunternehmen *Grimes* aufkaufte, meinten die *ELP*-Manager, das Wissen von *Grimes* in bezug auf die Herstellung staubfreier Beleuchtungskörper sei in einen expliziten Produktionsprozeß eingebettet. Erst als der Versuch, diesen Prozeß ohne Hilfe der Facharbeiter von *Grimes* in Gang zu setzen, fehlschlug, erkannten sie, wie viele wichtige Kenntnisse noch in den Köpfen erfahrener (und in diesem Fall ehemaliger) Mitarbeiter verborgen geblieben waren.[13]

Kodifizierung von Wissen in Expertensystemen

Ein Expertensystem stellt nichts anderes dar als den expliziten Versuch, menschliches Wissen durch Übertragung auf ein formalisiertes Regelwerk zu erfassen beziehungsweise zu imitieren. Wie in Kapitel 7 noch ausführlich beschrieben wird, ist die Entwicklungsgeschichte der künstlichen Intelligenz geprägt durch übertriebene Behauptungen – aufgestellt von Verfechtern, welche die Komplexität und Kontextabhängigkeit des menschlichen Denkens unterschätzen und das Potential von Computern überschätzen.

Dazu ein Beispiel: Vor einigen Jahren entschloß sich eine große Ölgesellschaft zur Entwicklung eines Expertensystems, um das Spezialwissen eines Mitarbeiters bei der Interpretation von Luftaufnahmen zu erfassen – der Mann galt weltweit als *der* Experte beim Orten potentieller Bohrstätten. Das Unternehmen wollte sein wertvolles Wissen formalisieren, um es auch dann noch nutzen zu können, wenn der betreffende Mitarbeiter einmal nicht verfügbar sein sollte. Zur Systementwicklung wurde eigens ein Experte auf dem Gebiet der künstlichen Intelligenz eingestellt. Dieser Experte beobachtete den Foto-Analytiker bei seiner Arbeit, stellte ihm Fragen zur Beurteilung und Gewichtung der in den Luftaufnahmen erkannten Anhaltspunkte und wollte vor allem wissen, nach welchen Kriterien er suchte und welche Prinzipien er anwendete. Der Prozeß gestaltete sich zähflüssig und komplex: Auf lange Sitzungen zur Klärung der Kenntnisse und Erfahrungen des Analytikers folgte die Erstellung eines detaillierten Computercodes zur Erfassung dieses Wissens, was weitere Klärungs- und Kodifizierungsmaßnahmen nach sich zog. Trotzdem wurde der erste Prototyp verworfen – das Projekt scheiterte. Die Erfahrungen und Kenntnisse des Experten waren zu diffizil und komplex, als daß sie mit dem Computer hätten erfaßt werden können: Der künstliche Foto-Analytiker reichte an das menschliche Wissen nicht annähernd heran.

Dennoch können Expertensysteme und künstlich-intelligente Systeme bei der Kodifizierung von Wissen eine gewisse Rolle spielen. Je begrenzter, eindeutiger und regelhafter ein Wissen ist, desto leichter läßt es sich in ein Expertensystem einbetten. Schachspielende Computer wie der *Deep Blue* von *IBM* können es inzwischen mit den besten menschlichen Schachspielern aufnehmen, weil Schach trotz aller Komplexität ein geschlossenes System mit unveränderlichen und kodifizierbaren Regeln ist. Die Größe des Schachbretts ist unveränderlich, die Regeln sind eindeutig festgelegt, die Züge der Figuren unterliegen einer klaren Definition, und darüber, wer gewinnt beziehungsweise verliert, besteht absolute Einigkeit. Demgegenüber sind Computer – trotz aller Fortschritte auf dem Gebiet der *Fuzzy Logic* – für mehrdeutige und intuitive Operationen noch nicht geeignet, denn dort sind die Regeln, sofern es überhaupt welche gibt, viel schwerer zu definieren.

Auswertung expliziten Wissens

Wie die zu Beginn des Kapitels beschriebenen Rechtsnormen sind auch einige Erscheinungsformen des Wissens bereits kodifiziert und explizit. Zu solchen kodifizierten Wissensformen zählen Patente: Sie sind die textliche Darstellung von Prozessen oder Produkten, die mit dem Fachwissen von Wissenschaftlern oder Erfindern entwickelt worden sind. Definitionsgemäß ist patentiertes Wissen ein Wissen, das explizit zum Ausdruck gebracht werden kann. Das Wort *Patent* bedeutet „offenliegend" – ein Patent stellt Wissen dar, das gerade dadurch geschützt wird, daß es öffentlich beschrieben und mit einem „Wissensbesitzer" in Verbindung gebracht wird. Auch Berichte und andere strukturierte Dokumente sind Beispiele für Wissen, das bereits in expliziter Form vorliegt.

Doch das strukturierte, explizite Wissen von Patenten und Berichten wird nicht schon dadurch verwertbar, daß es kodifiziert ist. Vielmehr muß es erst eingeschätzt und den Leuten zugänglich gemacht werden, die damit etwas anfangen können – zum Wohl des Unternehmens. Als Gordon Petrash bei *Dow Chemical* zum Direktor der Unternehmensgruppe *Management des intellektuellen Kapitals* ernannt wurde, erkannte er, daß viele der 29000 Unternehmenspatente ein weitgehend ruhendes und sogar verborgenes intellektuelles Kapital darstellten, weil *Dow Chemical* deren Inhalte „vergessen" hatte. Das in den Patenten kodifizierte Wissen wurde nicht genutzt. Als erstes gingen Petrash und seine Gruppe daran, die Patente auszuwerten: Welche Patente waren noch zu brauchen, welche konnten verkauft werden, und welche sollte man abstoßen? (Die Aufrechterhaltung ungenutzter Patente ist ein kostspieliges Unterfangen.) Mit diesem Ausleseprozeß bei Patenten, die nur noch von geringem oder gar keinem Wert waren, sparte das Unternehmen in den ersten achtzehn Monaten 1 Million Dollar Patentgebühren ein und schaffte so das Potential zur Entwicklung wertvoller neuer Produkte. Außerdem war in Anbetracht der Tatsache, daß die *Dow*-Geschäftseinheiten wie auch potentielle Geschäftspartner auf den ungenutzten Wert anderer Patente hingewiesen wurden, ein erheblich höheres Ertragspotential zu erwarten. Wie Petrashs Initiative verdeutlicht, gehört es unverzichtbar zum gesamten Kodifizierungsprozeß, daß kodifiziertes Wissen ausgewertet und dann verfügbar gemacht wird.[14]

Ein Beispiel aus der Praxis: Wissensmanagement-Architektur bei Monsanto

Mit dem Projekt *Wissensmanagement-Architektur* verfolgt *Monsanto* das ehrgeizige Ziel, sein Unternehmenswissen zu kodifizieren. Die 30000 Mitarbeiter des Unternehmens sollen die Möglichkeit zum Wissens- und Informationsaustausch erhalten: Durch den lokalen Zugriff auf globales Wissen können die Vorzüge eines großen Unternehmens (Quantität und Diversität von Wissen) mit den Vorzügen eines kleinen Unternehmens (leichter Zugang zum Wissen) gekoppelt werden. Einige Merkmale des *Monsanto*-Ansatzes sind dazu angetan, wichtige Kodifizierungsaspekte zu veranschaulichen.

Bei der Auswertung der vorhandenen Wissens- und Informationsbestände unterscheidet das Unternehmen zwischen quantitativen, strukturierten Inhalten und qualitativen, relativ unstrukturierten Inhalten. Die Wissensmanagement-Architektur umfaßt verschiedene Instrumente zum Erfassen, Darstellen und Abrufen dieser beiden Materialformen. Strukturierte Inhalte sind in einer relationalen Datenbank mit Zugriff vom PC-Arbeitsplatz und geeigneter Abfrage-Software gespeichert. Unstrukturierte Inhalte werden auf Web-Seiten und in *Lotus Notes* präsentiert. Dieser flexible Ansatz bedeutet, daß relativ amorphes, „weiches" Wissen nicht dadurch zerstört wird, daß es in eine rigide Struktur gepreßt wird. Umgekehrt ist strukturiertes Material, das sich ohne Schwierigkeiten in die Datenbank einfügen läßt, leichter und systematischer abzurufen, als wenn es in einer weniger strikt organisierten Form gespeichert wäre.

Zur Wissensmanagement-Architektur gehört auch ein Nachschlagewerk, das bei *Monsanto* als *Enterprise Reference Data System* bezeichnet wird und globale Definitionen für Schlüsselbegriffe wie „Kunde", „Produkt" und Material" liefert. Ohne eine gemeinsame Interpretation dieser

Organisatorisches Wissen sollte harmonisiert, aber nicht homogenisiert werden.

Begriffe könnte das Unternehmen sein intellektuelles Material nicht im Rahmen eines einzigen Systems organisieren.

Man sollte meinen, Ausdrücke wie diese seien zu grundlegend, um noch einer Definition zu bedürfen. Doch in vielen Organisationen tragen gerade fundamentale Begriffe multiple und zuweilen widersprüchliche Bedeutungen, so daß die Konsolidierung von Wissen behindert wird.[15] Ein gemeinsames Definitionsverständnis ist nicht nur erforderlich, um ein System wie die Wissensmanagement-Architektur funktionsfähig zu machen; es stellt vielmehr die unverzichtbare gemeinsame Kommunikationsbasis im Unternehmen dar. Wissensträger können ihr Wissen nicht effektiv mitteilen, wenn sie mit grundlegenden und vertrauten Begriffen unterschiedliche Dinge meinen. Allerdings kostet diese gemeinsam getragene begriffliche Ordnung ihren Preis; idiosynkratische lokale Definitionen bringen unter Umständen lokale Wahrheiten zum Ausdruck, die bei Anwendung eines globalen Standards verlorengehen. Bei jedem Kodifizierungsprozeß entstehen inhärente Spannungen zwischen lokalen und globalen Erfordernissen, zwischen dem Wert der besonderen Beschaffenheit von Wissen und dem Wert der Verständlichkeit dieses Wissens für eine Vielzahl von Leuten. Nur die wichtigsten gemeinsam genutzten Begriffe sollten standardisiert werden – und selbst die sind bei *Monsanto* noch nicht in vollem Umfang standardisiert. Vonnöten ist nur ein hinreichendes Maß an Übereinstimmung, damit das System funktionieren kann. Ziel ist die Harmonisierung organisatorischen Wissens, nicht dessen Homogenisierung.

Bei *Monsanto* weiß man auch, wie wichtig die Auswertung und Interpretation des eigenen Wissenskapitals ist. Ein Abspeichern intellektuellen Materials ohne anschließende redaktionelle Bearbeitung ist für eine Organisation von nur geringem Wert. Die Benutzer müssen zu wichtigen Wissensinhalten hingeführt werden und einen Kontext erhalten, in dessen Rahmen sie diese verstehen können. Bei *Monsanto* stellen Analytiker, die früher Finanzinformationen gehütet haben, Analysen zum Finanzbetrieb im Unternehmen bereit und fügen damit dem einst relativ undifferenzierten Bestand an Finanzdaten und Informationen eigenes Wissen hinzu. Andere Mitarbeiter sind dafür verantwortlich, die unstrukturierten Wissensinhalte im unternehmensinternen Netz und in *Lotus Notes* auszuwerten, ihre Relevanz für verschiedene Geschäftseinheiten zu analysieren und ihre Analysen als Orientierungshilfe für die Benutzer ins Netz einzugeben.

Wissenskodifizierung – eine ständige Herausforderung

Die Wissenskodifizierung ist ein wesentlicher Schritt, wenn Wissen für eine Organisation von praktischem Wert sein soll. Mit der Kodifizierung wird einem Wissen, das sonst vielleicht im Kopf eines einzigen Wissensträgers verborgen geblieben wäre, Beständigkeit verliehen. Kodifizierung ermöglicht eine Darstellung oder Einbettung von Wissen in Formen, die sich in vielfältiger Weise mitteilen, speichern, kombinieren und organisieren lassen. Die Herausforderung besteht darin, Wissen zu kodifizieren und ihm dennoch seine distinktiven Merkmale zu belassen: Gefragt sind Kodifizierungsstrukturen, die sich genauso schnell und flexibel verändern lassen wie das Wissen selbst. Wie weiter oben ausgeführt, bieten persönliche Schilderungen und rhetorische Strategien den reichhaltigsten und flexibelsten Ansatz für diese Aufgabe. Die Entwicklung von Technologien wird die Palette möglicher Anwendungen noch erweitern, aber in absehbarer Zukunft bleibt die Kodifizierung eher Kunst denn

Wissenschaft, eher Domäne von Mensch denn von Maschine. Selbst Lofti Zadeh, einer der ersten Pioniere der künstlichen Intelligenz und Entwickler von *Fuzzy-Logic*-Konzepten, hat vor nicht langer Zeit gesagt: „Kein Computer kann zusammenfassen, was man ihm erzählt." Diese für die Wissenskodifizierung so wesentliche Aufgabe ist nach wie vor dem Menschen vorbehalten.[16]

Anmerkungen

1. Sidney G. Winter (1987) „Knowledge and Competence as Strategic Assets", in *The Competitive Challenge*, herausgegeben von D. J. Teece (Cambridge, Mass.: Ballinger), 170.
2. Die klassischen Arbeiten zu diesem Thema stammen von Michael Polanyi (1957) *The Tacit Dimension* (New York: Doubleday) sowie (1984) *Personal Knowledge* (Chicago: University of Chicago Press).
3. Zur Möglichkeit der effektiven Erfassung verborgenen Wissens gibt es eine umfangreiche, kritisch abschätzende Literatur, zumal dies ein zentrales Thema in der Debatte zur künstlichen Intelligenz ist. Wir sind technisch zu schlecht gerüstet, als daß wir uns auf diesen Kampf einlassen könnten. Einige repräsentative Argumente *pro* und *contra* sind nachzulesen bei Peter Baumgartner und Sabine Payr, Hrsg. (1995) *Speaking Minds* (Princeton, N. J.: Princeton University Press) und Stephen Graubard, Hrsg. (1988) *The AI Debate* (Cambridge, Mass.: MIT Press).
4. Carol Hildebrand (1995) „Guiding Principles", *CIO*, Juli 1995.
5. Für die Kartographierung von Wissensrouten und Wissensströmen gibt es eine spezifische Software – zum Beispiel *Network Analyzer*, *Aegis* und *Blue Marble* von *IBM*.
6. Thomas H. Davenport (1996) „Some Principles of Knowledge Management", *Strategy and Business* (Winter 1996), Nachdruck Nr. 96105.
7. Hildebrand (1995) „Guiding Principles", 6.
8. *The Economist*, 20. April 1996. Nachdruck in *World Press Review* (Juli 1996).

9. Karl E. Weick (1995) *Sensemaking in Organizations* (Thousand Oaks, Calif.: Sage Publications), 127.
10. Siehe R. Schank (1982) *Dynamic Memory* (Cambridge University Press) sowie R. Schank und R. Abelson (1977) *Scripts, Plans, Goals, and Understanding* (Hillsdale, N. J.: Lawrence Erlbaum, Inc.).
11. D. McCloskey (1993) *Rhetoric and Explanation in Economics* (Cambridge University Press); Robert Eccles und Nitin Nohria, zusammen mit James Berkley (1992) *Beyond the Hype: Rediscovering the Essence of Management* (Boston: Harvard Business School Press).
12. Weick (1995) *Sensemaking in Organizations*, 60-61.
13. Zitiert bei Dorothy Leonard-Barton (1995) *Wellsprings of Knowledge* (Boston: Harvard Business School Press), 171.
14. Interview mit Gordon Petrash und Thomas Stewart, „Your Company's Most Valuable Asset: Intellectual Capital", *Fortune*, 3. Oktober 1994.
15. Diese Problematik wird diskutiert bei Thomas H. Davenport (1994) „Saving IT's Soul: Human-Centered Information Management", *Harvard Business Review* (März-April 1994): 122–123.
16. Baumgartner und Payr, Hrsg. (1995) *Speaking Minds*, 307.

> *Man hört nur die Fragen,*
> *auf welche man imstande ist,*
> *eine Antwort zu finden.*
> *– Friedrich Nietzsche*

Kapitel 5

Wissenstransfer

Wie kann eine Organisation Wissen effektiv vermitteln? Die kurze – und beste – Antwort lautet: Man stelle gescheite Leute ein und lasse sie miteinander reden. Leider ist der zweite Teil dieses Ratschlags in der praktischen Umsetzung der schwierigere. Unternehmen stellen häufig gescheite Leute ein, um sie dann zu isolieren oder ihnen Aufgaben aufzubürden, die ihnen keine Zeit mehr für Gespräche und kaum noch Zeit zum Nachdenken lassen. Wir werden in diesem Kapitel verschiedene Aspekte und Strategien des Wissenstransfers erörtern, doch immer wieder geht es darum, wie man die Mitarbeiter dazu bringen kann, daß sie miteinander ins Gespräch kommen und sich gegenseitig zuhören.

In Organisationen wird *immer* Wissen vermittelt, ob wir diesen Prozeß nun steuern und organisieren oder nicht. Wenn ein Mitarbeiter einen Kollegen am Schreibtisch nebenan fragt, wie man eine Budgetanfrage formuliert, bittet er um Wissenstransfer. Wenn ein Vertreter neu in einem Bezirk ist und seinen Vorgänger nach den Bedürfnissen eines bestimmten Kunden fragt, tauschen die beiden Wissen aus. Wenn der eine Ingenieur den anderen weiter unten in der Werkshalle fragt, ob er dieses oder jenes Problem auch schon einmal gehabt habe, wird der Gefragte, sofern er willens und kompetent ist, sein Wissen weitergeben.

Solche Formen der Wissensübermittlung sind Bestandteil des Unternehmensalltags. Nur bleiben sie lokal begrenzt und fragmentarisch. So diskutieren wir vielleicht mit dem Kollegen von nebenan über ein Geschäftsproblem, weil er gerade in der Nähe ist und wir uns gut verstehen – nicht unbedingt, weil er der beste Gesprächspartner für das anstehende Problem wäre. Vielleicht überlegen wir noch, wer in unserem unmittelbaren Umfeld am ehesten helfen könnte, aber nur selten bemühen wir uns, denjenigen im Unternehmen ausfindig zu machen, der über die besten einschlägigen Kenntnisse zu einem Thema verfügt. Vielmehr hoffen wir, vom Kollegen nebenan Informationen zu bekommen, die, an unserem Bedarf gemessen, gut genug sind. Auch dies ist ein Beispiel für die Konsequenzen einer begrenzten Rationalität – einer Begrenztheit in bezug auf die Informationsmenge, die der Mensch aufnehmen kann, wie auch einer Begrenztheit für den Aufwand, den er zur Beschaffung dieser Informationen zu treiben gewillt ist. Je größer und komplexer das Unternehmen ist, desto unwahrscheinlicher wird es, daß wir gleich im Büro nebenan oder auch nur „vor Ort" auf das beste Fachwissen stoßen. Mit zunehmender Unternehmensgröße mag die Wahrscheinlichkeit wachsen, daß das von uns benötigte Wissen irgendwo im Unternehmen vorhanden ist, aber zugleich nimmt die Wahrscheinlichkeit ab, daß wir wissen, wie und wo wir es finden können. In einem durch harten Wettbewerb geprägten Umfeld ist „gut genug" häufig eben *nicht* gut genug. Ein Unternehmen, dem der Überblick über die für einen Fertigungsprozeß benötigten Komponenten fehlt, wird kaum Erfolge verbuchen können. Dasselbe gilt für Unternehmen, die keinen Überblick über ihre Wissenskomponenten haben – um so mehr, als intellektuelle Vermögenswerte kaum auf einem Markt zu erwerben sind. Wissen gibt es in unseren Organisationen in Hülle und Fülle, nur bietet allein die Existenz von Wissen keine Garantie für seine Anwendung.

Strategien für den Wissenstransfer

Spontaner, unstrukturierter Wissenstransfer ist für den Erfolg eines Unternehmens lebenswichtig. Zwar läßt der Begriff *Wissensmanagement* auf einen formalisierten Transfer schließen, doch zu seinen wesentlichen Elementen gehört auch die Entwicklung spezifischer Strategien, die gerade den spontanen Wissensaustausch fördern. Besonders kritisch ist dies in Organisationen, deren vorrangige Funktion in der Schaffung von Wissen besteht. Die vielleicht aufschlußreichsten Erfahrungen mit dem Wissenstransfer bieten uns Forschungseinrichtungen in Austin, Texas, wo zwei High-Tech-Konsortien – *Microelectronics and Computer Corporation (MCC)* und *Sematech* – intensiv bemüht sind, den Unternehmen, die ihre Forschungsarbeiten auf dem Computer- beziehungsweise Halbleitersektor finanzieren, Technologien, Ideen und Forschungsergebnisse zu übermitteln. Einem sorgfältig erstellten Bericht von David V. Gibson und Everett M. Rogers zufolge ist *Sematech* das erfolgreichere Unternehmen, wenn es um Technologie oder Wissenstransfer geht.[1] So lautet der Kommentar eines Wissenschaftlers von *MCC*:

> Für den Wissenstransfer sind viele Techniken bekannt – darüber sind ganze Bände geschrieben worden. Wir bei der *MCC* haben Kooperationen und Partnerschaften, Workshops, Ausbildungsmaßnahmen, Fachberichte, Lizenzvergaben, Herstellung und Unterstützung von Produkten (im Gegensatz zu Prototypen) und viele andere Techniken angewendet. Dem Ergebnis zufolge müssen wir feststellen, daß der diesen Techniken zugrundeliegende Ansatz gescheitert ist.[2]

Hauptgrund für den Erfolg von *Sematech* sind die in der Organisation und im Personalwesen angelegten Technologietransfer-Strukturen. Vor allem mißt das Unternehmen „Partnerschaften" mit Sponsoren-Firmen hohe Bedeutung bei: Diese Firmen kommen zu *Sematech*, um sich an den Forschungsarbeiten zu beteiligen und dann Ideen mit nach Haus zu nehmen. Auf die Frage hin, wie bei *Sematech* Wissen vermittelt werde, hat ein Technologietransfer-Manager einmal gesagt: „Wir haben Dokumente, Dokumenten-Datenbanken, Intranet, Groupware – was Sie nur wollen. Aber die Partner und die persönlichen Begegnungen bei uns sind doch die wichtigsten Kanäle für den Transfer von Wissen zu den uns verbundenen Firmen."[3]

Bei verborgenem und mehrdeutigem Wissen gestaltet sich die Wissensübermittlung von der Wissensquelle zu anderen Unternehmensteilen besonders schwierig. Der wohl zuverlässigste Ansatz zur Verbreitung solchen Wissens ist die bei *Sematech* eingesetzte Methode: Man sorgt dafür, daß bei der einschlägigen Wissenseinheit ständig Leute ein- und ausgehen. Am besten läßt man sie dort ein bis zwei Jahre an der Erzeugung neuen Wissens mitarbeiten, und danach können sie ihr Wissen mitnehmen und im Rahmen neuer Aufgabenstellungen nutzen. In Japan ist es zum Beispiel üblich, führende Mitarbeiter aus der Konstruktion in die Produktion zu schicken (und umgekehrt), so daß die Manager einen Überblick über den gesamten Prozeß der Entwicklung und Produktion neuer Produkte gewinnen.

Von Getränkeautomaten und Sitzecken

Unterhaltungen am Getränkeautomat oder in der Kantine bieten eine gute Gelegenheit zum Wissenstransfer. Noch unter dem Einfluß überholter Theorien zum Konzept *Arbeit* geht man im Management zuweilen davon aus, soziale Kontakte an der Kaffeemaschine oder am Getränkeautomat seien Zeitverschwendung. Sicher wird auch mal über Sportereignisse oder über das Wetter geredet, aber meistenteils geht es um dienstliche Angelegenheiten: Man erkundigt sich nach den derzeitigen Projekten des Gesprächspartners; man bringt sich gegenseitig auf Ideen; man bekommt Ratschläge, wie das eine oder andere Problem gelöst werden kann. Solche Gespräche *sind* Arbeit. In seinem Artikel *„What's So New About the New Economy?"* sagt Alan Webber: „Im neuen Wirtschaftsunternehmen sind Gespräche die wichtigste Form der Arbeit. In solchen Gesprächen entdecken Wissensträger, was sie wissen, tauschen es unter Kollegen aus und schaffen dabei neues Wissen für die Organisation."[4]

Als sich *IBM* zu einer Umstrukturierung veranlaßt sah, weil die Nachfrage der Unternehmen nach Großrechnern zurückging, forderte der damalige Vorsitzende John Akers seine Mitarbeiter in einem Rundbrief auf, sich nicht so lange am Getränkeautomat aufzuhalten, sondern an die Arbeit zu gehen. Er meinte, die Mitarbeiter wollten sich vor ihrer Arbeit drücken; in Wirklichkeit aber wurden bei solchen Gelegenheiten oft genug Problemlösungen zur Überwindung der schwierigen Unternehmenslage diskutiert.

In einem wissensorientierten Wirtschaftsunternehmen ist Reden Bestandteil des Arbeitsprozesses.

Wenn ein Unternehmen um sein Überleben kämpft, finden sich die Mitarbeiter ganz von selbst zusammen, um über Probleme zu sprechen und Ideen zu deren Lösung auszutauschen. Solche Gespräche führen mit größerer Wahrscheinlichkeit zu kreativen Lösungen, als wenn man die Mitarbeiter an ihre Arbeitsplätze verbannt. Der Rundbrief von John Akers ließ eine traditionelle Managementsichtweise erkennen: „Redet nicht soviel, und macht euch an die Arbeit!" Dagegen sagt Webber: „Redet miteinander, und macht euch an die Arbeit!" In einem wissensorientierten Wirtschaftsunternehmen ist das sicher der bessere Ratschlag.

Der Wissenstransfer im Rahmen persönlicher Gespräche wird nicht nur durch Manager gefährdet, die sich noch dem Industriezeitalter verbunden fühlen, sondern auch durch den Trend zum „virtuellen Büro". Viele Unternehmen fordern mittlerweile ihre Mitarbeiter – besonders Leute in kundenorientierten Funktionen wie Verkauf und Service – auf, zu Hause oder bei einem Kunden „vor Ort" zu arbeiten. Solche Arbeitsregelungen haben zwar den Vorteil, daß der Mitarbeiter flexibler ist und mehr Zeit zur Kundenbetreuung hat, aber auf diese Weise kommt es viel seltener zu einem informellen Wissenstransfer. Firmen, die Programme zur Einführung des virtuellen Büros verfolgen, sollten ihre Mitarbeiter wenigstens an denselben Tagen ins Büro kommen lassen, einen Ausgleich für die verlorengegangenen Interaktionsmöglichkeiten finden und die Mitarbeiter im Hinblick auf einen effektiven Wissenstransfer per Computer und Telefon schulen. *IBM* zum Beispiel ist gezielt bemüht, Möglichkeiten zum Wissenstransfer aufzugreifen, die bei der Umstellung zu virtuellen Büros verlorengegangen oder eingeschränkt worden sind. So befürchteten die Manager des Unternehmens, die virtuell im Außendienst beschäftigten Kundenbetreuer würden den Wissenschaftlern, Produktentwicklern und Marketingleuten weniger häufig Kundenrückmeldungen geben. Deshalb leiteten die betroffenen Funktionsbereiche jeweils Programme ein, in deren Rahmen Mitarbeiter, die früher nur am Schreibtisch gesessen hatten, eigene Kundenkontakte aufnehmen sollten. Mittlerweile wird von Außendienstvertretern und Kundendienstleuten gar keine Informationsübermittlung mehr erwartet.

Gelegenheiten zum Wissensaustausch an der Kaffeemaschine oder am Getränkeautomaten können auch wichtig sein, wenn es um ein bestimmtes Geschäftsproblem oder eine wichtige Entscheidung geht. Ist in einer kritischen Projektphase ein spezifisches Wissen gefragt, wäre es natürlich keine vernünftige Strategie, wollte man sich neben die Kaffeemaschine stellen in der Hoffnung, genau das, was man wissen will, von einem Kollegen zu erfahren, der zufällig Kaffeedurst verspürt. Und wer etwas Wichtiges über einen Kunden, Konkurrenten oder Lieferanten erfahren hat, sollte sich auch nicht auf unstrukturierte, beiläufige Gespräche beschränken, um sein Wissen in Umlauf zu bringen. Doch gerade diese unstrukturierten Wissenstransfer-Gelegenheiten haben den Vorteil, Wegbereiter für „Glückstreffer" zu sein: Spontane Begegnungen sind dazu angetan, neue Ideen hervorzubringen oder alte Probleme auf unerwartete Weise zu lösen.[5]

Viele japanische Unternehmen haben eigens „Talk Rooms" oder Sitzecken für zufällige kreative Begegnungen und Gelegenheiten zum Wissensaustausch eingerichtet. Weiter oben war schon einmal die Rede davon: Bei *Dai-Ichi Pharmaceuticals* gibt es Räume, in denen sich die Wissenschaftler für etwa zwanzig Minuten im Lauf ihres Arbeitstages einfinden, um bei grünem Tee und angenehmer Beleuchtung im Gespräch mit Kollegen zu entspannen. In diesen „Talk Rooms" finden keine Sitzungen und keine organisierten Diskussionen statt. Vielmehr wird erwartet, daß sich die Wissenschaftler mit Kollegen, die sich auch gerade eingefunden haben, über ihre Arbeit unterhalten und daß diese mehr oder weniger zufälligen Unterhaltungen für das Unternehmen von Wert sind. Es handelt sich um eine Theorie des Wissensaustauschs nach Art der Brownschen Bewegung: Gerade die Zufälligkeit fördert die Entdeckung neuer Ideen, die sich bei einer gezielt eingeleiteten Erörterung so nicht ergeben würden.

Hinzu kommt, daß japanische Manager auch viele Stunden nach Dienstschluß miteinander verbringen. Gemeinsame Abendessen und Besuche in Nachtclubs gehören in Japan zur Unternehmenskultur. Auch dies sind wichtige Gelegenheiten, nicht nur den Wissensaustausch zu fördern, sondern zugleich gegenseitiges Vertrauen aufzubauen und (mit der Entschuldigung, beschwipst gewesen zu sein) Kritik „an den Mann zu bringen". Japanische Unternehmen benutzen gewöhnlich keine E-Mail; Manager und Mitarbeiter ziehen persönliche Begegnungen vor. Einer der Autoren (Davenport) hat japanische Unternehmen besucht, um dort über Wissensmanagement zu diskutieren. Dabei machte er gegenüber einer kleinen Gruppe von Managern den Vorschlag, sie könnten doch früher nach Hause gehen, wenn sie ihre Gedanken elektronisch austauschen würden. Die aber lächelten nur und meinten, weder sie selbst noch ihre Frauen seien erpicht darauf, daß sie früher nach Hause kämen!

Davenport konnte in einem sehr großen japanischen Finanzdienstleistungsunternehmen auch die Entwicklung eines Wissensspeichers auf *Lotus-Notes*-Basis beobachten. Zum damaligen Zeitpunkt sah das mit der *Notes*-Implementierung beauftragte Team viele kulturelle Barrieren, die einem effektiven Informations- und Wissensaustausch im Unternehmen entgegenstanden. „Wir haben eben keine Output-Kultur", sagte eines der Teammitglieder. „Unser Know-how ist in den Köpfen der Leute verborgen. Was an Wissen in meinem Kopf ist, läßt sich nur schwer herausholen. Die Motivation zur Weitergabe von Wissen ist sehr gering." Ein anderes Teammitglied meinte, eine Information, die an viele weitergegeben würde, sei weniger wertvoll. „Ein Großteil unserer Informationen ist geheim." Und ein drittes Teammitglied fügte hinzu: „Wenn wir Informationen austauschen, dann nach der Arbeit an der Bar oder im Restaurant. Wir würden es ja begrüßen, wenn *Notes* einige dieser Funktionen übernehmen würde, da wir ein globales Unternehmen sind und nicht jeder jeden persönlich sprechen kann. Aber es wird schwierig sein."

Mit anderen Worten: Die für den Wissenstransfer gewählten Methoden sollten mit der Unternehmenskultur (und der nationalen Kultur) vereinbar sein. Es ist nicht möglich und in vielerlei Hinsicht auch nicht wünschenswert, amerikanischen Unternehmen das japanische Modell aufzudrängen. Der oben beschriebene Versuch, einen amerikanischen Ansatz zum Wissenstransfer in Japan zur Anwendung zu bringen, mag ebenso scheitern. Wir sollten erkennen, daß sowohl persönliche Gespräche als auch elektronische Kontakte ihren Wert haben, und entsprechend beide Möglichkeiten vorsehen. Vor allem aber müssen wir unsere Definition von „Produktivität" erweitern: Auch zufällige Gespräche oder Zeit zum Nachdenken und Lernen können sehr produktiv sein.

Beim Wissenstransfer ist immer darauf zu achten, daß die Transfer-Methode kulturell angemessen ist.

Der informelle Wissenstransfer wird gefährdet durch eine typisch amerikanische Auffassung von „richtiger" Arbeit. Ein Mitarbeiter, der pflichtbewußt E-Mail-Nachrichten liest und beantwortet und seinerseits prompt mit eigenen E-Mail-Notizen und Memos reagiert, gilt als hart arbeitender Mensch – egal, ob das, was ausgetauscht wird, von Wert ist oder nicht. Umgekehrt stößt ein Mitarbeiter, der am Schreibtisch sitzt und in einem Buch liest (möglicherweise ein effektiver Ansatz zum Wissenserwerb), auf Mißtrauen. Sollte er nicht besser arbeiten? Sollte er das Bücherlesen nicht lieber in seine Freizeit verlegen? Das Mißtrauen bleibt – selbst dann, wenn das Buch dem Mitarbeiter ein Wissen ermöglicht, das dem Unternehmen zum Vorteil gereicht. Ist es schon ungewöhnlich, überhaupt einen Mitarbeiter zu finden, der sein Wissen durch die Lektüre eines Buches während der Dienstzeit erweitert, so wäre es geradezu unerhört, wenn sich ein hinzugekommener Kollege die Zeit nähme, nach dem Inhalt des Buches zu fragen und ein Gespräch darüber zu beginnen. Ein Unternehmen, das sich zum Wert des Wissens bekennt, dem Lesen und Miteinanderreden während der Dienstzeit aber eher ablehnend gegenübersteht, gibt gemischte Botschaften aus. Letztlich überwiegt dann die Botschaft, daß Wissen eben doch nicht so viel zählt. Die Manager müssen einsehen: Den Mitarbeitern eine „Auszeit" zum Lernen und Nachdenken zuzugestehen, könnte das beste Erkennungszeichen für die Wissensorientierung eines Unternehmens sein!

Wissensmessen und offene Foren

Es gibt auch andere Möglichkeiten für Unternehmen, einen zufälligen, erfolgreichen Wissensaustausch über alle Abteilungs- und Bereichsgrenzen hinweg zu fördern. Im wesentlichen handelt es sich um Strategien, wie wir sie bereits bei der Erörterung von Wissensmärkten angesprochen haben: Schaffung von Räumlichkeiten und Gelegenheiten zum Gesprächsaustausch für Mitarbeiter, die im Rahmen ihrer täglichen Arbeit nicht dazu kommen, miteinander zu reden. Eine Wissensmesse ist ein bereits stärker instrumentiertes Forum zur Förderung des Wissensaustauschs, läßt aber immer noch Spontaneität zu. Solche Wissensmessen und Foren führen Leute zusammen, ohne daß im voraus festgelegt ist, wer mit wem reden soll.

Ernst & Young, ein großes Wirtschaftsprüfungs- und Beratungsunternehmen, hat einmal eine Wissensmesse in Cleveland organisiert, bei der annähernd 30 verschiedene Beratungs- und Forschungseinheiten mit Ständen vertreten waren, um Informationsmaterial auszustellen und über ihre Arbeiten zu diskutieren. Die Teilnehmer konnten von Stand zu Stand gehen und alles mitnehmen, was ihnen nützlich erschien. Wie Umfragen im nachhinein bestätigten, erfüllte sich die Hoffnung der Veranstalter: Die Teilnehmer konnten ungehindert Kontakte knüpfen und neue Synergien entdecken.

CSIRO, eine große australische Organisation für Auftragsforschung und -entwicklung, organisierte kürzlich ihre erste Wissensmesse in der Nähe von Melbourne. Bei dieser Gelegenheit trafen sich Wissenschaftler aus ganz Australien, die zwar bereits elektronisch miteinander korrespondierten, sich aber nie persönlich kennengelernt hatten. Einer der Autoren besuchte diese Messe und spürte förmlich die Spannung, als sich die Wissenschaftler zum ersten Mal gegenüberstanden. Obgleich viele von ihnen umfassende E-Mail-Kontakte pflegten, stellten sie alle in der einen oder anderen Form fest: „Mit dem Kollegen da wollte ich schon immer mal reden. Ich kann es kaum erwarten, ihn anzusprechen."

Solche Wissensmessen führten auch deshalb zum Erfolg, weil sie vergleichsweise unstrukturiert waren. Sie boten den Leuten Gelegenheit, sich freizügig zu bewegen und nach Lust und Laune ausgiebige Gespräche zu führen. Sie gaben keinerlei Programm vor: Die Besucher waren absolut frei in der Gestaltung ihrer persönlichen Route – sie konnten sich gewissermaßen ihre eigenen Märkte schaffen. Eine derartige Wissensmesse steht in krassem Gegensatz zum Ansatz eines großen High-Tech-Unternehmens, das mehr als 300 Spitzenführungskräfte zu einer dreitägigen Konferenz als Forum für einen Wissensaustausch einberief. Anders als die Wissensmessen von *E&Y* und *CSIRO* war die Konferenz mit vollem Zeitplan für Sprecher, Workshops und sonstige Ereignisse bis zur letzten Minute durchorganisiert – drei lange, bis ins Detail strukturierte Tage. Es blieb einfach keine Zeit, in der die Leute über das Gehörte oder über ihre Arbeit hätten reden können. Einige Führungskräfte, die sich von Telefongesprächen her zwar kannten, aber nie persönlich kennengelernt hatten, bekamen keine Gelegenheit, während der Konferenz Kontakt zueinander aufzunehmen. Bestenfalls war ein Zuruf auf dem Weg zur nächsten Veranstaltung möglich. Diese Konferenz kostete das Unternehmen ein Vermögen – weitaus mehr als eine Wissensmesse; dennoch galt sie laut Umfrage unter den Teilnehmern als Mißerfolg. Daraus ist nun nicht abzuleiten, Messen seien gut und Konferenzen schlecht; entscheidend ist vielmehr, daß bei jedweden Zusammenkünften Raum und Zeit für Gesprächskontakte geboten werden. Gespräche dürfen niemals als zusätzliche „Freizeitaktivität" angesehen werden. Eine Konferenz, bei der man die Teilnehmer nur mit Wissen vollstopft, geht von falschen Vorstellungen bezüglich des Umgangs mit Wissen aus.

Wir halten einen Wissenstransfer durch persönliche Begegnungen und Schilderungen – in Ergänzung zu eher strukturierten Ansätzen – für ausgesprochen wichtig. Die Signale, durch die sich Gesprächspartner davon überzeugen lassen, daß sie effektiv miteinander kommunizieren können, erfolgen am besten im Rahmen einer persönlichen Begegnung. Allerdings haben wir bereits darauf hingewiesen, daß besonders in großen Organisationen das Problem des Wissenstransfers nicht schon dadurch gelöst wird, daß den Mitarbeitern an ein und demselben Standort Gelegenheit zu persönlichen Gesprächen gegeben wird. Vielmehr sollten die Mitarbeiter ausdrücklich zu solchen Gesprächen aufgefordert werden – und selbst dann ist nicht sichergestellt, daß eine Innovation, die in einer Bohranlage in Texas entwickelt wurde, auch in Alaska Anwendung findet. Zufällige Gespräche können nicht verhindern, daß in Geschäftseinheiten auf der anderen Hälfte der Erdkugel Doppelarbeit bei Problemlösungen geleistet wird, da sie keinen guten Mechanismus für eine effektive Verbreitung von Wissen darstellen. Also müssen wir auch in stärkerem Maß formale und beabsichtigte Möglichkeiten des Wissensaustauschs in Organisationen in Betracht ziehen.

Was für ein Wissen?

Wie wir in den bisherigen Ausführungen und besonders in unserem Kapitel über die Kodifizierung von Wissen verdeutlicht haben, hängt es von der Art des Wissens ab, wie schwierig sich die Erfassung und Vermittlung von Wissen gestaltet. Mehr oder weniger explizites Wissen läßt sich in Verfahren einbinden oder in Dokumenten und Datenbanken erfassen und einigermaßen genau weitergeben. Verborgenes Wissen hingegen erfordert im allgemeinen umfangreiche persönliche Kontakte. Bei derartigen „Transfer-Beziehungen" kann es sich um eine Partnerschaft, um die Betreuung durch einen Mentor oder um ein Ausbildungsverhältnis handeln, aber gewöhnlich ist irgendeine Art von Arbeitsbeziehung vorhanden. Solche Beziehungen sind dazu angetan, verschiedene Arten von Wissen weiterzugeben – explizites Wissen ebenso wie implizites Wissen. Nicht alle kommunizierten Lerninhalte sind komplex und intuitiv, aber gerade implizites Wissen läßt sich kaum anders vermitteln.

Im vorigen Kapitel haben wir den fehlgeschlagenen Versuch beschrieben, die Fähigkeiten eines Analytikers von Luftaufnahmen in einem Expertensystem zu erfassen. Das Beispiel zeigt, wie schwer die Wiedergabe impliziten Wissens mit einem Regelwerk ist: Selbst die komplexen Regeln eines ausgefeilten Computerprogramms vermochten dies nicht zu leisten. Wenn aber schon das System nicht „lernen" konnte, wie Luftaufnahmen zu lesen sind – der eigens zur Systementwicklung eingestellte Computerwissenschaftler war sehr wohl in der Lage, sich die einschlägigen Fähigkeiten anzueignen. Der langwierige Prozeß mit all den Versuchen, das Wissen des Experten explizit zu machen und zu verstehen, kam der Ausbildung eines Lehrlings durch seinen Lehrmeister gleich. Ausgiebige Gespräche, gemeinsame Betrachtung der Luftaufnahmen sowie unzählige Fragen und Klärungsversuche vermittelten dem Berater neue Kompetenz. Bei Projektende erwies sich das Expertensystem als nutzlos, aber der Systementwickler galt als weltweit zweitbester Analytiker von Luftaufnahmen!

In dem Bemühen, implizites Wissen weiterzugeben, führen Unternehmen häufig formale Mentoren-Programme ein und verlangen von ihren dienstälteren, erfahrenen Mitarbeitern ausdrücklich im Rahmen ihrer Arbeitsplatzbeschreibung, daß sie ihr Wissen an jüngere Kollegen weitergeben. Japanische Stahlfirmen beispielsweise fördern und erwarten die Aufnahme persönlicher Kontakte zwischen älteren und jüngeren Mitarbeitern, wobei der ältere Kollege seine beruflichen Erfahrungen und Kenntnisse an die nächste Generation weitergibt.[6] Das Beratungsunternehmen *Booz, Allen & Hamilton* hat sein Vorgehen zur Leistungsbewertung der Berater dahingehend verändert, daß nun auch der Wissenstransfer durch „Mentorenschaft" beurteilt wird: Jeder Berater ist dafür verantwortlich, einem Kollegen auf nachgeordneter Ebene zu persönlichem Lernen und Weiterentwickeln zu verhelfen.[7]

Die Infrastruktur zum Transfer impliziten Wissens kann elektronische Einrichtungen nutzen, sollte aber nicht darauf beschränkt bleiben. *Raychem*, ein kalifornisches Elektronik- und Telekommunikationsunternehmen, hat eine Datenbank eingerichtet, in der Mitarbeiter aufgeführt sind, die zur Begegnung mit Kollegen und zum Wissensaustausch bereit sind (*Internal Information Interview Network*).[8] Dieses Netzwerk ist nichts anderes als eine ganz spezielle Wissenskarte. Wissenskarten sind ein unverzichtbarer Bestandteil der Wissenstransfer-Infrastruktur. So ist das Videokonferenz-System beim *BP*-Projekt zur virtuellen Teamarbeit im Prinzip eine Pipeline, in der implizites Wissen fließt – ein Mechanismus, der Wissensträger mit Leuten verbindet, die dieses Wissen benötigen. Ein weiterer Technologieeinsatz zur Vermittlung impliziten Wissens ist in dem Versuch verschiedener Organisationen zu sehen, die Erfolgsgeschichten und Erfahrungen ihrer dienstälteren Praktiker auf Videoband oder CD-ROM festzuhalten, bevor sie aus dem Unternehmen ausscheiden.

Generell gilt: Je reichhaltiger und impliziter ein Wissen ist, desto mehr sollten technologische Möglichkeiten genutzt werden, die den Mitarbeitern dieses Wissen unmittelbar weitergeben. Der Versuch einer Speicherung und Wiedergabe von implizitem Wissen als solchem mit technologischen Mitteln wäre weniger sinnvoll. (Explizites Wissen läßt sich erfolgreicher in einem technologischen Speicher wie *Lotus Notes* oder einer stärker strukturierten Datenbank erfassen.) Ohne informationstechnologische Infrastruktur ist ein umfassender Wissenstransfer in großen globalen Unternehmen undenkbar, aber immer sind es die in der Unternehmenskultur gültigen Werte, Normen und Verhaltensweisen, die über Erfolg oder Mißerfolg beim Wissenstransfer entscheiden.

Die Wissenstransfer-Kultur

Es gibt viele kulturelle Faktoren, die den Wissenstransfer behindern. Wir wollen in diesem Zusammenhang von „Friktionen" sprechen: Sie verzögern oder verhindern den Transfer und haben meist zur Folge, daß ein Teil des Wissens bei der Weiterleitung durch die Organisation abhanden kommt. Die folgende Liste stellt die häufigsten Friktionen möglichen Lösungen gegenüber.

Friktion	**Lösungsmöglichkeiten**
• Mangel an Vertrauen	• Aufbau von Beziehungen und Vertrauen durch persönliche Begegnungen
• unterschiedliche Kulturen, Sprachgewohnheiten, Bezugsrahmen	• Schaffung einer gemeinsamen Grundlage durch Ausbildung, Diskussionen, Veröffentlichungen, Teambildung, systematischen Arbeitsplatzwechsel
• Zeitmangel und Fehlen von Begegnungsstätten; enge Auffassung von produktiver Arbeit	• Bereitstellung zeitlicher und räumlicher Möglichkeiten für den Wissenstransfer: Messen, „Talk Rooms", Konferenzberichte

- Statusgewinn und Belohnungen für Wissensträger

- Leistungsbeurteilung und Schaffung von Anreizen auf Basis der Weitergabe von Wissen

- Mangel an Aufnahmefähigkeit seitens der Empfänger

- Schulung der Mitarbeiter zur Flexibilität; Bereitstellung zeitlicher Möglichkeiten zum Lernen; Einstellung von Kandidaten, die sich für neue Ideen aufgeschlossen zeigen

- Einstellung, daß Wissen bestimmten Gruppen vorbehalten ist; Syndrom „Ist nicht von uns"

- Förderung eines nichthierarchischen Umgangs mit Wissen; Qualität der Ideen wichtiger als Status der Wissensquelle

- Intoleranz gegenüber Fehlern und Hilfsbedürftigkeit

- Akzeptanz und Belohnung kreativer Irrtümer und Kooperationsprojekte; kein Statusverlust, wenn man nicht alles weiß

Vertrauen und gemeinsame Verständnisgrundlage

In den Jahren 1990 und 1991 nahmen Chirurgenteams aus fünf klinischen Einrichtungen im Norden von New England an einer Untersuchung zum Austausch von praktischem Operationswissen teil: Sie wollten feststellen, ob ein Prozeß der gegenseitigen Vermittlung von Fertigkeiten – unter anderem durch Beobachten von Kollegen bei der Arbeit – die Erfolgsrate bei Bypass-Operationen am Herzen, auf die alle spezialisiert waren, erhöhen würde. Das Projekt begann damit, daß jeder der 23 beteiligten Chirurgen Informationen über seine Erfolgsrate im Vergleich zu Kollegen in seiner Klinik sowie statistische Unterlagen über die gesamte Region erhielt. Während des Projekts wurden die Teilnehmer mit Techniken zur kontinuierlichen Verbesserung vertraut gemacht und besuchten andere klinische Einrichtungen, wo sie ihren Kollegen bei der Arbeit zuschauen konnten.

Nach Beendigung der Initiative wiesen die Kliniken kollektiv eine 24prozentige Senkung der Sterblichkeitsrate bei den Operationen auf – 74 Tote weniger im Jahr als erwartet. Vier der fünf medizinischen Einrichtungen (alle bis auf eine Klinik, die schon vor der Studie die niedrigste Sterblichkeitsrate hatte) ließen deutliche Reduzierungen erkennen. Darüber hinaus führten die Teilnehmer mehr als ein Dutzend Verbesserungen in bezug auf Patientenbeurteilung, Personalorganisation und Operationstechnik auf die Erfahrungen zurück, die sie bei ihren Besuchen in anderen Einrichtungen hatten machen können.[9]

Einige Details dieser erfolgreichen Transfer-Initiative veranschaulichen Aspekte, die auch auf andere Transfer-Projekte zutreffen. So stellte die Information der Chirurgen über die besseren Erfolgsraten einiger Kollegen einen Lernanreiz dar. Wie David Kanouse und Itzhak Jacoby in ihrer Untersuchung des Informationstransfers bei Medizinern feststellen, fühlen sich Ärzte zu Verhaltensänderungen nur dann motiviert, wenn sie davon überzeugt sind, daß ihre Patienten mit den bisherigen Ergebnissen nicht zufrieden sind.[10] Warum etwas ändern, was gut – oder sogar besser als alles andere – funktioniert? Diese Frage wird wohl jeder Experte stellen, so daß uns nur die eine Möglichkeit bleibt: Wir müssen dem Betroffenen überzeugend vor Augen führen, daß eine neue Idee oder Technik *noch besser* ist.

Ein wichtiger Erfolgsfaktor bei jedem Wissenstransfer-Projekt ist die gemeinsame Sprache der Teilnehmer. Aufgrund einer nahezu identischen Ausbildungs- und Erfahrungsbasis sowie ihrer Spezialisierung auf ein und dasselbe Fachgebiet konnten die Chirurgen und andere an der Untersuchung zum Thema *Herzoperationen* beteiligte Mitarbeiter die Bemerkungen und Aktivitäten der Kollegen ohne weiteres verstehen. Die Forschung zeigt immer wieder, wie wichtig eine gemeinsame Verständnisgrundlage für einen produktiven Wissensaustausch ist. Ohne diese Voraussetzung können sich die Beteiligten weder verstehen noch gegenseitiges Vertrauen entwickeln. Solche Begegnungen können nur zu Konfrontationen oder schlicht zur Beziehungsunfähigkeit führen. Nonaka und Takeuchi mit ihrer Hervorhebung von „Redundanz" beziehungsweise Überlappung von Fachkenntnissen und auch Thomas Allen mit seiner Erörterung der „kulturellen Fehlanpassung" als Barriere für den Technologietransfer erkennen die Bedeutung einer gemeinsamen Verständnisgrundlage. Ein effektiver Wissensaustausch ist weitaus leichter, wenn die Beteiligten dieselbe Sprache oder zumindest ähnliche Sprachen sprechen. (Unter *Sprache* verstehen wir hier nicht nur Englisch oder Spanisch, sondern auch „Maschinenbau" oder „Außendienst".) Allen spricht in diesem Zusammenhang auch von „Torwächtern" oder „Grenzgängern", die zwischen Kulturen und Wertsystemen vermitteln.[11] *BP* zum Beispiel beschäftigt Berater, die all die Beobachtungen der „Rauhbeine" auf den Nordsee-Bohrinseln in die Sprache und Konzepte übersetzen, die den Führungskräften in London geläufiger sind.

Zuweilen funktioniert ein Wissenstransfer nur dann, wenn die verschiedenen Parteien auch physisch einander zugeführt werden. Diese Erfahrung machte eine große Vertragsfirma bei ihren Arbeiten im Rahmen des *Boston-Harbor*-Tunnelprojekts. Das Unternehmen hatte bereits ein

Ein Wissensaustausch ist nur dann möglich, wenn alle Beteiligten eine gemeinsame Sprache sprechen.

ähnliches Projekt in Neuseeland – den Bau eines Tunnels zwischen zwei Inseln – betreut, und das *Boston*-Projekt war in mancher Hinsicht vergleichbar. Die Tunnelbauer in Neuseeland hatten in bezug auf einen bestimmten Bohrprozeß innovative Verbesserungen entwickelt, die auf Wunsch der Führungskräfte vom *Boston*-Team übernommen werden sollten. Man bemühte sich, das Wissen auf verschiedenen Wegen zu vermitteln – man schickte Berichte und Dokumentationen, erstellte Diagramme und Handbücher und zog sogar Berater heran, die mit den *Boston*-Mannschaften reden sollten. Die Firma weigerte sich strikt, die beiden Gruppen zusammenzubringen – aus zwei Gründen. Der eine Grund betraf die damit verbundenen Unkosten, aber noch ausschlaggebender war die tief verankerte technologisch orientierte Unternehmenskultur: Man war fest davon überzeugt, eine wie auch immer geartete technologische Vermittlung *müsse* die richtige Methode zum Wissenstransfer sein. Letztlich mußte man aber doch die Tunnelbauer aus Wellington nach Boston einfliegen und die beiden Baugruppen an einen Tisch setzen, weil es anders nicht ging. Über zahlreichen Bierrunden diskutierten und demonstrierten die Techniker aus Neuseeland ihre Innovationen mit den Kollegen aus Boston und konnten so ihr Wissen „aus erster Hand" weitergeben. Mit der Zeit machten sich die Tunnelbauer aus Boston die Innovationen zu eigen und konnten sie bei ihren Arbeiten umsetzen.

Dieses Beispiel zeigt, wie schwierig es sein kann, implizites Wissen explizit zu machen und anderen schnell und reibungslos zu vermitteln. Die besonderen Fertigkeiten, um die es bei diesem Prozeß ging, ließen sich nicht dokumentieren und kodifizieren; diese Form der Kommunikation funktionierte einfach nicht. Die Tatsache, daß die zu vermittelnden Kenntnisse zu subtil und komplex waren, um in Worten Ausdruck zu finden, ist aber nur einer der Gründe für den kommunikativen Mißerfolg. Mindestens genauso wichtig sind der instinktive Widerstand gegen Veränderungen und die erforderliche Vertrauensbildung. Für die praktisch orientierten Tunnelbauer aus Boston zählte das gedruckte Wort nicht so viel, als daß sie deswegen bislang bewährte Verhaltensweisen aufgegeben hätten. Wie viele von uns wollten sie nur das glauben, was sie mit eigenen Augen sehen konnten: Nur eine realistische Demonstration der neuen Technik und ihrer Vorteile konnte sie überzeugen. Warum sollten sie sich wegen ein paar gedruckter Seiten, die obendrein noch von der anderen Hälfte der Erdkugel kamen, von einer Baupraxis abbringen lassen, die sie seit Jahren angewendet hatten? Wie die meisten von uns wollten sie die Leute, von denen das neue Wissen stammte, erst einmal in Augenschein nehmen, bevor sie sich überzeugen ließen. Sind das Leute „wie du und ich"? Sind das gute Bauarbeiter? Sind die wirklich kompetent? Kann man ihnen vertrauen?

Leute, die derselben Arbeitskultur angehören, können besser miteinander kommunizieren und ihr Wissen effektiver austauschen als Leute aus unterschiedlichen Kulturen. Die Neuseeländer und die Tunnelbauer aus Boston kamen miteinander zurecht, weil sie gemeinsame Interessen und Erfahrungen hatten. Sie konnten genauso gut miteinander kommunizieren wie etwa Militaristen aus aller Welt – und oft sogar müheloser als mit ihren Nachbarn. Je näher man der Kultur des zu vermittelnden Wissens steht, desto leichter kann man dieses Wissen weitergeben und austauschen.

Die Beispiele von den Herzchirurgen und den Tunnelbauern machen deutlich, wie wichtig eine gemeinsame Arbeitssprache und persönliche Kommunikation sind. Die physische Nähe der Beteiligten trägt zum Sprachverständnis und zur Ausprägung gegenseitiger Achtung bei. Die *US Army*, deren *CALL*-System wir an früherer Stelle bereits erwähnt haben, sieht ausdrücklich „Face time" in den Plänen von Wissensteams vor: Man ist davon überzeugt, daß der direkte Kontakt von Mann zu Mann wichtig ist, um eine gute Beziehung aufzubauen und einer als grundlegend erkannten Friktion vorzubeugen: Mangel an Vertrauen behindert effektiven Wissenstransfer.

Manchmal gibt es keinen Ersatz für einen direkten Kontakt.

Zum Status des Wissensträgers

Menschen beurteilen die ihnen vermittelten Informationen und Wissensinhalte in beachtlichem Maß danach, wer sie vermittelt. Organisationen, die diese Tatsache übersehen, werden von den Ergebnissen ihrer Wissenstransfer-Projekte aller Wahrscheinlichkeit nach enttäuscht sein. Zum Beispiel ist es üblich, daß Organisationen ihre dienstjüngeren Ingenieure zu einer Konferenz schicken, weil das Unternehmen auf sie eher verzichten kann. Ihre Arbeit gilt als nicht so wichtig wie die der erfahreneren Kollegen, die sich von ihren Projekten nicht freimachen können. Nun kommen die jüngeren Ingenieure häufig mit neuen Ideen von der Konferenz zurück: „Wir haben dies und jenes gelernt. Wir meinen, es würde dem Unternehmen nützen, wenn wir künftig so und so vorgehen." Aber ihnen hört kaum einer zu, ob sie nun recht haben oder nicht. Das Wissen, das sie mit nach Hause gebracht haben, wird aus demselben Grund zurückgewiesen, aus denen man sie auf die Konferenz geschickt hat: Sie haben als Mitarbeiter geringeres Ansehen. Mit einem ähnlichen Problem mußte sich *MCC*, das Computerforschung-Konsortium aus Austin, auseinandersetzen. Die Unternehmen schickten vergleichsweise inkompetente Mitarbeiter als „Partner", weil man sie am ehesten entbehren konnte. Diese Leute leisteten nicht nur einen weniger effektiven Forschungsbeitrag als hochkarätige Wissenschaftler, sondern waren auch in ihrer Rolle als Transfer-Agenten weniger erfolgreich.

Der Geschäftsführer eines großen pharmazeutischen Unternehmens, bei dem einer von uns vor einigen Jahren als

Berater tätig war, benötigte Informationen über die Marktsituation in Malaysia. Er forderte Berichte vom Bibliotheksverwalter des Unternehmens, vom Marketing-Direktor und von einem für die strategische Planung verantwortlichen Bereichsleiter an. Die Informationen des Bibliotheksverwalters waren mit Abstand die brauchbarsten: Er hatte einen sorgfältig strukturierten Bericht mit neueren Daten von der Weltbank und anderen maßgeblichen Quellen abgeliefert. Der Bereichsleiter hatte ein paar Artikel aus wöchentlich erscheinenden Wirtschaftszeitungen zusammengestellt. Doch der Geschäftsführer hielt die Informationen seines Bereichsleiters für besonders wertvoll und maß dem Bericht des Bibliotheksverwalters die geringste Bedeutung bei. Der Status des Informanten (und vermutlich sein persönliches Wohlwollen gegenüber seinem strategischen Planer) ließ ihn voreingenommen urteilen. Als dasselbe Material anderen Managern im Unternehmen ohne Angabe der Herkunft gezeigt wurde, hielten diese den Bericht des Bibliotheksverwalters ausnahmslos für überlegen.

Die Reaktion des Geschäftsführers war ein typischer Fall für eine Beurteilung nach Ruf und Ansehen – wogegen an sich nichts einzuwenden ist. Wir alle verhalten uns so. Ein guter Ruf steht für den Wert, an dem wir die über uns hereinbrechende Informationsflut messen. Uns fehlt schlicht die Zeit, um alles sorgfältig zu prüfen; also wählen wir das aus, was uns aufgrund von Ruf und Ansehen des Absenders lohnend erscheint. Zum Beispiel sagen wir uns: „Ich weiß, daß der Soundso ein kluger Kopf ist; der hat früher schon gute Sachen geliefert, deshalb nehme ich seine Aussagen auch jetzt ernst." Aber manchmal liegen wir damit falsch – besonders dann, wenn wir unsere Entscheidung eher vom Status des Betreffenden als von seinen früheren Leistungen abhängig machen.

Transfer = Übermittlung + Aufnahme (und Anwendung)

Wissenstransfer umfaßt zwei Aktionen: zum einen die Übermittlung von Wissen (Senden oder Weitergabe an einen potentiellen Empfänger) und zum anderen die Aufnahme von Wissen seitens des Empfängers oder einer Empfängergruppe. Wenn Wissen nicht aufgenommen wird, hat auch kein Transfer stattgefunden. Die Bereitstellung von Wissen allein bedeutet noch keinen Transfer. Zugang zum Wissen ist eine erforderliche, aber keineswegs hinreichende Voraussetzung dafür, daß dieses Wissen auch Anwendung findet. Ziel beim Wissenstransfer ist die Verbesserung der Vorgehensweisen im Unternehmen und damit eine Erhöhung des Unternehmenswerts. Selbst Übermittlung und Aufnahme zusammengenommen haben noch keinen Nutzwert, wenn das neue Wissen nicht irgendeine Verhaltensänderung oder die Entwicklung irgendeiner neuen Idee als Auslöser neuen Verhaltens zur Folge hat. So kommt es häufig vor, daß jemand neues Wissen versteht und aufnimmt, dieses Wissen aber aus verschiedenen Gründen nicht nutzt. Dazu zählt vor allem der Umstand, daß eine Wissensquelle kein Ansehen oder kein Vertrauen genießt. Andere Gründe sind Stolz, Sturköpfigkeit, Zeitmangel, Mangel an Gelegenheit und Risikoaversion (beispielsweise in einem Unternehmen, in dem Fehler geahndet werden). Unsere Selbstachtung beruht auf unserem Wissen und auf unseren bisherigen Leistungen. Nun kommt jemand herein und behauptet: „Was ich mache, ist besser als das, was du in den letzten fünf Jahren gemacht hast." Das löst doch aller Wahrscheinlichkeit nach Widerstand bei uns aus. Kanouse und Jacoby bringen es auf den Punkt: „Es spricht vieles für die Annahme, daß eine Verhaltensänderung ein weitaus selteneres Ereignis ist als die Ak-

Wenn Wissen vom Empfänger nicht aufgenommen wird, hat kein Wissenstransfer stattgefunden.

quisition von Wissen." In *Wellsprings of Knowledge* spricht Dorothy Leonard-Barton von „Unterschriftskompetenzen", die sie als die Fähigkeiten definiert, mit denen sich eine Person beruflich identifiziert. Wir sehen unser „Ego" in diese Kompetenzen eingebunden; unsere Wahrnehmung von Zuständigkeit und beruflicher Zufriedenheit ist von ihrer Ausübung abhängig. Also werden wir uns gegen jede Innovation sträuben, die von uns verlangt, unsere „Unterschriftskompetenzen" zugunsten anderer Befugnisse aufzugeben. Widerstand gegen Wandel ist stark, selbst in Anbetracht unbestreitbarer objektiver Beweise dafür, daß eine bestimmte Veränderung sinnvoll ist. Wir Menschen sind nun einmal nicht durch und durch rationale Wesen. Beispielsweise sind die meisten Menschen in den Vereinigten Staaten hinreichend über die Gefahren von zu hohen Fettgehalten in ihrer Ernährung informiert. Trotzdem gibt es in Amerika mehr übergewichtige Menschen als je zuvor, und der Absatz fettreicher Fertigmahlzeiten nimmt zu. Wissen ist nicht dasselbe wie Tun.

Tempo und Viskosität

Alle bisher erörterten Faktoren wirken sich auf Erfolg und Effizienz beim Wissenstransfer in Organisationen aus. Sie nehmen Einfluß auf das „Transfer-Tempo" – auf die Geschwindigkeit, mit der Wissen durch eine Organisation fließt. Wie schnell und wie „flächendeckend" wird Wissen verbreitet? Wie schnell wird denjenigen Mitarbeitern, die ein bestimmtes Wissen benötigen, dieses Wissen bewußt und zugänglich gemacht? Computer und Netzwerke sind nachweislich am ehesten dazu angetan, die Geschwindigkeit des Wissenstransfers zu steigern.

„Viskosität" kennzeichnet die Reichhaltigkeit (oder Dichte) des transferierten Wissens. Wieviel von dem, was wir kommunizieren wollen, wird tatsächlich aufgenommen und genutzt? Inwieweit geht ursprüngliches Wissen beim Transfer verloren? Hat das letztlich aufgenommene Wissen vielleicht kaum noch Ähnlichkeit mit dem Wissen, das wir übermitteln wollten? Hat es vielleicht nur noch wenig von seinem ursprünglichen Wert? Diese Viskosität wird von zahlreichen Faktoren bestimmt – vor allem von der Transfer-Methode als solcher. Wissen, das im Rahmen einer langen Lehrlingsausbildung oder Mentorenbeziehung übermittelt wird, weist in aller Regel höhere Viskosität auf: Dem Empfänger wird im Lauf der Zeit ein ungeheurer Bestand an detailliertem und vielschichtigem Wissen vermittelt. Wissen, das man aus einer Online-Datenbank abfragt oder der Lektüre eines Artikels entnimmt, ist demgegenüber stark verdünnt.

Ganz offensichtlich gilt es beide Faktoren – Tempo und Viskosität – zu berücksichtigen, wenn Wissensmanager abschätzen wollen, wie effizient ein Unternehmen sein Wissenskapital nutzt. Wie schnell gelangt das Wissen dorthin, wo es der Wertschöpfung dient, und in welchem Umfang gelangt das Wissensvermögen an die richtigen Einsatzorte? Da echtes Lernen ein so tiefgreifendes menschliches Anliegen ist und bei der Aufnahme und vor allem bei der *Akzeptanz* neuen Wissens so viele persönliche und psychologische Faktoren eine Rolle spielen, sind Tempo und Viskosität nicht immer gut zu vereinbaren: Was das Tempo beschleunigt, kann unter Umständen die Viskosität verringern. Bei den meisten Wissenstransfer-Ansätzen läuft es auf einen Kompromiß zwischen diesen beiden Faktoren hinaus.

Mobil Oil liefert ein anschauliches Beispiel. Die *Mobil*-Ingenieure hatten sich komplizierte Methoden ausgedacht, um zu ermitteln, wieviel Dampf bei ihren Bohrarbeiten unter unterschiedlichen Bedingungen erforderlich ist. Beim Einsatz dieser Techniken in ihren Ölfeldern in Liberal, Kansas, stellten sie fest, daß sich die Menge an selbsterzeugtem beziehungsweise extern zugeführtem Dampf erheblich reduzieren ließ. Da sie genau wußten, wieviel Dampf sie benötigten, konnten deutliche Einsparungen erzielt werden – mit beachtlichen finanziellen Konsequenzen, wenn man dieses Wissen auch zur Anwendung in anderen *Mobil*-Ölfeldern aufbereitete. Also brachten sie die Techniken in ein kompliziertes und intelligentes System ein, wobei sie vorrangig um schnelle Wissensvermittlung bemüht waren, und schickten den anderen *Mobil*-Bohranlagen eine schriftliche Mitteilung, in der sie die neuen Berechnungen ausführlich erläuterten und die damit verbundenen Vorteile beschrieben. Sie gingen davon aus, daß man eine Innovation von so unbestreitbarem Wert anderenorts rasch übernehmen würde. Doch nichts geschah. Nichts veränderte sich. Das effektive Viskositätsniveau für den neuen Prozeß war gleich Null.

Nach einigen Nachforschungen kam Ted Lumley, ein Informationsmanager bei *Mobil*, zu dem Schluß, das Transfer-Mittel sei schlecht gewählt: Eine schriftliche Mitteilung sei kein probates Mittel, um Wissen zu vermitteln. Die benötigten Informationen könnten zwar dargestellt werden, aber so ein Blatt Papier sei nicht dazu angetan, erfahrene Leute zu einer Änderung ihrer seit Jahren praktizierten Vorgehensweisen zu veranlassen. Wie die Chirurgen, die nicht bereit waren, ihre bewährten Methoden allein deshalb aufzugeben, weil sie von neuen Methoden gelesen hatten, so war auch von den *Mobil*-Ingenieuren kaum zu erwarten, daß sie die in einer Mitteilung beschriebenen Techniken aufnehmen und einsetzen würden. Die Autoren und einige Kollegen wurden gebeten, dem Unternehmen zu einer besseren Transfer-Methode zu verhelfen. Wir erarbeiteten eine Fallstudie zu dem innovativen Durchbruch und machten auch Videoaufnahmen von Leuten, die an der Erarbeitung des neuen Prozesses beteiligt gewesen waren. Unsere Empfehlung lautete, man solle die Innovation tagelang prüfen und intensiv diskutieren: Die neuen Techniken mußten erst einmal „internalisiert und sozialisiert" werden, damit hinreichend Überzeugungskraft für eine Veränderung entstand. Die Leute sollten die Gelegenheit erhalten, die damit verbundenen Vorteile abzuwägen und sich den neuen Prozeß „zu eigen" zu machen.

Nach sechs Monaten lag die Akzeptanzrate bei 30 Prozent. Wohlgemerkt – es handelte sich um einen Prozeß, an dessen finanzieller Vorteilhaftigkeit nicht zu deuteln war. Vermutlich wird die Rate noch auf 50 Prozent ansteigen; ob letztlich annähernd 100 Prozent erreicht werden, ist nicht abzusehen. Heißt dies, daß der Wissenstransfer-Prozeß ungeeignet war oder nicht angemessen durchgeführt wurde? Beides trifft aus unserer Sicht nicht zu. Aufnahme und Anwendung neuen Wissens erfordern unter Umständen einen langwierigen, mühsamen Prozeß, wobei die Erfolgsrate maßgeblich von der Unternehmenskultur abhängig ist. Das ist nun einmal Realität in einer Organisation. So mag die Unternehmenskultur bei *Mobil Oil* mit ihrem Vorbehalt gegenüber „Angeberei" verhindert haben, daß der Wert der *Die Verbesserung eines Prozesses als solche reicht nicht aus, um alle zu überzeugen.*
neuen Technik in vollem Umfang zum Ausdruck gebracht und wirklich wahrgenommen wurde. Dennoch: Widerstand gegen das Aufgeben von Vorgehensweisen, die sich seit Jahren erfolgreich bewährt haben, ist ein universelles und keineswegs auf *Mobil Oil* beschränktes Problem.

Ein mechanistisches Modell vom menschlichen Verhalten würde ein hohes Tempo voraussagen – die rasche Akzeptanz einer Innovation, die nachweislich der bisherigen Vorgehensweise überlegen ist. „A funktioniert besser als B, also geben wir B auf und nutzen statt dessen A." Diese Logik erscheint unangreifbar. Doch weder Organisationen noch Menschen verhalten sich strikt logisch. Viel häufiger ist ihr Verhalten „bewußt rational" angelegt. Mit anderen Worten: Sie handeln rational im Sinne ihrer eigenen Pläne und Ziele, so irrational ihr Tun und Handeln Außenstehenden erscheinen mag. So ist für viele Leute das Drachenfliegen wegen der damit verbundenen Risiken irrational; wer aber Aufregung und Risiko in seinem Leben braucht, sieht darin durchaus einen Sinn. Ebenso kann das Verhalten eines Managers, der eine offensichtliche Prozeßverbesserung in seinem Zuständigkeitsbereich bewußt ignoriert, nicht einfach als irrational abgetan werden. Sein Widerstand gründet möglicherweise in einem aus seiner Sicht vernünftigen Wunsch, auch weiterhin an seiner bisherigen Methode festzuhalten. Vielleicht erinnert er sich an Innovationen, die nicht funktioniert haben, oder er sieht den größeren Vorteil darin, alles beim alten zu lassen, anstatt sich den mit der Aneignung einer neuen Methode verbundenen Unbequemlichkeiten und Herausforderungen zu stellen.

Ein Paradebeispiel: *3M*

3M genießt zu Recht den Ruf, die Entwicklung neuer Ideen zu fördern und diese Ideen in Produkte und Gewinne umzusetzen. Das Unternehmen verkauft über 60 000 verschiedene Produkte, wobei 30 Prozent des Umsatzes auf Produkte entfallen, die höchstens vier Jahre alt sind. Im letzten Jahr produzierte *3M* über 400 Neuprodukte. Geschäftsführer Livio DeSimone verfolgt das Ziel, 10 Prozent der Unternehmenserlöse mit Produkten zu erzielen, die 1997 weniger als ein Jahr alt gewesen sind.

Die Entwicklung von Innovationen einer solchen Größenordnung wäre ohne effektiven Wissenstransfer so gut wie unmöglich, da neue Ideen häufig gerade durch Zugang zu bereits bestehenden Konzepten ausgelöst werden. Und Wissenstransfer ist einmal wichtiger, wenn es darum geht, eine Idee in ein Produkt umzusetzen. Dieser Prozeß erfordert die Kooperation und die Fähigkeiten vieler Leute, die „mit im Boot sitzen" und gemeinsam an der Lösung komplexer Probleme arbeiten, wie sie bei der Entwicklung eines neuen Produkts immer anfallen. Mit seinen eindrucksvollen Innovationserfolgen bietet *3M* ein überzeugendes Beispiel für eine Unternehmenskultur, die den Wissenstransfer fördert und praktiziert.

Die tief verankerten Überzeugungen und Wertvorstellungen bei *3M* unterstützen den Wissenstransfer und haben zu beachtlichen Investitionen in den Transfer-Mechanismus geführt. So war es fast von Anfang an ein Kennzeichen der Unternehmenskultur, Verantwortung zu delegieren, kreative Fehler zu tolerieren und die Fähigkeiten der einzelnen Mitarbeiter auf allen Unternehmensebenen wertzuschätzen. Von den wissenschaftlichen Mitarbeitern aller Ebenen wird erwartet, daß sie 15 Prozent ihrer Arbeitszeit persönlichen Forschungsinteressen widmen. Alle können Fördermittel für ihre Forschungsarbeiten beantragen und werden ausdrücklich aufgefordert, Kollegen an ihren Projekten zu beteiligen. Zu den bekanntesten Ergebnissen dieser Offenheit und Unterstützung zählt die Erfindung des berühmten Tesafilms *Scotch tape*. Dick Drew, der Erfinder, war eigentlich Verkäufer von Sandpapieren; in den meisten Unternehmen hätte man ihm wohl zu verstehen gegeben, für Produktentwicklungen sei er nicht zuständig ...

Regelmäßig veranstaltete Treffen und Messen bieten den *3M*-Wissenschaftlern zeitliche und räumliche Gelegenheit zu persönlichen Begegnungen und zum Wissensaustausch. Die Mitglieder eines „Technischen Rats", dem die Leiter der größeren *3M*-Labors angehören, treffen sich einmal monatlich zum Gedankenaustausch. Einmal im Jahr geht die Gruppe auch für drei Tage in Klausur. Ein „Technisches Forum" aus Wissenschaftlern und Technologen sponsert jährlich eine dreitägige Wissensmesse und organisiert in häufigeren Abständen Treffen für Mitglieder mit gemeinsamen Interessen. Außerdem steht allen Mitarbeitern des Unternehmens eine Online-Datenbank für technologisches Fachwissen zur Verfügung. *3M* vertritt die Auffassung, daß technisches Wissen dem Unternehmen und nicht den Mitarbeitern oder Mitarbeitergruppen gehört, die es erarbeitet haben. Dieser freizügige Zugang zum Wissen und die Tatsache, daß man den Wissenschaftlern Zeit läßt, Wissen aufzunehmen und damit „zu spielen", haben zur Entwicklung beachtlicher neuer Produkte geführt. So geht auch die Erfindung selbsthaftender Notizzettel von Art Fry – die *Post-it Notes* – teilweise auf das Memo eines anderen *3M*-Wissenschaftlers zurück, der die Kollegen im Unternehmen zu einer Begutachtung seines neuentwickelten Klebematerials aufgefordert hatte. Ein deutlicheres Beispiel für eine Innovation, die auf effektiven Wissenstransfer innerhalb eines Unternehmens zurückzuführen ist, kann man sich kaum vorstellen. Zwar spielt die Informationstechnologie eine wichtige Rolle bei *3M* und mag auch am Rande durch Verschicken von Kurznotizen beteiligt gewesen sein, doch der Wissenstransfer, der zu dieser gewinnträchtigen Erfindung führte, geht nicht auf die Technologie, sondern auf eine gemeinsam getragene Unternehmenskultur zurück.[12]

Im vorliegenden Kapitel wollten wir den Wissenstransfer in einem umfassenderen Kontext darstellen, als dies üblicherweise geschieht. Zu häufig wird Wissenstransfer beschränkt auf verbesserten Zugang, elektronische Kommunikation, Dokumentenspeicherung usw. Wir meinen, es ist an der Zeit, daß die Unternehmen ihre Aufmerksamkeit verstärkt den menschbezogenen Aspekten zuwenden – von Zugänglichkeit zu Zielstrebigkeit, vom Tempo zu Viskosität, von Dokumenten zu Diskussionen. Ganz offensichtlich müssen Unternehmen sowohl die „harten" als auch die „weichen" Faktoren beim Wissenstransfer berücksichtigen – nur finden sich in westlichen Unternehmenskultu-

Die Unternehmen müssen ihre Aufmerksamkeit von Dokumenten auf Diskussionen verlagern.

ren gewöhnlich zu wenige Verfechter der „weichen" Belange.

Mit dem fünften Kapitel schließen wir unsere Prozeßanalyse vom Umgang mit Wissen – Generierung, Kodifizierung und Transfer – ab. Im folgenden werden wir Aspekte erörtern, die das Wissensmanagement betreffen – unter anderem die verschiedenen Funktionen von Wissensmanagement sowie zweckdienliche Informationstechnologien.

Anmerkungen

1. David V. Gibson und Everett M. Rogers (1994) *R&D Collaboration on Trial* (Boston: Harvard Business School Press). Die Thematik des Technologietransfers bei *MCC* wird in Kapitel 5 beschrieben; Ausführungen zum Technologietransfer bei *Sematech* finden sich auf den Seiten 521–527.
2. Memorandum von Jeff Conklin an Craig Fields, zitiert bei Gibson und Rogers (1994) *R&D Collaboration on Trial*, 326.
3. Marilyn Redmond, Interview mit den Autoren; *Sematech*, Austin, Tex., Mai 1996.
4. Alan M. Webber (1993) „What's So New About the New Economy?" *Harvard Business Review* (Januar-Februar 1993): 28.
5. Eine interessante Studie zu diesem Thema stammt von Ronald Purser, William Passmore und Ramakrishnan Tenkasi (1992): „The Influence of Deliberations on Learning in New Product Development Teams", *Journal of Engineering and Technology Management* 9, Nr. 2 (1992): 1–28.
6. „How Japan Remembers", *The Economist*, 20. April, 1996, 52.
7. Britton Monasco und Lewis Perelman (1996) „Booz Allen's Global Knowledge Strategy", *Knowledge Inc.* 1, Nr. 1 (1996): 4.
8. IBM Consulting Group (1996) „The Learning Organization: Managing Knowledge for Business Success" (The Economist Intelligence Unit, New York), 108–109.
9. Gerald T. O'Conner *et al.* (1996) „A Regional Intervention to Improve the Hospital Mortality Associated with Coronary Ar-

tery Bypass Graff Surgery", *Journal of the American Medical Association* (20. März 1996): 841–845.
10. David Kanouse und Itzhak Jacoby (1988) „When Does Information Change Practitioners' Behavior?" *International Journal of Technology Assessment in Health Care* 7. Nr. 2 (1988): 30.
11. Thomas Allen (1990) „People and Technology Transfer", The International Center for Research on the Management of Technology, August 1990, 5.
12. Die Informationen über die Unternehmenskultur bei *3M* stammen aus Interviews mit *3M*-Managern in Austin, Texas, sowie aus der Veröffentlichung der IBM Consulting Group (1996) „The Learning Organization", 41–44.

> *Wir können mehr wissen*
> *durch das Wissen anderer,*
> *aber wir werden nicht weiser*
> *durch die Weisheit anderer.*
> *– Michel de Montaigne*

Kapitel 6

Funktionen und Kompetenzen im Umgang mit Wissen

Wenn Wissensmanagement Erfolg haben soll, müssen in den Unternehmen Funktionen und Kompetenzen zur Erfassung, Verteilung und Nutzung von Wissen bereitgestellt werden. Es gilt, zahlreiche strategische und taktische Aufgaben abzuwickeln; die Annahme, ein Unternehmen könne solche Aktivitäten im Rahmen des Wissensmanagements den bereits vorhandenen Positionen aufbürden, ist schlicht unrealistisch. Wie wir immer wieder betont haben, bedarf es des menschlichen Wertbeitrags, um Daten und Informationen in Wissen umzuformen. Aus diesem Grund müssen sich Mitarbeiter mit bestimmten Funktionen und Verantwortungen gezielt um einige wesentliche Aspekte dieses Prozesses kümmern. Im vorliegenden Kapitel wollen wir die Funktionen und Kompetenzen, die solchen Mitarbeitern abverlangt werden, ausführlicher erörtern.

Allerdings bleibt dem Wissensmanagement der Erfolg in einer Organisation auch dann versagt, wenn ausschließlich eine kleine – oder auch große – Stabsgruppe für den Umgang mit Wissen verantwortlich gemacht wird. Letztlich müssen die hauptamtlich mit anderen Tätigkeiten (Entwicklung und Konstruktion, Fertigung, Vertrieb und Kundendienst) befaßten Manager und Mitarbeiter den größten Teil der tagtäglich anfallenden Aktivitäten im Wissensmanagement wahrnehmen. Wie wir noch sehen werden, sind besonders solche Organisationen erfolgreich, in denen Wissensmanagement an jedem Arbeitsplatz praktiziert wird. Darüber hinaus bedarf es dann noch des Einsatzes von Vollzeit-Wissensmanagern, die das Wissensmanagement zu einem unternehmensweiten Anliegen machen.

Im vorliegenden Kapitel befassen wir uns zunächst mit den wichtigsten Wissensfunktionen – mit denjenigen Aktivitäten im Umgang mit Wissen, die von den „normalen" Mitarbeitern im gesamten Unternehmen wahrgenommen werden müssen. Unser Ziel dabei ist, den Organisationen zu zeigen, wie sie jeden einzelnen Mitarbeiter motivieren können, als Wissensmanager aktiv zu werden. Im Anschluß daran wollen wir die Führungsaufgaben und Funktionen im Management von Wissensprojekten erörtern. Das Kapitel endet mit einer detaillierten Erörterung der Wissensfunktion, die dem „Chief Knowledge Officer" (CKO) – dem Wissensdirektor als dem „Ersten Mann im Wissensmanagement" – zukommt.

Wissensorientierte Mitarbeiter

Wenn es schon ohne Spezialisten bei einem erfolgreichen Wissensmanagement nicht geht, so sind die Aktivitäten und Einstellungen all derjenigen Mitarbeiter, die für andere Tätigkeiten als den Umgang mit Wissen bezahlt werden, noch entscheidender. Planungsleiter, Geschäftsanalytiker, Konstruktions- und Produktionsingenieure, Marketing-Experten und selbst Sekretärinnen und Sachbearbeiter sind die wichtigsten Wis-

Wissensmanagement sollte Aufgabe eines jeden Mitarbeiters sein.

sensmanager. Sie alle müssen in ihren täglichen Routineabläufen Wissen schaffen, weitergeben, heraussuchen und anwenden. In diesem Sinn ist Wissensmanagement als Aufgabe eines jeden Mitarbeiters zu verstehen.

Trotz der in den Unternehmen so wohlklingenden Losung, das Wissen der Mitarbeiter sei eine wertvolle Ressource, ist von konzertierten Aktionen zur Kultivierung der wissensorientierten Aktivitäten ihrer Mitarbeiter meist nicht viel zu erkennen. Wir wollen im folgenden kurz auf zwei lobenswerte Ausnahmen eingehen: Zum einen handelt es sich um ein Unternehmen in einer wissensintensiven Branche und zum anderen um ein Industrieunternehmen, von dem Wissensorientierung kaum erwartet worden wäre.

McKinsey and Company gilt als Unternehmen mit besonders stark ausgeprägter Wissensorientierung in einer wissensintensiven Branche. Die Unternehmensberatungsfirma unterscheidet drei Funktionen im Umgang mit Wissen: Wissensschaffung, Wissensspeicherung und Wissensvermittlung. Allerdings haben sich bei der Begriffsabgrenzung und Umsetzung dieser drei Funktionen Schwierigkeiten ergeben – was zumindest teilweise daran liegt, daß bei *McKinsey* Wissen so gut wie jedem Mitarbeiter zur Aufgabe gemacht wird. Der geschäftsführende Direktor der Firma bezeichnet Wissen gar als „Lebenselixier von McKinsey".[1] Von den Beratern wird erwartet, daß sie das Wissenskapital ihrer Firma mehren und bei der Arbeit mit ihren Klienten nutzen. Linienberater verfassen Bücher und Artikel mindestens genauso häufig wie andere Experten in einschlägigen Branchen oder Funktionen. Entwicklungsprojekte in Forschung und Praxis werden normalerweise mit regulären Beratern besetzt, die sich anschließend wieder der Klientenbetreuung widmen. *McKinsey* ist ein Paradebeispiel für eine Organisation, in der jeder Mitarbeiter ein Kopfarbeiter ist.

Dies soll nun nicht heißen, das Wissensumfeld bei *McKinsey* lasse nichts zu wünschen übrig – zumindest war dies vor einigen Jahren, als einer von uns (Davenport) dort beschäftigt war, nicht der Fall. So wurde von Sekretärinnen und Sachbearbeitern in bezug auf die Schaffung, Vermittlung oder Nutzung von Wissen nicht sonderlich viel erwartet. Und Tom Peters, ebenfalls ehemaliger *McKinsey*-Berater, hat einmal gesagt, die Consultants der Firma verstünden es ausgezeichnet, voneinander zu lernen, seien aber „mittelmäßig bis schwach", wenn es darum gehe, von Externen zu lernen.[2] Unserer Auffassung nach ist diese Dynamik zum Teil auf die besonderen Umstände bei der Klientenarbeit zurückzuführen, zum Teil aber auch Folge der bei *McKinsey* implizit vertretenen Einstellung, die eigenen Leute seien eben die gescheitesten überhaupt.

Wenn es einen Faktor gibt, der für den *McKinsey*-Erfolg in Sachen *Wissensmanagement* entscheidend ist, so muß man unserer Meinung bei den Anfängen suchen – bei der Kandidatenauswahl: Über Interviews und Auswahlprozesse sollen gescheite, intellektuell neugierige und wißbegierige Individuen ermittelt werden. Die Berater bei *McKinsey* sind daher höchst kompetente Wissensschaffer, Wissensvermittler und Wissensnutzer. Ironischerweise ist es gerade ihre Wissensorientierung, die den Wissensspezialisten – Experten in einer bestimmten Unternehmensfunktion oder Branche – die Arbeit erschwert; viele Berater meinen, über hinreichende Kenntnisse zu verfügen und keine weiteren Experten zu benötigen. Die Firma steht mit der Rolle von Wissensspezialisten seit Jahren auf Kriegsfuß.

Der Fall *McKinsey* liefert ein eindrucksvolles Beispiel dafür, wie Wissensfunktionen in einer wissensintensiven Branche ablaufen. Noch eindrucksvoller ist das Beispiel von *Chaparral Steel*, das die *Harvard*-Wissenschaftlerin Dorothy Leonard-Barton ausführlich beschrieben hat.[3] Es handelt sich um einen erfolgreichen Minihütten-Stahlproduzenten – einen Betrieb, von dem Wissensorientierung kaum zu erwarten gewesen wäre. Doch bei *Chaparral* gilt jeder Mitarbeiter als Wissensarbeiter. Linienmitarbeiter besuchen Kunden vor Ort, um deren Bedürfnisse besser verstehen zu lernen, nehmen an einschlägigen Seminaren teil und führen Produktionsversuche durch. Jeder Mitarbeiter im Unternehmen leistet seinen Beitrag in Form von Ideen und Vorschlägen. Ein Besucher machte bei *Chaparral* einmal die Beobachtung, daß der Mann an der Wache in einem Fachbuch über Stahlproduktion las. Es gibt keine Trennung zwischen Wissen und körperlicher Arbeit, der zufolge die einen als Kopfarbeiter und die anderen als Werktätige gelten.

Ein derart freier Wissensfluß kann sich nur in einer außergewöhnlichen Unternehmenskultur behaupten. Bei *Chaparral* ist die Organisationsstruktur bemerkenswert flach – und dies sowohl offiziell als auch symbolisch. Das Unternehmen hat ein einmaliges Ausbildungsprogramm für alle Produktionsarbeiter entwickelt, das sowohl theoretischen Unterricht als auch praktische Unterweisungen am Arbeitsplatz umfaßt. Risikobereitschaft wird gefördert. Die Mitarbeiter werden aufgrund ihrer Fähigkeiten und ihrer Haltung zum Lernen eingestellt. Diese kulturellen und organisatorischen Ansätze sind eindeutig dazu angetan, die *Chaparral*-Mitarbeiter zum Wissenserwerb und Wissensaustausch zu motivieren.

Mitarbeiter im Wissensmanagement

Die ersten speziellen Wissensfunktionen, die hier erörtert werden sollen, betreffen die täglich anfallenden Arbeiten im Rahmen des Wissensmanagements. Einige davon sind rein technischer Art: Erstellung von *HTML*- und *Perl*-Dokumenten für Web-Informationen, Strukturierung und Umstrukturierung von Wissensbanken oder Installation und Wartung von wissensorientierten Software-Paketen wie *Lotus Notes*. Doch Technologie allein reicht nicht. Auch

Technologen sollten sorgfältig darauf achten, wie man Wissensinhalte ansprechend darstellt und Wissensträger motiviert, eine Wissensbank mit eigenen Wissensbeiträgen noch reichhaltiger zu machen.

Doch die anspruchsvollsten Jobs im Umgang mit neuem Wissen werden wahrgenommen von Wissensintegratoren, Bibliothekaren, Koordinatoren, Berichterstattern und Redakteuren. Wollen wir doch ehrlich sein: Nur wenige Organisationen beschäftigen viele Mitarbeiter, die sich in der Darstellung und Strukturierung des eigenen Wissens auskennen; noch weniger von ihnen haben die Zeit, sich hinzusetzen und dieses Wissen in ein System einzugeben. So hat ein Konstruktionsteam vielleicht ein großartiges neues Produkt entwickelt, aber keines der Teammitglieder verfügt über hinreichend Zeit, Lust oder Kompetenz, den Projektablauf zu beschreiben und abzuspeichern. Aus diesem Grund sind die Organisationen auf Leute angewiesen, die den Wissensträgern das Wissen „aus der Nase ziehen", es in eine strukturierte Form bringen und später immer wieder aktualisieren und überarbeiten. Auch an den Universitäten werden solche Fähigkeiten kaum vermittelt – am ehesten erhalten noch angehende Journalisten und Bibliothekare eine entsprechende Ausbildung. In Zukunft werden vielleicht einige Ausbildungsinstitutionen eigenständige Lehrpläne zum Wissensmanagement einführen. Bislang aber ist die Wissensmanagement-Ausbildung eher ein Nebenprodukt anderer Zielsetzungen.

Wissensmanagement-Jobs sind auf dem Vormarsch. *Andersen Consulting* beschäftigt 200 Mitarbeiter im Wissensmanagement; *Ernst & Young, McKinsey* und *IBM Consulting* sind vermutlich nicht weit davon entfernt. *Coca-Cola* weist 40 einschlägige Arbeitsplätze aus; bei *Hewlett-Packard* sind es vermutlich 20 bis 30. Eine der großen Herausforderungen auf diesem neuen Gebiet besteht darin, daß sich all diese Wissensarbeiter gegenseitig erkennen und allmählich so etwas wie eine Berufsgemeinschaft – eine „Community" – bilden. Ein stärkeres Gefühl professioneller Zugehörigkeit wäre in Anbetracht der Vielschichtigkeit all der Funktionen im Umgang mit Wissen besonders wertvoll. *Andersen* zum Beispiel beschäftigt „Wissensintegratoren", deren Arbeit auf die Erfassung, Speicherung und Wartung des von anderen produzierten Wissens abzielt.

Im Idealfall besitzen Wissensarbeiter sowohl fachliches Know-how als auch Intuition.

Gute Wissensarbeiter sollten, auf welcher Ebene auch immer, eine Kombination aus „harter" Kompetenz (strukturiertes Wissen, technische Fähigkeiten sowie Berufserfahrung) und vergleichsweise „weicher" Kompetenz (zuverlässiges Gespür für die kulturellen, politischen und persönlichen Aspekte im Umgang mit Wissen) aufweisen. Umfassende Bildung muß nicht von allen Mitarbeitern verlangt werden, ist aber besonders wichtig bei denjenigen, die eng mit Wissensanwendern zusammenarbeiten. Zumindest aber sollten beide Kompetenzformen in Wissensmanagement-Teams vertreten sein, wobei jedes Teammitglied alle erforderlichen Fähigkeiten zu respektieren hat.

Einige Unternehmen rekrutieren ihre Mitarbeiter im Wissensmanagement aus den Reihen der Linienangestellten. Bei *Ernst & Young* zum Beispiel handelt es sich bei den Mitarbeitern, die Wissensspeicher für bestimmte Branchen oder Bereiche aus der Praxis anlegen und pflegen, um Berater, die bereits in diesen Bereichen gearbeitet haben. Sie werden turnusmäßig für ein bis zwei Jahre in Wissensmanagement-Funktionen eingesetzt. Auf diese Weise wird sichergestellt, daß sich die Mitarbeiter im Wissensmanagement in ihrem Fachbereich auskennen, auch wenn sie keine „professionellen" Fähigkeiten in bezug auf Wissensstrukturierung und Texterstellung aufzuweisen haben.

Häufig setzen Organisationen auch vorhandene Arbeitsgruppen – zum Beispiel Bibliotheksmitarbeiter – als Wissensmanager ein. So war das *Center for Business Knowledge* bei *Ernst & Young* ursprünglich eine Bibliothek für die praktische Beratertätigkeit, wenngleich im Zuge der Umstellung weitere Funktionen hinzukamen. Bei *Owens-Corning* wurde die unternehmenseigene Bibliothek in *Knowledge Resource Center* umbenannt. Doch nicht nur die Bezeichnung änderte sich. Die ehemaligen Bibliotheksmitarbeiter wuchsen aus ihrer früheren Routine heraus: Sie schafften nicht nur Informationsmaterial herbei, von dessen Existenz die Anwender wußten, ohne es selbst finden zu können, sondern unterstützten die Anwender dabei, sich ihre Informationen mit Hilfe von Datenbanken oder extern bereitgestellten Bibliotheksdiensten selbst zu beschaffen. Sie erstellten geeignete Navigationsinstrumente (in Kapitel 4 als Wissenskarten bezeichnet), um ihre Kunden mit den vorhandenen Wissensressourcen vertraut zu machen, und standen ihnen mit Rat und Tat zur Seite, um eine optimale Nutzung interner und externer Wissensressourcen zu gewährleisten.[4] Wenn Bibliotheksmitarbeiter in der neuen Welt des Wissensmanagements Fuß fassen wollen, müssen sie bereit sein, ihre Ziele, Aktivitäten und kulturellen Neigungen anzupassen.[5]

Als Alternative zu Berichterstattern, Redakteuren und Bibliotheksmitarbeitern im Wissensmanagement bietet sich eine Gruppe an, die zu Spitzenzeiten der Expertensysteme als „Wissensingenieure" bekannt geworden sind. Sicher wären einige von ihnen auch Kandidaten für Positionen im Wissensmanagement, aber viele solcher „Wissensingenieure" neigen zu Selbstisolierung und sind mehr daran interessiert, einen gut strukturierten Computercode zu schreiben, als Wissen zu erfassen und zum Vorteil des Unternehmens zu nutzen. Schon die Bezeichnung „Wissensingenieur" als solche klingt leicht arrogant.

Einem der Autoren (Davenport) wurde einmal von den Teilnehmern einer Online-Diskussionsgruppe die vorwurfsvolle Frage gestellt, warum wir nicht die „technischen Kommunikatoren" als potentielle Wissensmanager berücksichtigten. Einige dieser Diskussionsteilnehmer, auch als technische Autoren bezeichnet, meinten, sie arbeiteten doch auch an Wissensmanagement-Projekten. Bei näherer Überlegung stellte sich diese Idee als durchaus sinnvoll heraus: Gerade technische Autoren sollten in der Lage sein, bestimmte Wissensformen – insbesondere Fachwissen – zu verstehen und elektronisch abzuspeichern. Zweifellos gibt es noch weitere Gruppen in den Unternehmen, die brauchbare Wissensmanagement-Kompetenzen aufweisen.

Manager von Wissensprojekten

Auf der mittleren Ebene der formalen Wissensmanagement-Infrastruktur ist der Wissensprojekt-Manager angesiedelt. Wie wir in Kapitel 8 noch ausführlich erörtern wollen, erfolgt ein Großteil des Umgangs mit Wissen im Rahmen spezifischer Projekte zum Managen ganz bestimmter Wissensformen oder zur Verbesserung bestimmter Wissensaktivitäten. Wie jedes andere Veränderungsprojekt brauchen auch Wissensmanagement-Initiativen Manager. Solche Manager sollten sich mit Projektmanagement, Veränderungsmanagement und Technologiemanagement auskennen. Gute Kandidaten haben vielleicht sogar schon mit Erfolg Projekte im Zusammenhang mit Forschung, Reengineering oder verhaltensändernden Informationstechnologien betreut. Der ideale Wissensprojekt-Manager sollte aus einem Bereich kommen, bei dem Schaffung, Vermittlung und Nutzung von Wissen im Vordergrund stehen.

Der Manager eines Wissensprojekts nimmt typische Projektmanagement-Funktionen wahr:

- Erarbeitung von Projektzielen
- Zusammenstellung und Betreuung von Teams

- Ermittlung und Betreuung von Kundenerwartungen
- Überwachung von Projektbudgets und Zeitplänen
- Ermittlung und Lösung projektbezogener Probleme

Doch beim Management von Wissensprojekten geht es nicht nur um Projektmanagement. Die Position eines Wissensprojekt-Managers erfordert eine ungewöhnliche Mischung aus technologischen, psychologischen und unternehmerischen Kompetenzen. Die Manager solcher Projekte sollten mit Web-Datenbanken und selbstorganisierenden Teams ebenso vertraut sein wie mit Wissensstrukturen und Vergütungsstrukturen. Welcher Art die an einer bestimmten Initiative beteiligten Wissensarbeiter auch sein mögen – der Wissensprojekt-Manager sollte ihre Sprache sprechen und ihre Wertsysteme verstehen.

Je nach Art des Wissensprojekts hat der Projektmanager unter Umständen auch noch andere Aktivitäten durchzuführen. Beispielsweise muß der Manager in einem Speicherprojekt in der Lage sein, die Technologie zur Wissensspeicherung auszuwählen, die Mitarbeiter im Unternehmen zu Beiträgen in diesen Speicher zu motivieren und eine Struktur zur „Wartung" des Wissens zu entwickeln. Geht es um ein Wissenstransfer-Projekt, hat der Projektleiter die Aufgabe, sowohl zwischenmenschliche als auch automatische Kanäle für den Wissensaustausch zu ermitteln, zu fördern und zu überwachen. Beim Management von Wissensvermögen fallen Aktivitäten wie Wissensbewertung, Verhandlungsführung mit internen und externen „Wissenskapitalgebern" sowie Verwaltung eines Portfolios mit unterschiedlichen Wissensvermögenswerten an. Und Projekte zur Entwicklung einer angemessenen Infrastruktur erfordern gewöhnlich Finanzanalysen, Zusammenarbeit mit externen Technologie- und Serviceanbietern sowie die Erarbeitung von Managementansätzen im Personalwesen.

Wissensprojekt-Manager müssen sowohl die harten als

auch die weichen Aspekte beim Wissensmanagement beherrschen. Sie sollten bereit und fähig sein, subtile Fragen im Zusammenhang mit organisatorischem Lernen anzusprechen, müssen zugleich aber auch gewährleisten, daß es mit den wissensorientierten Systemen vorangeht. Selbstverständlich sollten Wissensprojekt-Manager ihre wissensorientierten Projektaktivitäten auch innerhalb der vorgegebenen Zeit- und Budgetgrenzen zum Abschluß bringen. Wir haben schon viele Wissensprojekt-Manager erlebt, die hervorragend über ihre Belange zu diskutieren verstanden, aber nichts richtig zuwege brachten.

Noch eine weitere Eigenschaft von Wissensprojekt-Managern soll erwähnt werden, die gewöhnlich nicht bedacht wird. Manager, die mit Wissen umgehen, sollten eine gewisse Bescheidenheit aufweisen. Einer der Wissensprojekt-Manager bei *Hewlett-Packard* ging sogar noch weiter und forderte „Egolosigkeit". Dazu führte er aus, Wissen sei ein heikles Thema. Als Manager eines bestimmten Wissensbereichs gewinne man leicht die Einstellung, man sei für das Unternehmen die erste und maßgebliche Instanz in Wissensfragen. Gewöhnliche Sterbliche könnten das verübeln und dem solcherart arroganten Wissensmanager ihr Wissen vorenthalten oder ihn schlicht ignorieren.

Ein wenig Bescheidenheit steht dem Manager eines Wissensprojekts wohl an.

Ein Wissensprojekt-Manager beim großen Pharmakonzern *Hoffmann-LaRoche* bestätigte dieses Problem und sprach den Fall eines Wissensmanager-Kollegen an. Dieser Kollege vertrat „die Kehrseite des Wissensmanagements" – er meinte, mehr über die Entwicklung neuer Arzneimittel (Gegenstand des unternehmensweiten Wissensspeichers) zu wissen als jeder andere im Unternehmen oder überhaupt in der Welt. Fraglos sind in Pharmabetrieben sehr tiefgreifende Kenntnisse zu spezifischen Aspekten bei der Entwicklung pharmazeutischer Produkte vorhanden, während in bezug auf den Gesamtprozeß recht wenig Verständnis aufgebracht wird. So gesehen mag der Kollege vielleicht sogar recht gehabt haben mit seiner Einstellung. Doch seine Kollegen und Kunden innerhalb des Konzerns verübelten ihm seine intellektuelle Arroganz. Das Projekt war zwar insgesamt ein Erfolg, aber die dominierende Persönlichkeit des Projektmanagers erschwerte die Realisierung der Projektziele.

Der Wissensdirektor

Viele Unternehmen in den Vereinigten Staaten und einige wenige europäische Konzerne beschäftigen mittlerweile Wissensdirektoren im Bereich *Wissensmanagement*. Andere haben Führungspositionen für den Bereich *Lernen* eingerichtet: Der „Direktor für den Bereich *Lernen*" ist sowohl für das Wissensmanagement als auch für die Förderung organisatorischen Lernens zuständig. Beide Positionen sind auf höherer Führungsebene angesiedelt – neben den Leitern der Informationstechnologie, des Personalwesens sowie anderer Funktions- und Geschäftseinheiten. Vergleichbare Positionen sind der „Direktor für intellektuelles Kapital" (Position bei der schwedischen Versicherungsgesellschaft *Skandia*), der „Direktor für Wissenstransfer" (*Buckman Laboratories*) und „Globaldirektor für intellektuelles Vermögen/intellektuelles Kapitalmanagement" (*Dow Chemical*).

Die Funktion eines Wissensdirektors ist komplex und vielschichtig. Allerdings fehlt in vielen Unternehmen so etwas wie der „Erste Mann im Wissensmanagement". Wenn Ihr Unternehmen dazugehören sollte und es Ihnen ernst ist mit dem Wissensmanagement, dann wissen Sie, daß jemand da sein muß, der einschlägige Aufgaben auf höherer Führungsebene wahrnimmt. Sollte nun Ihre Firma die Einrichtung einer solchen Position in Erwägung ziehen oder Sie selbst mit der obersten Führungsfunktion im Wissensmanagement liebäugeln, müssen Sie damit rechnen, daß diese Funktion von einigen Kollegen als flüchtige Modeerscheinung abgetan wird. Um den gesamten Verantwortungsbereich mit Leben zu erfüllen, gilt es, die spezifischen Aufgaben und Zuständigkeiten sorgfältig zu definieren. Die folgende Liste ist obligatorisch für jedes Unternehmen, das die Position eines Wissensdirektors einrichten will:

- *Wissen und wissenorientiertes Lernen befürworten oder „predigen"*: Besonders in Anbetracht der hohen Bedeutung von Wissen in den Strategien und Prozessen vieler heutiger Unternehmen bedarf es langfristiger Veränderungen in bezug auf eine Wissensorientierung in Unternehmenskulturen und individuellen Verhaltensweisen. Solche Veränderungen machen ein nachhaltiges, effektives Befürworten erforderlich.
- *Wissensinfrastruktur im Unternehmen entwickeln, einrichten und überwachen*: Dazu zählen Unternehmensbibliotheken, Wissensbanken, über Mensch und Computer verbundene Wissensnetzwerke, Forschungszentren und eine wissensorientierte Organisationsstruktur.
- *Beziehungen zu externen Anbietern von Informationen und Wissen (beispielsweise Universitätspartner oder Datenbank-Unternehmen) betreuen und Verträge mit ihnen aushandeln:* Dies stellt in vielen Unternehmen bereits einen hohen Kostenfaktor dar, so daß es auf effizientes und effektives Wissensmanagement ankommt.
- *Entscheidenden Input zum Prozeß der Wissenserzeugung und Wissensnutzung im Unternehmen leisten:* Beispiele sind Entwicklung neuer Produkte, Marktforschung und Entwicklung von Unternehmensstrategien. Gegebenenfalls gilt es, Bemühungen um Verbesserung solcher Prozesse zu unterstützen.

- *Ansätze zur Kodifizierung von Wissen im Unternehmen erarbeiten und in die Praxis umsetzen* (siehe Kapitel 3): Im Rahmen solcher Ansätze werden die Schlüsselkategorien bezüglich der im Unternehmen maßgeblichen Informations- und Wissensbestände bestimmt. Desgleichen erfolgen eine Bestandsaufnahme des derzeitigen Wissens und die Entwicklung künftiger Wissensmodelle.
- *Wissensvermögen bewerten und verwalten:* Dies geschieht entweder mit Hilfe von Finanzanalysen oder über „narratives Management". Wenn ein Unternehmen kein Verständnis für den Wert von Wissen und Wissensmanagement entwickelt, wird die Funktion kaum Bestand haben.
- *Betreuung der professionellen Wissensmanager im Unternehmen:* Hier geht es um Entwicklung eines Gemeinschaftsgefühls, Erarbeitung von Berufsstandards und Karrierebetreuung. Solche Manager können im Rahmen einer Matrixorganisation dem Wissensdirektor *und* den einschlägigen Unternehmensbereichen (zum Beispiel bestimmter Markt, Produktprogramm oder ausgewählte Kundenkategorie) zugeordnet werden.
- *Entwicklung der Wissensstrategie ausrichten:* Die Unternehmensressourcen müssen vorrangig auf den Wissenstyp mit dem größten Managementbedarf und auf Wissensprozesse mit der größten Diskrepanz zwischen Bedarf und derzeitigem Potential konzentriert werden.

Von all diesen Pflichten und Aufgaben eines Wissensdirektors sind drei Funktionen besonders wichtig: Aufbau einer Wissenskultur, Einrichtung einer Wissensmanagement-Infrastruktur und Erzielung eines wirtschaftlichen Wissensnutzens. Die kulturellen Faktoren erfordern in aller Regel einen langfristigen Wandel und hängen im wesentlichen davon ab, welche Art von Mitarbeitern ein Unternehmen einstellt und warum diese Leute überhaupt in dem betroffenen Unternehmen arbeiten wollen. Allerdings kann ein Unternehmen, kurzfristig gesehen, eine Wissenskultur bereits durch entsprechende Aus- und Weiterbildung, Anreizprogramme und Management-Vorbilder unterstützen und fördern.

Bei der Einrichtung einer Wissensmanagement-Infrastruktur geht es um mehr als um eine Entscheidung zwischen *Lotus Notes* und einem Web-basierten Intranet-System. Wie wir in Kapitel 7 erörtern werden, enthält Wissensmanagement eine wichtige technologische Komponente: Workstations, Netzwerke, Datenbanken, Suchsysteme bis hin zu Einrichtungen für Textverarbeitung und Desktop-Publishing. Doch als noch schwieriger erweist sich die Aufgabe der Entwicklung und Wartung von Wissensbanken in verschiedenen Funktionen und Abteilungen – angefangen von Netzwerken zwischenmenschlicher Beziehungen über Funktionen und Verantwortlichkeiten, wie sie weiter oben beschrieben wurden, bis hin zu unternehmensübergreifenden Kontakten. Nur wenigen Organisationen ist bisher die Einrichtung einer voll funktionsfähigen Infrastruktur gelungen. So hat John Peetz, Wissensdirektor bei *Ernst & Young*, eine umfangreiche organisatorische Infrastruktur für Wissensmanagement aufgebaut. Es gibt „Wissensräte" auf internationaler Ebene, auf nationaler Ebene und auf der Ebene der Geschäftseinheiten (Revision, Steuern, Beratung). Innerhalb der Beratungsorganisation, die als erste ein Wissensmanagement einführte, wurden „Wissensnetzwerke" für jeden wichtigen Praxisbereich entwickelt. Die Schaffung und Wartung einer solchen Infrastruktur erfordert einen beträchtlichen Aufwand an Zeit und Mühe, aber anders ist die Institutionalisierung von Wissensmanagement nicht möglich.

Zudem wird keine Wissensmanagement-Initiative viel nützen, wenn sie nicht eng an Dollar, Yen und Mark gekoppelt ist. Der Wissensdirektor muß bestimmen, wie ein besseres Wissensmanagement dem Unternehmen künftig zur Erwirtschaftung oder Einsparung von Geld verhilft und wie dieser Zusammenhang zu dokumentieren ist. Gordon Petrash hat bei *Dow Chemical* allein durch verbessertes Patentmanagement Einsparungen von mehr als 4 Millionen Dollar erzielt. Bei *Buckman Laboratories* können keine Erfolgszahlen in bezug auf eine Erlössteigerung genannt werden, aber „narratives Wissensmanagement" gilt als sehr wichtig: Im Unternehmen kursieren zahlreiche Erfolgsgeschichten, wie die Weitergabe und Nutzung von Wissen zu hohen Umsätzen geführt haben, die sonst nicht zustande gekommen wären. Zahlen und Geschichten sind letztlich die schlagkräftigsten Waffen, wenn eine Budgetverlängerung ansteht. Das vielleicht beste Beispiel für die Bemessung des Nutzwertes von Wissen liefert *Skandia*: Leif Edvinsson, Direktor für intellektuelles Kapital, hat bereits mehrere Jahresberichte über eine solche Unternehmenskapitalbildung veröffentlicht.

Ein an Erfolgsgeschichten orientiertes Wissensmanagement kann für einen Wissensdirektor die beste Methode zur Rechtfertigung von Wissensaktivitäten sein.

Wie bei allen neu eingerichteten Positionen im Unternehmen sind die persönlichen Attribute eines Wissensdirektors von entscheidender Bedeutung. Aus unserer Perspektive sollte ein Wissensdirektor nach Möglichkeit die nachstehend aufgeführten Eigenschaften (zusätzlich zu den allgemeinen Charakteristika und Kompetenzen von Spitzenführungskräften) mitbringen. Sollten Sie an der Position eines Wissensdirektors interessiert sein, können Sie Ihr Potential an diesen Kriterien messen:

- Gründliche Erfahrungen in mindestens einem Bereich des Wissensmanagements (einschließlich Schaffung, Verbreitung oder Anwendung von Wissen)
- Vertrautheit mit wissensorientierten Organisationen und Technologien (Bibliotheken, Groupware usw.)

- Ausstrahlung von hoher „Wissenskompetenz" und Professionalität
- Vertrautheit (und idealerweise persönliche Erfahrung) mit den wichtigsten Betriebsabläufen im Unternehmen

Wie diese Auflistung zu erkennen gibt, erfordert die Position von Wissensdirektoren eine Mischung aus technischen, zwischenmenschlichen und finanziellen Kompetenzen. Zwar sollten auch Erfahrungen in der Anwendung technologischer Hilfsmittel zur Erfassung und Vermittlung von Wissen vorhanden sein, aber ein guter Wissensdirektor verbindet seine Neigung zu technologisch basiertem und explizitem Wissen stets mit einem Gespür für die kulturellen Faktoren und für Verhaltensweisen, die den Umgang mit Wissen behindern beziehungsweise fördern. Umgekehrt sollte die feste Überzeugung, daß Wissen ein wertvolles Gut ist, immer mit kühlem Geschäftssinn einhergehen. Den für die Einstellung von Mitarbeitern zuständigen Führungskräften wie auch unseren persönlichen Erfahrungen zufolge ist diese Kombination harter und weicher Attribute in „Personalunion" nur schwer zu finden.

Die Berichtsstrukturen, die zwischen der Funktion des Wissensdirektors und den übrigen Unternehmenseinheiten vermitteln, sind ebenfalls von Bedeutung – nicht nur für die Abwicklung der täglichen Routine, sondern auch wegen ihres symbolischen Werts. Unsere Forschungsarbeiten zeigen, daß generell drei Optionen für die Einordnung der Funktion des Wissensdirektors in das Unternehmensorganigramm genutzt werden: Entweder schafft man eine eigenständige Führungsposition, oder der Wissensdirektor wird dem Personalwesen einerseits beziehungsweise der Informationstechnik andererseits zugeordnet.

Weiter unten werden wir Unternehmen beschreiben, die mit einigem Erfolg die Wissensmanagement-Funktion dem Personalwesen beziehungsweise dem informationstechnischen Bereich angegliedert haben. Allerdings haben diese beiden traditionellen Funktionen viele Verantwortlichkeiten wahrzunehmen, die kaum etwas mit Wissen zu tun haben. Eine Kombination des Wissensmanagements mit diesen Bereichen schmälert zwangsläufig die Bedeutung des Umgangs mit Wissen: Die Mitarbeiter gewinnen den Eindruck, daß Wissensmanagement weniger wichtig ist als die herkömmlichen Funktionen.

Die Einrichtung einer eigenständigen Führungsposition ist daher vorzuziehen. Wie oben ausgeführt, hat der Wissensdirektor derart wichtige und komplexe und sicher auch hinreichend substantielle Aufgaben wahrzunehmen, daß eine unabhängige Funktion gerechtfertigt ist. Außerdem wird der Organisation mit der Schaffung einer neuen Funktion und Infrastruktur ein wichtiges Signal vermittelt, während eine Einbindung des Wissensmanagements in eine vorhandene Funktion die neue Funktion als einen weniger wichtigen, leicht zu übersehenden Bereich ausweist. Natürlich muß auch ein unabhängiger Wissensdirektor ständig um enge Kontakte zu den Informationsexperten und den Führungskräften im Personalwesen bemüht sein. Die organisatorisch eigenständigen Wissenseinheiten, die wir bisher kennengelernt haben, sind direkt dem Geschäftsführer beziehungsweise Unternehmensleiter unterstellt, aber es gibt auch Beispiele für Funktionen, die dem Aufgabenbereich des Wissensdirektors entsprechen und vom Leiter der F+E-Abteilung oder dem Leiter der informationstechnischen Systeme wahrgenommen werden.

Im Zusammenhang mit der Berichtsstruktur des Wissensdirektors stellt sich das heikle Problem, wie die Parameter für Wissensmanagement, organisatorisches Lernen und intellektuelles Kapital abzugrenzen sind. Die drei Bereiche weisen ganz offensichtlich Überschneidungen auf, aber die leitenden Funktionen umfassen jeweils unterschiedliche Verantwortungen und verlangen meist Funktionsträger mit unterschiedlicher Ausbildung. Unserer Meinung nach sollten die Unternehmen diese Funktionen integrieren – was bisher allerdings nur in wenigen Fällen geschehen ist. Wenn ein Unternehmen der neu zu schaffenden Position etwa die Bezeichnung *Wissensdirektor* gibt, ist durchaus zu erwarten, daß die Funktion in erster Linie auf die Erfassung und sinnvolle Anwendung strukturierten Wissens ausgerichtet ist und zu diesem Zweck vor allem die informationstechnischen Möglichkeiten nutzt. Die mit diesen Funktionen beauftragten Wissensdirektoren kommen häufig aus technologieorientierten Bereichen, bringen meist aber auch Erfahrung in bezug auf kulturellen und organisatorischen Wandel mit. Nick Rudd beispielsweise gab auf eigenen Wunsch seine Funktion als Leiter der Informationstechnik bei der großen Werbeagentur *Young & Rubicam* auf, um eine neue Aufgabe als Wissensdirektor bei einer der *Y&R*-Sparten (*Wunderman Cato Johnson*) zu übernehmen. Rudd hatte seit Jahren in einen stärker wissensorientierten Bereich wechseln wollen, vertrat aber die Ansicht, auf Spartenebene einen direkteren Einfluß ausüben zu können, und diese Sparte war nun mehr als jede andere am Wissensmanagement interessiert. Über zwanzig Jahre war er Technologiemanager gewesen, hatte zugleich aber eine starke Neigung zur Problematik des Lernens und Wandels entwickelt. Auch Mark Demerest, Wissensdirektor bei *Sequent Computer*, war früher Führungskraft in der technologisch orientierten Architektur-Gruppe des Unternehmens gewesen und hatte sowohl unternehmensintern als auch mit Kunden an architektonischen Planungsaufgaben gearbeitet.

Wenn im Gegensatz dazu die neue Funktion eine Bezeichnung wie *Direktor für den Bereich Lernen* trägt, hat der Aufgabenbereich höchstwahrscheinlich mehr mit Aus- und Weiterbildung zu tun als mit der Erfassung und Nutzung strukturierten Wissens. Vermutlich wird dabei das Personalwesen ebenfalls eine größere Rolle spielen als die für Informationssysteme zuständige Gruppe. Meist sind solche „Lerndirektoren" zumindest für die Förderung von Nachwuchsführungskräften und zuweilen auch für die Aus- und Weiterbildung aller Mitarbeiter zuständig. Lerndirektoren kommen in aller Regel aus dem Personalwesen oder aus einem mit Organisationsentwicklung befaßten Bereich. Steve Kerr, Lerndirektor bei *General Electric*, war früher Professor für Organisationsverhalten und leitet heute das *GE*-Ausbildungszentrum in Crotonville, New York. Der erste Lerndirektor von *Monsanto* war zuvor Leiter des Personalwesens gewesen. Beide Manager zeigen auch Interesse am Management expliziten Wissens, aber ihr vorrangiges Anliegen ist die Fortbildung von Führungskräften und Mitarbeitern.

Positionen, deren Bezeichnung einen Hinweis auf „intellektuelles Kapital" oder „intellektuelle Vermögenswerte" enthalten, sind meist in der Mitte angesiedelt, wobei der Schwerpunkt eindeutig auf der Umwandlung von Wissen in Erlöse und Gewinne liegt. Die beiden prominentesten Positionsinhaber in diesem Zusammenhang sind Leif Edvinsson bei *Skandia* und Gordon Petrash bei *Dow Chemical*. Wie weiter oben bereits erwähnt wurde, konzentriert sich Edvinsson darauf, das intellektuelle Kapital von *Skandia* zu bewerten und die Investment-Community über diesen Vermögenswert zu informieren. Der offizielle Titel von Petrash lautet „Global Director of Intellectual Asset/Intellectual Capital Management": Petrash kommt aus einem F+E-orientierten Bereich und ist vorrangig mit dem Management des intellektuellen Eigentums bei *Dow Chemical* befaßt – einschließlich der Verwaltung von Patenten und Lizenzen.

Einen der ausgeglichensten Ansätze zur Schaffung einer leitenden Position für das Wissensmanagement hat *Coca-Cola* aufzuweisen. Judith Rosenblum wurde 1995 zur ersten Lerndirektorin bei *Coca-Cola* ernannt; zuvor war sie Leiterin des Bereichs „Lernen, Aus- und Weiterbildung und Personalwesen" bei *Coopers & Lybrand* gewesen. Doch ihr

Aufgabenbereich bei *Coca-Cola* geht weit über die übliche Bürokratie in der Fortbildung und im Personalwesen hinaus: Er umfaßt organisatorisches Lernen, Wissensmanagement und eine feste Anbindung von Wissen und Lernen an den Shareholder-Value. Die Führungskräfte, die Judith Rosenblum unterstellt sind, zeichnen jeweils für einen dieser Bereiche zuständig, während sie für die Integration verantwortlich ist. Wie John Peetz bei *Ernst & Young* ist Judith Rosenblum vorrangig um Einrichtung einer organisatorischen Infrastruktur für Wissen und Lernen bemüht und bildet ein großes Kontingent an vielversprechenden Nachwuchsmanagern für leitende Positionen im unternehmensweiten Wissensmanagement heran.

Funktionen wie die eines Wissensdirektors bieten sich besonders in Unternehmen an, in denen Wissen eine entscheidende Unternehmensressource darstellt. Zu solchen Unternehmen zählen professionelle Dienstleister, und viele von ihnen – darunter *Ernst & Young, IBM Consulting, Coopers & Lybrand, Booz, Allen & Hamilton* sowie *EDS* – haben leitende Wissensmanagement-Positionen eingerichtet. Auch *Young & Rubicam* und die Tochtergesellschaften, von denen eine bereits die Position eines Wissensdirektors geschaffen hat, verkaufen Werbe- und Marketingwissen. Wie diese Organisationen erkannt haben, sind ihre Klienten nicht nur an den Diensten einzelner Experten, sondern am kumulierten Wissen ihrer weltweit tätigen Beraterstäbe interessiert.

Bei *Ernst & Young* beispielsweise leitet der Wissensdirektor nicht nur die oben angesprochene organisatorische Infrastruktur, sondern arbeitet gemeinsam mit Technologen an der Entwicklung einer wissensorientierten Infrastruktur. Zu seinen Aufgaben gehört es auch, die strategische Ausrichtung der Unternehmensbereiche *Revision, Steuern* und *Beratung* in spezifische Wissenserfordernisse und positive Verhaltensweisen im Umgang mit Wissen umzusetzen. Einige der auf nationaler Ebene tätigen Filialen haben ihren eigenen Wissensdirektor bestellt – so in Kanada, in Großbritannien und auf dem europäischen Kontinent; diese Filialdirektoren koordinieren ihre Aktivitäten über ein internationales Wissenskomitee.

Wissensdirektoren sollten auch in Unternehmen eingesetzt werden, in denen Wissen in die Verkaufsprodukte eingebunden ist oder bei Kundendienstleistungen eine wichtige Rolle spielt. Dies trifft beispielsweise für Unternehmen in der Computerbranche zu. So richtete *Sequent Computer* eine Position für einen Wissensdirektor ein, als die Führungskräfte erkannten, daß ein Wissensmanagement (in Form eines als „Corporate Electronic Library" bezeichneten Online-Speichers) für den Absatz seiner Highend-Server und das erst kürzlich gegründete Dienstleistungsgeschäft von entscheidender Bedeutung war.

Des weiteren sind Wissensdirektoren in Unternehmen anzutreffen, die man aufgrund ihrer Branchenzugehörigkeit zunächst kaum mit Wissen in Verbindung bringen würde – zum Beispiel Versicherungsunternehmen. So haben *Skandia* in Schweden und *Lincoln National Life* in den Vereinigten Staaten wie auch verschiedene kanadische Versicherungsgesellschaften Positionen geschaffen, die der eines Wissensdirektors sehr nahe kommen. Doch das Versicherungsgeschäft umfaßt in der Tat einige wichtige Wissensbereiche – zum Beispiel zeichnungsrechtliches Wissen, versicherungsmathematisches Wissen und Investment-Wissen. Versicherungsunternehmen zählten in den 80er Jahren sogar zu den aktivsten Entwicklern computerbasierter Expertensysteme. Einige Direktoren von Versicherungsgesellschaften haben uns gegenüber behauptet, sie seien eigentlich in einer Wissensbranche und nicht im Versicherungsgeschäft tätig; allerdings steht unserer Meinung nach eine Erklärung der mit solchen Behauptungen verbundenen Konsequenzen noch aus.

Wie dem auch sei: Die Einrichtung der Position eines Wissensdirektors ist nicht für jedes Unternehmen sinnvoll.

Selbst in Unternehmen, in denen Wissensmanagement durchaus populär ist, können Umstände vorliegen, die gegen die Position eines Wissensdirektors sprechen. So hat das Unternehmen vielleicht eine derart dezentralisierte Organisationsstruktur, daß eine zentrale Wissensfunktion schlicht unzweckmäßig wäre. Trotz der Tatsache, daß in verschiedenen Unternehmensteilen ein Dutzend oder mehr Wissensmanagement-Initiativen eingeleitet worden sind, bezweifeln die Führungskräfte bei *Hewlett-Packard*, daß eine formale Wissensdirektor-Position jemals als Bereicherung des Organigramms gelten könnte. Das Unternehmen besteht aus einer Reihe dezentralisierter, autonomer Geschäftseinheiten: Der Versuch eines zentral tätigen Wissensdirektors, auf die Wissenspläne und wissenspolitischen Richtlinien der Sparten Einfluß zu nehmen, entspräche in keiner Weise dem bei *Hewlett-Packard* praktizierten Unternehmensstil – dem „HP Way".

Ein weiterer Grund, der gegen die Einrichtung einer leitenden Position im Wissensmanagement sprechen könnte, ist dann gegeben, wenn alle wichtigen Funktionen eines Wissensdirektors bereits von anderen Führungskräften wahrgenommen werden. So arbeiten bei *Andersen Consulting* bereits über 200 Wissensmanager in verschiedenen unternehmensinternen Branchen- oder Kompetenzgruppen, ohne daß die Position eines Wissensdirektors im Unternehmen vorgesehen wäre. Die Funktionen eines Wissensdirektors sind derzeit auf verschiedene andere Funktionen aufgeteilt: Wie bei vielen anderen Partnerschaften besteht auch bei *Andersen* eine Abneigung gegen „Overhead"-Funktionen auf höherer Führungsebene. Die für das Wissensmanagement erforderlichen Führungsaufgaben sind größtenteils gut abgedeckt, zumal der bei *Andersen* eingerichtete Wissensspeicher (*Knowledge Xchange*) zu den ehrgeizigsten und erfolgreichsten Wissensinitiativen zählt, die es zur Zeit gibt. Das *Andersen*-System hat 40 000 Benutzer, umfaßt Tausende von Wissensbanken und liefert zahlreiche Beispiele für erfolgreiche Anwendungen in der Klientenarbeit des Unternehmens.

Wo die Einrichtung einer Wissensdirektor-Position auf Hindernisse stößt, kann eine Kombination mit anderen Funktionen zweckmäßig sein. Zum Beispiel haben die Leiter der informationstechnischen Dienste bei Unternehmen wie *Hewlett-Packard* und *General Motors* die Verantwortung für das Wissensmanagement in ihren Zuständigkeitsbereich übernommen. Bei *Buckman Laboratories* wurde der bisherige Direktor des Bereichs *Informationssysteme* zum *Wissenstransfer*-Direktor ernannt, betreut aber weiterhin die Informationssysteme des Chemieunternehmens. Und als bei *Lincoln National* der Direktor für Informationstechnik aus dem Unternehmen ausschied, übernahm ein neuer Direktor für „Informationstechnik und Wissensmanagement" die vakante Position. Da mit der Einrichtung und Wartung einer informationstechnischen Infrastruktur stets erhebliche organisatorische Verantwortung verbunden ist, fällt die Konzentration auf das Wissensmanagement leichter, wenn ein Teil der informationstechnischen Aktivitäten auf andere Abteilungen übertragen oder extern vergeben wird. Bei *General Motors* wurde das Wissensmanagement zunächst vom Leiter der Informationstechnik wahrgenommen, dann aber einer marketingorientierten Gruppe zugeordnet, als ein neuer Manager die Informationstechnik übernahm.

In dezentralisierten Organisationen macht es Sinn, die Funktionen eines Wissensdirektors auf andere Führungskräfte zu verteilen.

Die meisten Wissensdirektoren meinen, selbst kaum etwas bewerkstelligen zu können; sie managen andere, die für die taktische Arbeit des Wissensmanagements zuständig sind. Doch ist uns ein Fall bekannt, in dem der Wissensdirektor auf sich gestellt beziehungsweise auf die Kooperation von Managern und Mitarbeitern angewiesen ist, die keine

Wissensexperten sind: Nick Rudd, Wissensdirektor bei der Sparte *Wunderman Cato Johnson* (*Young & Rubicam*), hat es bewußt vermieden, sich einen eigenen Mitarbeiterstab aufzubauen, weil er die Ansicht vertritt, der Umgang mit Wissen sei eine Aufgabe, die alle Wissensarbeiter zu leisten hätten. Er ist bemüht, die Manager des Direktmarketing-Unternehmens dazu zu bringen, selbst Projekte in Angriff zu nehmen und diese mit Hilfe ihrer eigenen Leute durchzuführen. *Wunderman* hat die Funktion von Rudd erst kürzlich eingeführt – vermutlich ist es für eine Beurteilung der Ergebnisse noch zu früh.

Wir haben vier Funktionsebenen beim Wissensmanagement beschrieben: (1) Wissensorientierte Linienmitarbeiter, die den Umgang mit Wissen im Rahmen ihrer sonstigen Tätigkeiten bewältigen müssen; (2) Mitarbeiter im Wissensmanagement; (3) Manager von Wissensprojekten und (4) die Position des Wissensdirektors. So zumindest stellt sich die Organisationsstruktur für den Umgang mit Wissen in führenden Unternehmen dar. Manch ein Unternehmen wird andere Strukturen bevorzugen, doch irgend jemand *muß* solche Funktionen und Aktivitäten übernehmen, wenn dem Unternehmen ernstlich am Wissensmanagement gelegen ist.

Dennoch darf nicht übersehen werden, daß Wissensmanagement ein in der Entwicklung befindlicher Bereich ist und vorrangig in Unternehmen erforscht wird, in denen Geschäftsaktivitäten und organisatorische Umfelder einem raschen Wandel ausgesetzt sind. Deshalb sollte jedes an Wissensmanagement interessierte Unternehmen bereit sein, seine Strukturen und Funktionen immer wieder anzupassen. So kommentiert denn auch ein Wissenschaftler die Organisationsstrukturen in den sich rasch wandelnden *Silicon-Valley*-Unternehmen wie folgt:

Die zentrale Bedeutung informeller Netzwerke in *Hightech*-Unternehmen ist auf die Tatsache zurückzuführen, daß die Produktivität wissensbasierter Einheiten von den Fähigkeiten, dem Engagement, der Motivation und den Beziehungsstrukturen der Mitarbeiter abhängt. Die lassen sich nicht auf vorbestimmte Funktionen und Positionen in einer maschinenmäßigen Hierarchie programmieren. Außerdem läßt ein kontinuierlicher Wandel institutionalisierte Funktionen und Positionen schnell veralten.[6]

Wenn es ein vorrangiges Prinzip bei den Funktionen und Verantwortlichkeiten im Wissensmanagement zu beachten gilt, so ist dies die Forderung nach konkreten Positionen mit gezielt eingesetzten Ressourcen. Die Tatsache, daß Wissensmanagement in der Vergangenheit wenig erfolgreich war, ist unter anderem darauf zurückzuführen, daß keiner so recht zuständig war. In Anbetracht unseres heutigen hektischen Unternehmensumfelds sind die Mitarbeiter kaum in der Lage, zusätzlich zu ihrer eigentlichen Tätigkeit noch unternehmensweite Verantwortlichkeiten im Rahmen des Wissensmanagements zu übernehmen. Sie können sich schon glücklich schätzen, wenn sie die Zeit finden, ihr eigenes Wissen zu managen und es mit anderen zu teilen!

Anmerkungen

1. Christopher Bartlett (1996) „Managing Knowledge and Learning at McKinsey & Company" (Fallstudie an der *Harvard Business School*).
2. Tom Peters (1992) *Liberation Management* (New York: Knopf), 408.
3. Dorothy Leonard-Barton (1995) *Wellsprings of Knowledge* (Boston: Harvard Business School Press).
4. Wir haben von der Situation bei *Owens-Corning* durch Interviews mit den Führungskräften des Unternehmens sowie durch folgende Veröffentlichung erfahren: Nancy Lemon (1996)

„Climbing the Value Chain", *Online* 20, Nr. 6 (November-Dezember 1996): 1–3.
5. Diesen Zusammenhang haben wir bereits in folgendem Artikel diskutiert: „Blow Up the Corporate Library", *International Journal of Information Management* (Winter 1993): 405–412.
6. Homa Bahrami (1996) „The Emerging Flexible Organization: Perspectives from Silicon Valley", in *Knowledge Management and Organizational Design*, herausgegeben von Paul S. Myers (Boston: Butterworth-Heinemann), 64–65.

*Die wirkliche Gefahr ist nicht, daß Computer
wie Menschen denken könnten,
sondern daß Menschen
wie Computer denken.*
– *Sydney J. Harris*

Kapitel 7

Technologien für das Wissensmanagement

Wie wir in diesem Buch immer wieder feststellen, bedeutet Wissensmanagement weitaus mehr als nur Technologie – wenngleich „Techknowledgy" beim Wissensmanagement sicher eine wichtige Rolle spielt. So hat das fortschrittliche technische Wissen neuer Technologien wie *Lotus Notes* und *World Wide Web* geradezu als Katalysator der Wissensmanagement-Bewegung gewirkt. Da uns der Umgang mit Wissen und Wissensnutzung seit jeher vertraut sind, muß es schon an der Verfügbarkeit dieser neuen Technologien liegen, daß gerade in unserer Zeit das Wissensfeuer neu entfacht worden ist.

Ein Positivbeispiel: *Hewlett-Packard*

Bei *Hewlett-Packard* schießen Wissenstechnologien wie Pilze aus dem Boden. Irgendwann 1995 kam den Managern der *HP*-Informationssysteme der Gedanke, wirkliches Wachstum im Anwendungsbereich habe vielleicht weniger mit Daten als vielmehr mit Technologien zum Managen von Wissen, Fachkenntnissen und einschlägigen Dokumenten zu tun. Sie beriefen einen Workshop zur Diskussion von Wissensmanagement-Anwendungen ein und stellten mit Erstaunen fest, daß es bereits mehr als 20 solcher Anwendungstechnologien gab. Da die meisten dieser Anwendungen auf *Web*-basierten Intranets oder *Lotus Notes* aufbauten, legten die für die Informationstechnik zuständigen *HP*-Manager als generelle Richtlinie fest, *Notes* sollte für diskussionsorientierte Anwendungen und das *Web* zur breiteren Veröffentlichung von Wissensinhalten genutzt werden. Natürlich gestaltete sich die praktische Anwendung der Instrumente komplexer als diese Richtlinien.

Heute ist *Hewlett-Packard* ein Paradebeispiel für *Web*-basiertes Wissensmanagement. Das unternehmensinterne System *Electronic Sales Partner (ESP)* umfaßt Hunderttausende von Dokumenten, die den Vertrieb von *HP*-Computersystemen im Rahmen des Verkaufsprozesses unterstützen. Weißbücher, Verkaufspräsentationen, technische Spezifikationen und Hinweise auf externe Materialien sind weltweit über das *HP*-Intranet abrufbar. Jeder *HP*-Mitarbeiter kann ein Dokument zur potentiellen Aufnahme in das *ESP*-System vorlegen; eine kleine Gruppe von Gutachtern befindet darüber, ob es sich um netzgeeignete Dokumente mit Unikatcharakter handelt. Schließlich werden die ausgewählten Dokumente noch automatisch klassifiziert: Maßgeblich ist ein Metawissen (Kategorisierung in bezug auf Wissenstyp und Wissensformat), das von dem Mitarbeiter bereitgestellt wird, der das Dokument vorgelegt hat. Das System umfaßt auch einen Suchmechanismus – einen Browser zum Auffinden von Dokumenten nach Kategorien, Instrumente zur Ermittlung von Abrufgewohnheiten seitens der *HP*-Mitarbeiter sowie Speichermöglichkeiten für Dokumente, die in letzter Zeit nicht abgefragt worden sind. In Anbetracht der Häufigkeit, mit der Wissen zur Speicherung vorgeschlagen beziehungsweise abgerufen wird, sowie positiver Kommentare zur Nutzung von *ESP* bei erfolgreichen Verkaufsabschlüssen gilt das System als ein Riesenerfolg. Der für den vertriebstechnischen Bereich zuständige Manager spricht von der „erfolgreichsten Software-Implementierung", die er seit 20 Jahren erlebt habe, und bescheinigt ein „phänomenales Feedback sowohl seitens der Antragsteller [zur Aufnahme von Informationen] als auch der Nutzer". Als einzige Schwierigkeit gilt bei *HP* das Navigieren durch die immense Anzahl von Dokumenten – ein Problem, das vermutlich eher noch größer werden wird.

HP bringt in seinen F+E-Laboratorien noch ein weiteres *Web*-basiertes System mit der Bezeichnung *Connex* zur Anwendung, das der Experten-Ermittlung dient: Mit *Connex* ist ein *HP*-Mitarbeiter in der Lage, einen Experten in den *HP*-Laboratorien ausfindig zu machen, der beispielsweise im Bereich *Elektrotechnik* promoviert hat, sich mit *ISDN* auskennt und in Deutschland lebt. Das Unternehmen hat die technische Seite dieses „Suchdienstes" gemeistert, kämpft aber noch damit, die Wissenschaftler zur Bereitstellung ihrer Biographien zu motivieren. Hinzu kommt, daß der Begriff *Experte* alles andere als geklärt ist. Dasselbe System wird auch zur Ermittlung von Experten im Schulungs- und Ausbildungsbereich eingesetzt.

Hewlett-Packard nutzt *Notes* sowohl für interne als auch für externe Wissensanwendungen: Ein „Trainers' Trading Post" bietet sämtlichen Ausbildern und Dozenten bei *HP* Gelegenheit zum Erfahrungsaustausch über Ausbildungsprogramme und -angebote; extern wird den Wiederverkäufern von *HP*-Computersystemen mit einer *Notes*-basierten Anwendung unter der Bezeichnung *HP Network News* die Möglichkeit gegeben, Produkt- und Servicewissen abzurufen, ohne einen Telefonanruf tätigen zu müssen.

Notes und das *Web* sind die augenfälligsten Wissensinstrumente bei *HP*, aber darüber hinaus werden noch viele grundlegende infrastrukturelle Elemente genutzt, die das

Wissensmanagement ebenfalls unterstützen. So sind die verschiedenen Wissensspeicher bei *HP* vor allem deshalb so nützlich, weil unternehmensweit ein einheitliches Instrumentarium für Textverarbeitung, Präsentationen und Tabellenkalkulation eingesetzt wird. Jedes im Unternehmen erstellte Dokument kann somit von anderen Nutzern gelesen und modifiziert werden. Bei vielen Wissensanwendungen werden auch infrastrukturelle Instrumente wie Datenbank-Managementsysteme, Dokumenten-Suchsysteme und das weltweite *HP*-Kommunikationsnetz genutzt. Die Technologiemanager von *HP* untersuchen derzeit ein neues Instrument namens *GrapeVINE*: Es soll die gezielte Verbreitung von Wissen nach Maßgabe inhaltlicher Kategorien ermöglichen, die von den Wissensnutzern vorgegeben werden.

Dem Wissensmanagement käme bei *HP* wie bei vielen anderen Unternehmen ohne derartige wissensorientierte Technologien eine weitaus geringere Bedeutung zu. Der wertvollste Beitrag der Technologie zum Wissensmanagement ist die Erhöhung von Reichweite und Geschwindigkeit beim Wissenstransfer. Die Informationstechnologie macht es möglich, daß individuelles oder kollektives Wissen zunächst ermittelt und strukturiert und dann von anderen Mitgliedern der Organisation oder von Geschäftspartnern weltweit genutzt werden kann. Zudem fördert die Technologie die Kodifizierung – und zuweilen sogar die Generierung – von Wissen.

Doch *Wissensmanagement-Technologie* ist ein umfassendes Konzept, das weitaus mehr beinhaltet als *Notes* und das *Web*. Den Unternehmen stehen im Zusammenhang mit den Zielen des Wissensmanagements vielfältige Anwendungstechnologien zur Verfügung, die zum Teil schon jahrelang auf dem Markt sind. Im vorliegenden Kapitel wollen wir diese Technologien prüfen, ihre Anwendung auf die Probleme beim Wissensmanagement erörtern und beschreiben, wie sie sich mit verstärkt menschbezogenen Ansätzen zur

Schaffung einer dynamischen Wissensumgebung kombinieren lassen.

Expertensysteme und künstliche Intelligenz

Wissensmanagement gilt als relativ neues Forschungsgebiet, doch um den Einsatz von Technologien zur Erfassung und Organisation von Wissen ist man seit Jahrzehnten bemüht. Unter dem Schlagwort „künstliche Intelligenz" waren solche Ansätze auf die Organisation enger Wissensbereiche wie Computerkonfigurationen oder die Diagnose eines bestimmten Krankheitstyps beschränkt. Wir wollen diese Technologien – darunter Expertensysteme, Auswertemechanismen für Fallanalysen *(Case-based Reasoning, CBR)* und neuronale Netze – hier nur kurz erörtern, zumal dazu umfangreiche Literatur vorliegt.[1] Wir werden uns hauptsächlich mit dem Anwendungspotential solcher Technologien im Unternehmensumfeld befassen und einige neuere Technologien wie *Notes* und das *Web* erläutern, die sich im Umgang mit unternehmensorientiertem Wissen durchgesetzt haben.

Wie viele Technologiebereiche hat auch die Wissenstechnologie unter einer zu hohen Erwartungs- und Anspruchshaltung leiden müssen – besonders im Hinblick auf Expertensysteme. Die Behauptung, das hochgelobte Potential von Expertensystemen sei nie erreicht worden, ist durchaus gerechtfertigt. Das folgende Zitat ist typisch für Erklärungen, wie sie vor kaum mehr als einem Jahrzehnt verkündet wurden:

> Es ist noch zu früh, die Größenordnung des Beitrags von Expertensystemen zur Erweiterung menschlicher Fähigkeiten und zu unserer Effektivität als Manager bestimmen

zu wollen, und es wäre einigermaßen verwegen, wollte man sie bereits mit der Dampfkraft und der Elektrizität in eine Reihe stellen. Aber ihr Beitrag wird sich in solchen Kategorien bewegen und sehr tiefgreifende Konsequenzen haben.[2]

Andere Autoren spekulierten, Expertensysteme würden „die Unternehmensabläufe durch Einflußnahme auf die menschliche Einstellung zur Problemlösung verändern", „Amerika bei der Lösung seiner Produktivitätsprobleme helfen" und „den Unternehmen die Umstrukturierung zu effizienteren und effektiveren Organisationen erleichtern". Mit solchen Systemen würden „Manager befähigt, mehr Aktivitäten und Mitarbeiter zu überwachen und zugleich Qualität und Quantität ihrer Entscheidungen zu erhöhen", „Ausbildungsprogramme revolutioniert" – kurzum, „Unternehmensumgebungen insgesamt sehr viel rationaler zu gestalten sein".[3]

Die überzogensten Visionen stammten von Verfechtern, denen zufolge die Leistungen des menschlichen Gehirns letztlich durch Maschinen ersetzt würden. Nachstehend ist eine Voraussage des *MIT*-Professors Marvin Minsky aus dem Jahr 1970 wiedergegeben:

> In drei bis acht Jahren werden wir über eine Maschine mit der generellen Intelligenz eines Durchschnittsmenschen verfügen. Ich meine damit eine Maschine, die in der Lage ist, Shakespeare zu lesen, einen Ölwechsel vorzunehmen, mikropolitische Spielchen zu treiben, einen Witz zu erzählen und Streitgespräche zu führen. Von da an wird sich die Maschine mit phantastischer Geschwindigkeit selbständig weiterbilden. In wenigen Monaten wird sie das Niveau eines Genies erreicht haben, und wiederum einige Monate später wird ihr Potential unkalkulierbar geworden sein.[4]

Unseres Wissens sind weder Expertensysteme noch andere Zweige der künstlichen Intelligenz je an diese Voraussage herangekommen. Selbst die Vorstellung von einem Computer, der Ölwechsel bei Autos vornehmen könnte, ist derzeit völlig unrealistisch. Im Gegenteil: Der begrenzte Erfolg von Systemen der künstlichen Intelligenz hat eine um so größere Wertschätzung des Reichtums und der Komplexität menschlichen Wissens zur Folge. Betrachten wir in diesem Zusammenhang das Beispiel von *McDonnell Douglas* (inzwischen Teil von *Boeing*): Das Unternehmen hat

Die Mängel der künstlichen Intelligenz sollten unsere Hochachtung vor menschlichen Gehirnleistungen steigern.

ein Expertensystem entwickelt, mit dem Flugzeuge im Landeanflug zwecks Absicherung einer günstigen Landeposition überprüft werden. Wie das Unternehmen wußte, vermochte erfahrenes Bodenpersonal auf den ersten Blick zu sagen, ob ein Pilot eine Höhenanpassung vornehmen (die Nase hochziehen oder senken) beziehungsweise Kurvenlage, Feinjustierung oder Geschwindigkeit revidieren mußte. Das Bodenpersonal hatte Tausende von Landungen beobachtet und dabei eine Menge Informationen internalisiert: Die Leute wußten intuitiv, wie eine gute Landung aussehen mußte, waren aber nicht in der Lage, den Piloten die erforderlichen Korrekturen mitzuteilen. Darüber hinaus strebte *McDonnell Douglas* ein System an, das auch bei schlechter Sicht funktioniert. Also entschied sich das Unternehmen für die Entwicklung eines Expertensystems, bei dem das menschliche Wissen erfaßt werden sollte. Man interviewte und testete die Bodenmannschaften, um soviel wie möglich von dem in Erfahrung zu bringen, was in dieser kurzen Phase an Reaktionen zu beobachten war. Dann gab man das Material in ein System ein, das schließlich die Genauigkeit des zwei Sekunden währenden menschlichen Blicks zu 80 bis 85 Prozent erreichte – ein Erfolg, der nach Aussage von *McDonnell Douglas* den Aufwand gelohnt hat. Dennoch: Die Tatsache, daß zwei Jahre und ein beträchtlicher Kostenaufwand erforderlich waren, um einen doch relativ kleinen und direkten Ausschnitt menschlichen Fachwissens zu erfassen, zeigt, wie schwierig die Einbindung impliziten Wissens in ein solches System ist.

Ein anderer Zweig der künstlichen Intelligenz versucht, die Kraft verbaler Aussagen mit der Kodifizierung von Wissen in Computern zu kombinieren. Unter der Bezeichnung *Case-based Reasoning (CBR)* soll diese Technologie Wissen aus Textreihen oder Fallanalysen zu einem Problembereich auswerten. Die *CBR*-Technologie hat bereits kommerzielle Erfolge bei der Lösung von Kundendienstproblemen erzielt: Über 500 Firmen setzen zu diesem Zweck *CBR*-Systeme ein. Anders als Expertensysteme, die wohlstrukturierte Regeln ohne Überschneidungen voraussetzen, können die Auswertestrukturen für solche Fallanalysen die fließenden Denkvorgänge im menschlichen Gehirn wiedergeben. Einer der Experten dieser Technologie meint dazu:

> Der Auswertemechanismus für Fallanalysen ist nicht nur ein plausibles Denkmodell, sondern auch eine Methode zur Entwicklung intelligenter Systeme. Er gründet auf gesundem Menschenverstand und auf der Beobachtung menschlicher Wahrnehmung und läßt sich auf eine Vielzahl von Inferenzaufgaben anwenden, wobei jeweils die Möglichkeit zur Erzielung gesteigerter Effizienz und erhöhter Performance gegeben ist.[5]

Ob *CBR*-Auswertemechanismen auch bei anderen Wissenstypen mit kommerziellem Erfolg eingesetzt werden können, bleibt allerdings abzuwarten. Die Unternehmen haben *CBR*-Systeme bereits auf Aufgaben wie Planung, Zeitplanung, Konstruktion, juristische Argumentation, Textverständnis und Robotersteuerung angewendet, doch hat sich die Technologie bisher in keinem dieser Bereiche durchsetzen können. Dagegen wollen wir auf den beachtlichen *CBR*-Erfolg im technischen Kundendienst, wo vorrangig ein schneller Zugriff auf einschlägiges Wissen gefragt ist, an späterer Stelle des Kapitels noch ausführlicher eingehen.

Die Realität von Expertensystemen und künstlicher Intelligenz in den Unternehmen ist weitaus weniger spektakulär als ursprünglich angenommen, wenngleich gewiß nicht gänzlich ohne Wert: Insgesamt hat man technische Systeme dieser Art für eng begrenzte Wissensbereiche eingesetzt, aber der Mensch ist in seiner Rolle als Wissensträger nicht verdrängt worden. Die „Wissenstechnik" floriert in einigen wenigen Bereichen, hat sich aber nicht generell durchsetzen können. Wir vertreten daher die folgende Auffassung: Wir werden in absehbarer Zukunft evolutionäre, aber nicht revolutionäre Verbesserungen in der Technologie erleben; der Mensch wird weiterhin eine maßgebliche Rolle spielen und nicht nur passiver Nutzer von Wissenstechnologien sein.

CBR-Programme haben nachweislich zu deutlichen Verbesserungen im technischen Kundendienst geführt.

Implementierung von Wissenstechnologien

Das Konzept *Wissensmanagement-Technologie* ist nicht nur recht umfassend angelegt, sondern entzieht sich auch weitgehend einer eindeutigen Definition. Einige Infrastruktur-Technologien, die wir normalerweise dieser Kategorie nicht zuordnen würden, können manche Aufgaben im Wissensmanagement durchaus erleichtern – beispielsweise Videokonferenz-Schaltungen oder auch nur das Telefon. Beide Technologien können kein strukturiertes Wissen erfassen oder verteilen, fördern aber recht effektiv den Transfer verborgenen Wissens.

Bei dem in Kapitel 1 erörterten *BP*-Projekt zur Erforschung virtueller Teamarbeit wurde auch nichts anderes als eine Desktop-Videokonferenz-Infrastruktur eingerichtet, um den Mitarbeitern den Wissensaustausch über weite Entfernungen hinweg zu ermöglichen. So konnten *BP*-Experten beispielsweise in Italien und Alaska ein Kompressorproblem auf einer Bohranlage in Lateinamerika über Videokonferenz-Schaltung lösen. Der Defekt war binnen weniger Stunden behoben; andernfalls hätte man die Experten einfliegen müssen, und dann hätte es Tage gedauert, bis das Problem vor Ort gelöst worden wäre. Und während der ganzen Zeit wäre kein Öl geflossen!

Wir alle benutzen das Telefon zum Wissenstransfer. Und wie jeder Manager schnell erkennt, können Wissensarbeiter die vorhandenen Wissensspeicher kaum effektiv nutzen, wenn sie nicht selbst einen PC auf ihrem Schreibtisch haben. Auf Einrichtungen wie PCs, Videokonferenz-Schaltungen und Telefon, die meist schon zu den Selbstverständlichkeiten des Alltags zählen, wollen wir im Zusammenhang mit infrastrukturellen Technologien zur Förderung des Wissenstransfers nicht näher eingehen. (Allerdings sollten Manager, die für den Umgang mit Wissen zuständig sind, die damit verbundenen Möglichkeiten nicht übersehen.)

Unser Schwerpunkt hier liegt vielmehr auf solchen Technologien, die strukturiertes Wissen in einer für die Benutzer hilfreichen Weise erfassen, speichern und verteilen. Diese Technologien zielen darauf ab, das in den Köpfen der Menschen und in schriftlichen Dokumenten verborgene Wissen zu erfassen und weiten Kreisen im Unternehmen zugänglich zu machen. Darüber hinaus wollen wir uns auf die „menschliche Dimension" der Wissenstechnologien konzentrieren: Wie werden sie von den Mitarbeitern im Unternehmen genutzt, und wie wirken sie sich auf organisatorische Prozesse, Strukturen und Kulturen aus?

Erst der menschliche Beitrag zur Mehrwertschöpfung – Kontext, Erfahrung und Interpretation – wertet Daten und Informationen zu Wissen auf. Also sind Informationstechnologien im Umgang mit Wissen nur dann sinnvoll einzusetzen, wenn sie die Fähigkeit zur Erfassung und Organisation dieses menschlichen Beitrags besitzen. Während Technologien für das Datenmanagement strukturiert, vielfach numerisch geordnet und für umfangreiches Beobachtungsmaterial angelegt sind, arbeiten Wissenstechnologien meist mit Texten und nicht mit Zahlen, wobei diese Texte in vergleichsweise unstrukturierter Form – in Satzteilen, Sätzen, Abschnitten und sogar Erzählungen und Schilderungen – vorliegen. Umfangreiches Material ist beim Datenmanagement willkommen; beim Wissensmanagement hingegen entstehen Probleme, zumal menschliche Wissensträger das gesamte Material auf das gewünschte Wissen hin durchsuchen müssen. Riesige Datenmengen lassen sich ohne größere Eingriffe seitens des Menschen mit Computern verarbeiten. Demgegenüber ist bei Wissenstechnologien in aller Regel ein interaktives und iteratives Eingreifen seitens der Benutzer kaum zu umgehen. Somit fallen dem Menschen bei der Anwendung von Wissenstechnologien erfolgsentscheidende Funktionen zu.

Diese wissenstechnologischen Funktionen der Wissensnutzer sind auch für die Unterscheidung verschiedener Typen von Wissenstechnologien maßgeblich. Einige Technologien erfordern die Beteiligung großer Gruppen im sinnvollen Umgang mit Wissen; bei anderen sind nur einige wenige Individuen beteiligt. Ein noch wichtigeres Entscheidungskriterium ist das Wissensniveau, das zur erfolgreichen Nutzung einer bestimmten Technologie erforderlich ist. Bei einigen Wissensinstrumenten wird effektiv vorausgesetzt, daß der Technologieanwender so etwas wie ein Experte auf seinem Gebiet ist; bei anderen reicht eine eher passive Beteiligung am Wissensprozeß. Damit ist eine der beiden Dimensionen vorgegeben, die wir zur Strukturierung unserer Ausführungen zu den einzelnen Wissensmanagement-Instrumenten heranziehen (siehe Diagramm). Die andere Schlüsseldimension ist der Zeitaufwand, der erforderlich ist, um eine Wissensmanagement-Lösung im Rahmen einer

Kapitel 7

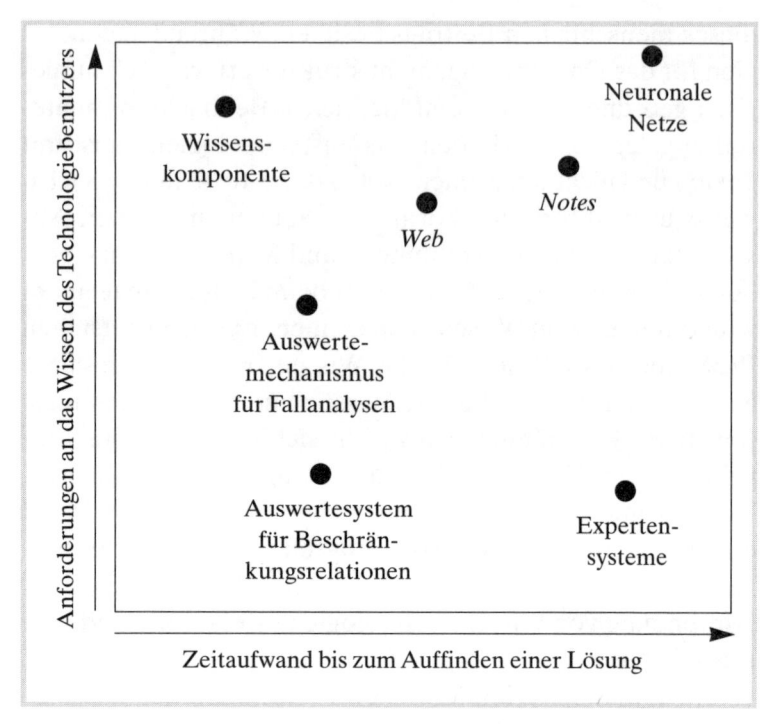

Schlüsseldimensionen für Wissensmanagement-Instrumente

bestimmten Technologieanwendung zu finden. Einigen Wissensarbeitern wird Zeit für Wissenssuche, für die Synthese der gefundenen Wissensinhalte und für weiteres Nachdenken zugestanden; andere Arbeitssituationen – beispielsweise die Beantwortung von Kundennachfragen – erfordern (nahezu) Echtzeit-Reaktionen.

Umfassend angelegte Wissensspeicher

Einer der bekanntesten Ansätze zur Technologieanwendung im Wissensmanagement ist die Speicherung strukturierten und expliziten Wissens – gewöhnlich in Form von

Dokumenten. Solche Speicher sind mit Computer-Datenbanken für veröffentlichte Materialien (zum Beispiel *Lexis/Nexis* und *Dialog*) seit Jahrzehnten verfügbar. Einige wenige Unternehmen nehmen auch externe Online-Dienste zur Abspeicherung internen Wissens in Anspruch. So nutzte man bei *Buckman Laboratories* einen „privaten" Zweig des *CompuServe*-Service als Speicher für Dokumente und Diskussionen über Kunden-, Produkt- und Konkurrenzwissen. Vor kurzem hat sich das Unternehmen auf ein unternehmensinternes Netz umgestellt, aber *CompuServe* hat vier Jahre lang gute Dienste geleistet – wobei es in erster Linie um inhaltliche Probleme und weniger um technologische Probleme ging.

Das beste Beispiel für einen umfassend angelegten Wissensspeicher ist das Internet. Als Quelle für externes Wissen vermag das Internet einige der mit Ortsgebundenheit und Asymmetrie des Wissens verbundenen Nachteile auszugleichen, da eine Objektsuche Ergebnisse aus dem gesamten System liefert. Ortsgebundenheit spielt keine Rolle, weil es für den Benutzer unwichtig ist, wo das Material herkommt. Der Hypertext, der das *World Wide Web* zu einem derartigen Erfolg gemacht hat, ermöglicht eine Verknüpfung relevanter Wissensinhalte unabhängig von ihren physischen Standorten.

Einerseits tragen diese Systeme zur Lösung des Problems der Wissenslokalisierung bei, doch andererseits erschweren sie häufig eine Bewertung des bereitgestellten Wissens. Wie jeder, der selbst einmal im Internet gesucht hat, wissen wird, erweist sich die überwiegende Zahl der vom Suchsystem gelieferten „Hits" als irrelevant oder wertlos. So kann das Sortieren von all dem Schrott auf der Suche nach ein paar wenigen echten Treffern zu einer ungeheuren Zeitverschwendung ausarten. Entsprechend gering ist das Vertrauen in den Internet-Wissensmarkt – zu Recht. Man erinnere sich nur an den ehemaligen Diplomaten, der einen „Geheimbericht" über den Flugzeugabschuß *TWA Flight 800* durch US-Militär in die Öffentlichkeit brachte – in Unkenntnis der Tatsache, daß der Bericht ursprünglich dem Internet entnommen worden war, wo zahlreiche Verschwörungstheoretiker ihre Machenschaften treiben.

Technische Innovationen wie erhöhte Suchgeschwindigkeit und ausgefeiltere Suchsysteme mögen das Internet als Wissensquelle künftig aufwerten. Doch sollte es einmal menschliche Internet-Makler oder Internet-Bibliothekare geben, die anerkanntermaßen Qualitätsmaterial ausfindig machen, so würde dies den Wert des Internet als Wissensinstrument wesentlich mehr erhöhen als rein technische Verbesserungen. Derzeit ist ein unternehmerisch denkender „Informationspionier" bemüht, ein solches Bibliothekar-Netzwerk aufzubauen.

Bisher waren die Wissensspeicher für eine bestimmte Organisation mit weitgehend externen Wissensinhalten gefüllt; man nutzte sie, um Wissen über die Konkurrenz, über den Markt oder über externe technische, juristische oder wirtschaftliche Zusammenhänge abzufragen. Inzwischen aber legen viele Unternehmen auch Speicher für intern erzeugtes strukturiertes Wissen an: Sie speichern internes Produktwissen, Marketing-Wissen, Kundenwissen und andere Wissensinhalte.

Lotus Notes und Intranet-basierte *Web*-Systeme sind die führenden Instrumentarien. Zwar überlappen sich die beiden Technologien in vielen Funktionsbereichen, doch einige Unterschiede sind geblieben. Mit Stand des Jahres 1997 gilt *Notes* als überlegene Technologie für Datenbank-Management, für die Förderung und Organisation von Diskussionsgruppen sowie für die Reproduktion von Datenbanken an verschiedenen Standorten und zu getrennten Anwendungen. Dagegen ist das *Web* ideal für die Veröffentlichung von Informationen über multiple Arten von Computerplattformen, für Multimedia-Datenbanken und für die Bereitstellung von Wissensinhalten, die über Hypertext-Links mit anderem Wissen verknüpft sind. All diese Möglichkeiten werden in nächster Zukunft bei beiden Technologien gegeben sein.

Zur Zeit bietet *Notes* eine umfassendere Direktlösung mit vielen Optionen (Reproduktion, Sicherheit, Instrumente zur Anwendungsentwicklung), die von den Organisationen letztlich auch zur *Web*-Nutzung angeschafft werden müssen. Demgegenüber erfolgt die Entwicklung von *Web*-Möglichkeiten weitaus schneller, da Tausende von Unternehmen daran arbeiten – nicht nur eines! Wenn Sie heute ein Wissensmanagement-Projekt mit Veröffentlichung, Diskussion und Suche von Wissensinhalten einführen wollen, empfehlen wir die Nutzung des *Web* – zum einen aufgrund der enorm hohen *Web*-Entwicklungsrate und zum anderen, weil das *Web* für die Benutzer viel leichter zu verstehen ist. Sollten Sie diese Art von Wissensmanagement bereits seit längerem betreiben, so haben Sie vermutlich *Notes* benutzt; in einem solchen Fall sehen wir zur Zeit keinen Grund für einen Systemwechsel. *Notes* ist besonders gut geeignet, wenn es beim Wissensmanagement um die Nutzung von Diskussionswissen geht. Der *Lotus/Web*-Server „Domino" bietet die Möglichkeit, Wissen in *Notes* zu erzeugen und dann über das *Web* zu verbreiten.

Professionelle Dienstleister und Beratungsfirmen zählten zu den ersten *Notes*-Benutzern im Rahmen von Wissensmanagement-Initiativen; man darf wohl zu Recht behaupten, daß sie die Entwicklung dieses Instruments vorangetrieben haben. Unternehmen wie *Ernst & Young*, *Andersen Consulting*, *Price Waterhouse* sowie *Coopers & Lybrand* haben ausnahmslos riesige Wissensspeicher auf der Basis ihrer Klientenarbeit angelegt – in einigen Fällen mit über tausend unterschiedlichen Datenbanken. *Notes* eignet sich besonders für professionelle Dienstleister, weil deren Berufsausübung häufig auch Besuche beim Klienten vor Ort erforderlich macht und die Reproduktionsoption bei *Notes* auch einem weit entfernt tätigen Mitarbeiter die Möglichkeit bietet, in kürzester Zeit sämtliche Informationszugänge auf interessanten Datenbanken herunterzuladen, um sie dann *offline* zu verarbeiten. Doch auch Unternehmen außerhalb der Dienstleistungsbranche nutzen *Notes* für Wissensanwendungen. *Chrysler* zum Beispiel hat auf *Notes*-Basis ein „Engineering Book of Knowledge" eingerichtet – eine Dokumentation von Kenntnissen und Erfahrungen, die sich die Werksingenieure im Lauf der Entwicklung und Konstruktion bestimmter Autokomponenten angeeignet haben.

Da die Entwicklung von *Notes*-Anwendungen relativ leicht ist, werden viele Anwendungen von individuellen Benutzern konzipiert, so daß es häufig zu Überlappungen in Funktionen und Inhalten kommt. Die meisten solcher unternehmensinternen „Wissensarchitekturen" auf *Notes*-Basis arbeiten eher nach dem Zufallsprinzip; die Suche nach einem bestimmten Wissen an vielen verschiedenen Stellen ist ein aufwendiges Unterfangen – trotz der *Gelben Seiten* oder „Karteien", wie sie von den meisten dieser Unternehmen angelegt worden sind. *Andersen Consulting* zum Beispiel hat mindestens drei Anwendungsebenen mit Navigationsinstrumenten für sein riesiges „Knowledge Xchange"-System entwickelt, und trotzdem haben die Benutzer Schwierigkeiten, mit den mehr als 2500 *Notes*-Datenbanken im Speicher zu korrespondieren. Die Unternehmen sind zunehmend auf rigorose Managementansätze angewiesen, um künftig mit *Notes*-Datenbänken und den entsprechenden Wissensinhalten umgehen zu können – einschließlich Erarbeitung von Kriterien für die Anwendungsentwicklung, Festlegung von Konventionen für Daten- oder Wissensbanken und die darin gespeicherten Inhalte sowie Schaffung wiederverwendbarer Mustervorlagen und Dokumentformate für das Wissensmanagement. Solche Strukturanforderungen mögen an ein Prokrustesbett erinnern, sind aber unverzichtbar, wenn sich ein Unternehmen für einen derart voluminösen Wissensspeicher entscheidet.

Wissensmanagement-Anwendungen auf *Notes*-Basis erfolgen häufig im Verbund mit anderen Instrumenten – besonders in solchen Fällen, in denen es um das Management externen Wissens geht. Zwei solcher Instrumente sind *Hoover* von *Sandpoint Systems* (einer Geschäftseinheit von *Dun & Bradstreet*) sowie *GrapeVINE* von *Grapevine Technologies*. *Hoover* durchsucht ausgewählte externe Datenbanken, um Wissen, das für einen Benutzer oder eine Benutzergruppe innerhalb des Unternehmens (nach Maßgabe benutzerspezifischer Schlüsselworte) als relevant erkannt worden ist, „aufzusaugen". Der typische *Hoover*-Kunde braucht die Quellen, aus denen das Wissen stammt, nicht zu spezifizieren oder zu kennen. Das ermittelte Wissen wird dann gewöhnlich über *Notes* an den Arbeitsplatz des Benutzers weitergeleitet. *Monsanto* zum Beispiel setzt *Hoover* und *Notes* ein, um externes Marktwissen zu den Schreibtischen von Wissenschaftlern zu transferieren, die an der Entwicklung neuer Chemikalien und an genetischen Untersuchungen arbeiten. Damit soll sichergestellt werden, daß die Wissenschaftler neue Produkte entwickeln, die nicht nur technisch erfolgreich sind, sondern auch den Kundenerfordernissen Rechnung tragen und sich von Konkurrenzangeboten abheben. *Hoover*-ähnliche automatische Suchprogramme werden auch von *Individual Inc.* (*NewsPage*), *OneSource Information Services* (*Company Watch*) und *Bolt Beranek & Newman* (*Personal Internet Newspaper*) angeboten.

GrapeVINVE ist ein Programm, das bei Unternehmen wie *HP*, *Andersen Consulting* und *Ford* im Rahmen des Wissensmanagements eingesetzt wird: Es bietet eine vergleichsweise stärker strukturierte Technologie, mit der externes Wissen in eine Organisation geholt wird. *GrapeVINE* läßt sich ebenfalls mit *Notes* kombinieren, um Wissen weiterzuleiten und an anderen Wissensmanagement-Anwendungen auszurichten. Wie *Hoover* durchsucht *GrapeVINE* externe Datenbanken. Doch diese Sucharbeit erfolgt nicht nach Maßgabe einfacher Schlüsselworte, sondern auf der Basis einer „Wissenskarte" – einer hierarchischen Aufstellung der im Unternehmen angewendeten Wissenstermini und wissensstrukturellen Beziehungen. Eine solche Karte ist nicht leicht zu erstellen und bedarf ständiger Aktualisierung, vermittelt aber einen strategisch aussagekräftigen Überblick über die tatsächliche Wissensorientierung des Unternehmens. Bei *GrapeVINE* können auch eigens ernannte Wissensredakteure Kommentare zu den vom Programm ermittelten externen Daten abgeben und Prioritäten setzen – und damit einen Mehrwert hinzufügen: Auf diese Weise wird ein bestimmter Wissensbeitrag „aufgewertet", um sicherzustellen, daß er tatsächlich in die PCs derjenigen Mitarbeiter und Manager gelangt, die dieses Wissen benötigen. Wenn ein Unternehmen bereit ist, die für *GrapeVINE* erforderliche organisatorische und technische Infrastruktur einzurichten, erweist sich dieses Programm als ein sehr nützliches Instrument für das Management externen Wissens.

Speicher auf *World-Wide-Web*-Basis sind auf dem Vormarsch. Das *Web* ist eine ausgesprochen intuitive Technologie und ermöglicht einen leichten Umgang mit Audio-, Graphik- und Video-Wissensdarstellungen. Wissen in einem bestimmten Bereich wird häufig mit anderen Wissensinhalten kombiniert, wobei die Hypertext-Struktur des *Web* einen mühelosen Wechsel vom einen Wissensdetail zum anderen ermöglicht. Die meisten Speicher auf *Web*-Basis sind kleiner und handlicher als *Notes*-Speicher. Deshalb bieten Intranet-*Web*-Systeme den einfachsten Einstieg ins Wissensmanagement.

Sofern Sie eine Anwendung der *Web*-Technologie für Ihr Wissensmanagement (insbesondere zum Suchen und Abfragen von strukturiertem, dokumentiertem Wissen) planen, sollten Sie allerdings wissen, daß Sie mehr als einen

Web-Browser und Server-Software benötigen. Normalerweise ist ein komplexes Instrumentarium erforderlich, um Informationsmaterial zu erfassen, zu speichern und breiten Kreisen zugänglich zu machen. In den meisten Fällen handelt es sich dabei um folgende Instrumente: *Hypertext Markup Language (HTML)* zur Aufbereitung von *Web*-Dokumenten, ein relationales Datenbanksystem zur Speicherung der Dokumente, Systeme zum Suchen und Abfragen von Texten sowie irgendein System zur Verwaltung des „Metawissens", das den Zugang zum ermittelten Wissen beschreibt und ermöglicht – und dann natürlich einen *Web*-Browser und Server Ihrer Wahl. Sollten Sie sich in Anbetracht dieser Voraussetzungen überfordert fühlen, können Sie sich an eine der Organisationen wenden, die eine Wissensmanagement-Funktion auf *Web*-Basis als Paketlösung anbieten (zum Beispiel *Knowledge-Depot*-Produkte und -Dienste von *Sequent Computer*).

Sequent Computer hat mit den genannten Instrumenten sein Produkt *Sequent Corporate Electronic Library (SCEL)* entwickelt – einen *Web*-basierten Informations- und Wissensspeicher. Mit der Systementwicklung wurde bereits im Jahr 1994 begonnen, so daß *SCEL* einer der ältesten Speicher auf *Web*-Basis ist. Zunächst sollte *SCEL* das Verkaufspersonal unterstützen; Dave Rodgers, Leiter der unternehmensweiten Architektur bei *Sequent*, argumentierte, mit diesem System könnten die Vertreter schneller produktiv werden – und zwar zu einer Zeit, in der das Unternehmen eine beträchtliche Fluktuation im Außendienst hatte. Mit der Zeit jedoch entwickelte sich *SCEL* zum „Supermarkt" für Informationen und Wissen aller Art – von der Unternehmensmission bis hin zur aktuellen Speisekarte der Unternehmenskantine in Portland, Oregon. Wir erkennen zwar an, daß es seinen Reiz hat, wenn das gesamte computererfaßte Wissen „unter einem Dach" gespeichert ist, aber die Vorstellung, auch ausgesprochen prosaische Wissensinhalte in einem Wissensspeicher zu finden, gefällt uns nicht sonderlich. Wir befürchten nämlich, daß letztlich eintrifft, was beim Fernsehen bereits eingetroffen ist: Die schlechten Inhalte verdrängen die guten.

Eine weitere Voraussetzung für ein Wissensmanagement mit *Such/Abfrage*-Einrichtungen ist die Erstellung eines Online-Thesaurus. Wissen läßt sich nur schwer strukturieren, und Sie werden unweigerlich die Feststellung machen, daß die Suchprogramme Wissen nach Maßgabe von Termini suchen, die für Sie nicht immer offenkundig sind. Die Erstellung eines Thesaurus dient nun dem Zweck, die Termini, nach denen Sie das Wissen strukturiert haben, mit den vom Suchprogramm verwendeten Termini zu verknüpfen. Technisch ist das gar nicht so schwierig, wenn Sie ein Suchsystem gekauft haben. Schwieriger wird es, wenn Sie selbst einen Komplex relevanter Termini zusammenstellen wollen, nach denen Ihr Wissensspeicher durchsucht werden kann.

Ein guter Thesaurus ist bei den meisten Online-Wissensspeichern unverzichtbar.

Sowohl *Web*-basierten als auch *Notes*-basierten Wissensspeichern liegt eine Such- und Abfragetechnik zugrunde. Die erforderliche Technologie gibt es seit Jahrzehnten; sie weist für das Wissensmanagement sowohl Stärken als auch Schwächen auf. Positiv ist einerseits, daß Wissen als solches in vielerlei Hinsicht in einen bedeutsamen Kontext eingebunden wird, den der Urheber des Artikels, der juristischen Darstellung oder der Biographie geschaffen hat. Doch andererseits wird Wissen in Text-Datenbanken nach Maßgabe der Schlüsselworte und ihres Umfelds im Text indiziert. Da dies meist relativ oberflächliche Wissensaspekte sind, läßt sich Wissen mit Suchfragen auf dieser Basis unter Umständen nur schwer ermitteln. Und sollte eine Probleminformation noch nicht in Textform vorliegen, bedarf es eines erheblichen Aufwands an Zeit und Arbeit seitens eines Mitarbeiters, sie erst einmal in diese Form zu bringen.

Notes und das *Web* lassen sich auch für andere Wissensmanagement-Anwendungen nutzen – beispielsweise zur Experten-Lokalisierung: Der Benutzer durchsucht einen Bestand an Biographien nach einem Experten auf einem ganz bestimmten Fachgebiet. Auch hier handelt es sich um eine Art Speicher, aber Zielsetzung ist nicht das Auffinden von Dokumenten, sondern vielmehr die Lokalisierung von Fachleuten. Für diese Form der Anwendung werden meist unternehmensinterne Netze mit Datenbankmanagement-Software kombiniert. Die Dateneinträge zu den Experten umfassen unter anderem Informationen zur Ausbildung, zu den bisherigen Arbeitsstellen innerhalb wie außerhalb des Unternehmens, zu derzeitigen Projekten oder Verantwortlichkeiten sowie zu besonderen Fähigkeiten (einschließlich Sprach- oder Computerkenntnisse). Vor allem sollte der Experten-Lokalisierer einen nach Schlüsselwörtern geordneten Führer zu den unternehmensrelevanten Fachgebieten enthalten. Wenn beispielsweise ein Experte für „Datenbank-Marketing" gesucht wird, sollte es ein leichtes sein, anhand dieses Schlüsselbegriffs geeignete Experten mit dem Suchprogramm ausfindig zu machen.

Die technischen Voraussetzungen für die Experten-Lokalisierung sind recht überschaubar: Zusätzlich zur *Web*-Browser- und Server-Software wird gewöhnlich ein Datenbank-Managementsystem und ein Suchsystem benötigt. Wie bei den Speichern sollte das Suchsystem mit einem Thesaurus arbeiten, da die bei der Suche nach Fachwissen verwendete Terminologie nicht immer mit den Termini übereinstimmt, die der Experte zur Klassifizierung dieses Fachwissens benutzt. Zum Beispiel sollten „Datenbank-Marketing"-Suchprozesse auch Experten für „interaktives Marketing", „Reaktionsmanagement" und „Vertragserfüllung" ausweisen.

Allerdings stoßen die Unternehmen bei der Einrichtung von Systemen zur Experten-Lokalisierung häufig auf Schwierigkeiten nichttechnischer Art: Der Experte (oder eine zwischengeschaltete Instanz) muß erheblichen Zeitaufwand aufbringen, um die Biographien in die Datenbank einzugeben und ständig zu aktualisieren. Es könnte durchaus schwierig sein, Experten für solche Aufgaben zu gewinnen. Wir haben im Zusammenhang mit der Kartographierung von Wissen bereits darauf hingewiesen: Allein die Vorstellung, bestimmte Mitarbeiter als „Experten" zu bezeichnen, könnte mikropolitische Gefahren heraufbeschwören.

Zu Beginn des Kapitels haben wir das *HP*-System zur Experten-Lokalisierung angesprochen. Ein anderes Unternehmen, das ein solches System als Kernprodukt entwickelt hat, ist *Teltech*. Beim *Teltech*-System handelt es sich um ein Netzwerk, in dem externe Experten erfaßt sind: Zunächst setzte das Unternehmen herkömmliche Textdatenbank-Systeme ein, nutzt inzwischen aber die *Web*-Technologie, um *Teltech*-Analytikern und -Klienten die Suche nach Experten auf einer breiten Palette von Fachgebieten zu ermöglichen. Der fachterminologische Thesaurus des Unternehmens trägt entscheidend dazu bei, daß die Benutzer ihren Bedarf an Fachwissen auf die ausgewiesenen Experten abstimmen können. *Teltech* erstellt Online-Biographien anhand schriftlicher Dokumente und bietet seinen Klienten überdies einen Beratungsdienst zur Einrichtung von Lokalisierer-Systemen.

Allerdings können mit *Notes*- oder *Web*-unterstützten Wissensmanagement-Aktivitäten nicht alle möglicherweise anfallenden Situationen erfaßt werden. Diese Technologien leisten gute Dienste für umfassende Wissensbereiche, in denen es keine rechte Lösung für ein Problem gibt oder aber verschiedene Lösungen über die ganze Organisation verteilt vorliegen. Der Einsatz solcher Instrumente erfordert seitens der Benutzer einen erheblichen Aufwand an Zeit (zum Durchsuchen der Datenbank und zum Lesen des ermittelten Wissens) sowie Intelligenz (beim Synthetisieren und Interpretieren des ermittelten Wissens). Es bedarf eigentlich keiner Erwähnung – nicht alle Wissensmanagement-Konstellationen sind mit derartigen Voraussetzungen gesegnet!

Viele Unternehmen setzen sowohl *Notes* als auch das *Web* für ihr Wissensmanagement ein. Wir haben bereits erwähnt, daß beispielsweise *Hewlett-Packard* beide Technologien anwendet. Bei *National Semiconductor* tendieren die Mitarbeiter im Marketing und im Verkauf zu einem Wissensmanagement auf *Notes*-Basis, zumal sie häufig dienstlich unterwegs sind und daher die Reproduktionsoption von *Notes* zu schätzen wissen. Die Ingenieure hingegen bevorzugen das *Web* zur Speicherung ihres Wissens, weil ihnen das vielfach im Netzverbund eingesetzte *Unix*-Instrumentarium entgegenkommt und sie ohnehin das Internet in großem Umfang nutzen. Die Manager des Unternehmens befanden, zumindest derzeit bestünde kein Grund, sich auf einen einzigen Standard für die eingesetzten Wissensinstrumente festzulegen. In der Anfangsphase können Wissensmanagement-Initiativen sogar von einer Technologiestrategie nach dem Motto „Laßt tausend Blumen blühen" profitieren, da das Unternehmen auf diese Weise zum Lernen und Erkunden angeregt wird. Später ist der Wissensaustausch über alle organisatorischen Grenzen hinweg allerdings einfacher, wenn ein weitgehend einheitliches Instrumentarium Anwendung findet.

Gewöhnlich hat es keine Eile, daß sich Unternehmen auf eine einzige Technologiestrategie festlegen.

Konzentrierte Wissenskonstellationen

Einige Organisationen haben konzentrierte Wissenskonstellationen anstelle einer Gemeinschaft von Expertenbenutzern eingerichtet. Dies ist die beste Ausgangssituation für den Einsatz von Expertensystemen: Das Wissen eines einzigen oder einiger weniger Experten soll von einem umfassenden Mitarbeiterkreis genutzt werden, der dieses Wissen benötigt. Als Beispiel wäre eine Gruppe von Versicherungsvertretern zu nennen, die in der Lage sein müssen, eine Finanzplanung für ihre Kunden aufzustellen, ohne selbst viel von Finanzplanung zu verstehen. Der Benutzer muß normalerweise einen Dialog mit dem System führen und Informationen zum Problem oder zur jeweiligen Situation eingeben – ein Prozeß, der Zeit kostet. Expertensysteme, typischerweise als Regelwerk strukturiert, können sehr komplexe Inferenzen (beispielsweise im Rahmen einer detaillierten Finanzplanung) leisten. Allerdings ist es unter Umständen schwierig, das erforderliche Wissen erst einmal aus einem Experten herauszuholen: Es könnte sein, daß der Experte selbst nicht weiß, was er alles weiß, oder daß er sein Wissen nicht preisgeben will. Aus diesem Grund muß das Regelwerk des Expertensystems äußerst sorgfältig und fein strukturiert sein – es darf keine Überlappung von Wissensinhalten zulassen.

Expertensysteme setzen in diesem Zusammenhang noch etwas voraus: Da solche hochstrukturierten Systeme schwer zu verwalten und zu ergänzen sind, muß der erfaßte Wissensbereich möglichst stabil gehalten werden. *American Express* beispielsweise nutzt nach wie vor sein Expertensystem *Authorizer's Assistant* zur Kreditgenehmigung, weil die Kriterien für kreditwürdige Kunden (beziehungsweise unsichere Kandidaten) ziemlich konstant geblieben sind. Auf der anderen Seite hat *Digital Equipment* die Benutzung der *XCON*-Konfiguration eingestellt, weil sich das Produktprogramm des Unternehmens ständig geändert hat und das System ausgesprochen schwer zu verwalten war. Einer kürzlich durchgeführten Untersuchung zufolge war im Jahr 1992 nur noch ein Drittel der in den 80er Jahren entwickelten Expertensysteme im Einsatz. Daß diese Systeme nicht mehr genutzt werden, liegt weniger an technischen als vielmehr an organisatorischen Problemen – der Sponsor hat andere Aufgaben übernommen, bei der Ermittlung von Expertenwissen (beziehungsweise bei der Einstufung von Mitarbeitern als Benutzer und nicht als Experte) gab es mikropolitische Spannungen, oder Aktualisierung und Aufrechterhaltung der Systeme galten als zu aufwendig.[6]

Eine weitere Option für Unternehmen mit konzentrierten Wissenskonstellationen sind Systeme, die mit Beschränkungsrelationen arbeiten. Solche *Constraint-based Systems* eignen sich gut für Situationen mit zwar hohem, aber normalerweise geringerem Aufkommen an quantitativen Daten, als es bei neuronalen Netzwerken erforderlich ist. Wie die Expertensysteme sind solche Auswertesysteme für relativ engbegrenzte Problembereiche wie Produktkonfiguration oder Preisbildung geeignet: Sie erfassen und modellieren die Beschränkungen, die für eine komplexe Entscheidungsfindung maßgeblich sind. (Beispielsweise legen sie fest, welche Art von Speicher, Laufwerk, Modem und Video-Overlaykarte zu einem Computer mit einem bestimmten Prozessor und Betriebssystem passen.) Da Auswertesysteme für Beschränkungsrelationen gewöhnlich objektorientiert (und weniger regelorientiert) arbeiten, lassen sie sich leichter ändern als die Expertensysteme; komplexe Interaktionen, die es zu verstehen und zu modifizieren gilt, sind nicht erforderlich.

Auswertesysteme für Beschränkungsrelationen, wie sie von der *Trilogy Development Group* angeboten werden, kommen derzeit bei der Konfiguration komplexer Produkte zum Einsatz – von *Boeing*-Flugzeugen über *Digital-* und *Hewlett-Packard*-Computer bis hin zu Büromöbel-Anordnungen. Bei *Boeing* gibt es buchstäblich Millionen möglicher Konfigurationen in bezug auf Flugzeugmodelle, Anzahl der Sitzplätze, Ausstattung und Anordnung von Kombüsen und Toiletten sowie Triebwerk-Optionen. Die konsequente Verfolgung zulässiger Konfigurationen über multiple funktionale Abteilungen und multiple Design-Veränderungen hat sich sowohl für das menschliche Gehirn als auch für gewöhnliche Computersysteme als zu schwierig erwiesen. *Boeing* hat die Installation seines Konfigurationssystems zwar noch nicht abgeschlossen, hofft aber, letztlich die Entwicklungszeit für ein konfiguriertes Flugzeug bis zur Marktreife auf 50 Prozent und die Produktionskosten um 25 Prozent reduzieren zu können.[7] Die *Trilogy*-Technologie liegt auch einer erst kürzlich eingeführten Anwendung zugrunde, die eine schnelle und preisgünstige „Konfiguration" maßgefertigter italienischer Schuhe ermöglicht. Vergleichbare Instrumente zur Auswertung von Beschränkungsrelationen werden derzeit auch von anderen Software-Herstellern entwickelt und sollen in umfassende Software-Pakete zur „Planung von Unternehmensressourcen" eingebunden werden, bei denen die Konfiguration mit den in Fertigung, Lagerhaltung und Finanzwesen angewendeten Systemen kombiniert wird.

Echtzeit-Wissenssysteme

Wenn Sie wenig Zeit – und ausgesprochen intelligente Benutzer – haben, ist das oben beschriebene Wissensmanagement-Instrumentarium weniger gut geeignet. Nehmen wir zum Beispiel Anwendungen im Bereich *technischer Kundendienst* oder *Helpdesk*-Systeme. Diese Prozesse werden gewöhnlich von gescheiten Analytikern (besonders in Unternehmen, die informationstechnische Dienste anbieten) durchgeführt, aber meist spielt der Zeitfaktor eine wichtige Rolle, wenn der Kunde seine Anfragen telefonisch „in Echtzeit" stellt. In einer solchen Situation gibt es mehrere Optionen: Wenn Ihre Benutzer nur in gewisser Hinsicht Experten sind (Probleme verstehen, aber normalerweise nicht selbst lösen oder nach Symptomen klassifizieren können), dann sollten Sie sich für ein System zur Auswertung von Fallanalysen (*Case-based Reasoning, CBR*) entscheiden. *CBR*-Auswertemechanismen sind so angelegt, daß jemand eine Reihe von „Fällen" eingibt, die Wissen über einen bestimmten Bereich in Form von Problemmerkmalen und Problemlösungen ausweisen. Wenn dann ein Kundenanalytiker mit einem Problem konfrontiert wird, lassen sich die Merkmale dieses Problems mit den in das System eingegebenen Fällen abgleichen, und dann wird die Lösung gewählt, bei der die Problemmerkmale am besten übereinstimmen. *CBR* – ein Zweig der künstlichen Intelligenz – wird in den Unternehmen am häufigsten im technischen Kundendienst eingesetzt.

Die *Inference Corporation* ist ein führender Anbieter von *CBR*-Instrumenten, die in verschiedenen Unternehmen im Rahmen der Kundenbetreuung genutzt werden – so bei *Hewlett Packard, Compaq, PeopleSoft, Reuters, Xerox* und *Broderbund*.[8] *Broderbund* bietet seinen Kunden *Web*-Zugang zu einer bestimmten Version von *Inference*-Instrumenten: Die unter „Gizmo Tapper 586 LC" geführte *Web-Site* imitiert im Computerspiel *Carmen Sandiego* einen Dialog zwischen Detektiven. *Xerox* wendet eine einfache *CBR*-Version an, mit der Kundendienstmitarbeiter bestimmte Reparaturprobleme an Kopiergeräten telefonisch lösen können, ohne einen Kundendiensttechniker zum Kunden schicken zu müssen. *Compaq* benutzt eine Anwendung unter der Bezeichnung *SMART (Support Management Automated Reasoning Technology)*, die von fachkundigen „Wissensingenieuren" erarbeitet und verwaltet wird. Seit Einführung der *SMART-Compaq*-Kundenbetreuung verzeichnet das Unternehmen eine schnellere Lernkurve, weist eine geringere Mitarbeiterfluktuation aus, kann auch weniger fachkundige Mitarbeiter im technischen Kundendienst einsetzen und löst 95 Prozent der Kundenprobleme innerhalb von zehn Minuten.[9]

CBR-Systeme funktionieren am besten, wenn man einen einzigen Experten oder zumindest nur einige wenige Experten die Fälle konstruieren und aktualisieren läßt. Auch ein Fachmann auf dem jeweiligen Fachgebiet muß beteiligt sein – einer, der das vom System unterstützte Gebiet genau kennt und entscheiden kann, wann sich die Aufnahme eines neuen Falls lohnt, wann ein alter Fall als veraltet gelten muß und ob ein neu konstruierter Fall auch wirklich korrekt ist. Das Konstruieren und Modifizieren von Fällen ist eine komplexe Aufgabe, wenngleich die Handhabung bei den neueren Instrumenten schon einfacher geworden ist; in jedem Fall aber werden Kenntnisse in bezug auf den *CBR*-Ansatz zum Auswerten von Fallanalysen vorausgesetzt. Wenn es in Ihrem Unternehmen eine große Gruppe von Wissensarbeitern gibt, die zwar keine *CBR*-Experten sind, aber als Fachleute auf ihrem Wissensgebiet anerkannt sind und deren Wissen Sie nutzen möchten, dann müssen Sie entweder einen „Fall-Verwalter" als vermittelnde Instanz einsetzen oder andere Echtzeit-Wissensoptionen in Erwägung ziehen.

Eine solche Option bietet ein Instrument mit der Bezeichnung *SolutionBuilder*, das von der *Primus Corporation* für das *Customer Support Consortium* entwickelt worden ist. Letzteres ist eine Gruppe von mehr als 60 High-Tech-Unternehmen, die gemeinsam an der Lösung von Wissensmanagement-Problemen im Bereich *technischer Kundendienst* arbeiten. *Primus* hat einen Ansatz zum Wissensmanagement für die technische Kundenbetreuung (und letztlich auch für andere Bereiche) entwickelt, der auf der Aufschlüsselung eines Problems oder einer Situation in Wissenskomponenten basiert. (Das Unternehmen hat dafür keinen besonderen Namen – wir schlagen vor, diesen Ansatz als „Wissenskomponenten-Analyse" zu bezeichnen.) Der für die technische Kundenbetreuung zuständige Analytiker klassifiziert Wissen hinsichtlich des vom Kunden übermittelten Problems oder ergänzt neues problembezogenes Wissen, wobei er eine der folgenden sieben Komponenten oder Kommentare als Format wählt:

1. *Zielsetzung* oder Aufgabe, die der Kunde anstrebt, aber nicht bewältigen kann;
2. *Fakten* zu den technologischen Einrichtungen beim Kunden;
3. *Symptom* des Kundenproblems;
4. kürzlich erfolgte *Veränderung* der technologischen Einrichtungen beim Kunden;
5. mutmaßliche *Ursache* des Problems;
6. *Negierung* oder ein Faktum, das für das derzeit anstehende Problem eindeutig irrelevant ist;
7. *Festdarstellung* des Problems.

Während der Analytiker die Problemkomponenten klassifiziert, durchsucht *SolutionBuilder* die Datenbank nach Lösungen, die Ähnlichkeiten mit den Komponenten des Kundenproblems aufweisen. Eine objektorientierte Datenbank wird eingesetzt, um dynamische Beziehungen zwischen den Komponenten herzustellen und auf diese Weise zu einer Problemlösung zu gelangen. Es handelt sich dabei um einen höchst potenten, demokratischen Ansatz zum Wissensmanagement, der allerdings die Klassifizierung von Wissenskomponenten voraussetzt – eine Fähigkeit, die vielleicht nicht alle Benutzer mitbringen. Verschiedene Unternehmen führen mittlerweile Pilotprogramme mit *SolutionBuilder* durch, doch als praktikables Produktionsinstrument hat sich diese Software noch nicht durchsetzen können.

Langfrist-Analysesysteme

Wenn Sie viel Zeit haben und sich durch Doktorwürden in Statistik auszeichnen, sind neuronale Netzwerke genau das Richtige für Sie, um Daten in Wissen umzusetzen. Ein neuronales Netzwerk ist ein statistisch orientiertes Instrument, das hervorragend geeignet ist, Daten zur Kategorisierung von Fällen zu nutzen: Zum Beispiel wollen Sie wissen, ob ein Kreditkunde pflichtgemäß zurückzahlt oder seinen Verpflichtungen wahrscheinlich nicht nachkommen wird. In Anbetracht der statistischen Beschaffenheit dieses Instruments könnte man fragen, ob es überhaupt noch mit dem Konzept *Wissensmanagement* vereinbar ist. Doch diese Systeme zeichnen sich durch „Lernfähigkeit" aus – die vom System durchgeführte Kategorisierung erfolgt um so genauer, je mehr Fälle erfaßt sind. Deshalb werden Systeme dieser Art auch häufig im Zusammenhang mit künstlicher Intelligenz und Wissen erörtert. Neuronale Netze erfordern eine Menge (normalerweise quantitativer) Daten und einen hochleistungsfähigen Computer. Sie vermögen sehr genaue Kategorisierungen selbst bei Fällen mit vielen untereinander in Wechselbeziehung stehenden Variablen vorzunehmen – eine Dateneigenschaft, die bei der herkömmlichen statistischen Analyse zu Problemen führen kann. Da die Analyseerstellung und die Interpretation der Ergebnisse sehr kompliziert sein können, setzen diese Systeme höchst kundige Benutzer voraus (zumindest bei der Installation des Anfangsmodells). Später ergänzte Daten (beispielsweise monatlich neu hinzukommende Scanner-Daten in einem Konsumgüterbetrieb) lassen sich dann mit demselben Modell analysieren, so daß die Umsetzung der Daten in Wissen schneller und auch mit geringeren Fachkenntnissen erfolgen kann. Dennoch ist es sehr nützlich, die Funktionsweise neuronaler Netzwerke zu kennen, wenn man Entscheidungen auf der Grundlage der so ermittelten Empfehlungen treffen will.

Dennoch – neuronale Netzwerke sind so etwas wie eine „Black Box": Es ist nicht leicht zu erklären, warum sie in einem bestimmten Fall so und nicht anders verfahren sind. Ein solcher Fall wird auf bestimmte Weise nach Gewichtungen von Knoten und Variablen klassifiziert und ist entsprechend schwer zu interpretieren. Einige neue neuronale

Netzwerkinstrumente (beispielsweise die von einem Unternehmen namens *Trajecta* angebotenen Produkte) sind so angelegt, daß der Benutzer die Komplexität nicht mehr in vollem Umfang zu sehen bekommt; sie lassen zumindest teilweise nachvollziehen, warum das System so und nicht anders arbeitet. Dennoch könnte es passieren, daß intelligente Geschäftsleute – im Gegensatz zu intelligenten Statistikern – solche Systeme wegen der inhärenten Interpretationsschwierigkeiten ablehnen. Dies ist auch einer der Gründe, warum *Fidelity Investments*, wo gewöhnlich lauter gescheite Benutzer als Fondsverwalter beschäftigt sind, zur Auswahl von Aktien für den *Disciplined Equity Fund* keine neuronalen Netzwerke mehr einsetzt, sondern zu einem stärker algorithmischen Ansatz übergegangen ist, der vermutlich im Kontext der Vermögensverwaltung leichter zu interpretieren ist.

Neuronale Netzwerke und andere Instrumente der künstlichen Intelligenz wie auch herkömmliche statistische Analyse-Ansätze werden darüber hinaus in einem Bereich eingesetzt, der mittlerweile unter der Bezeichnung *Data Mining* bekanntgeworden ist. Auch bei diesem Ansatz geht es um die Umsetzung riesiger Datenmengen in Wissen. Einige Befürworter dieses Ansatzes behaupten, aufgrund der Strukturerkennungs- und Mustervergleichskapazität der Software erübrige sich ein menschliches Eingreifen. So wird beispielsweise argumentiert, ein „Data Mining"-System könne von sich aus feststellen, daß eine bestimmte Kundengruppe an einem bestimmten Tag im Monat größere Mengen eines bestimmten Produkts kauft. Dies mag zutreffen, aber es bedarf nach wie vor eines intelligenten Menschen, der (a) zunächst die Daten strukturiert, (b) die Daten interpretiert, um das erkannte Muster zu verstehen, und (c) eine Entscheidung auf Basis des neugewonnenen Wissens trifft. Zudem haben die meisten Organisationen, die wir kennengelernt haben, in der Praxis auch Leute zur analytischen Hypothesenbildung eingesetzt. Aus praktischer Sicht erweist sich „Data Mining" im wesentlichen als ein neuer Terminus für ein vergleichsweise traditionelles und wohlbekanntes Vorgehen.

Was Technologien nicht leisten können

Gewiß sind all diese Technologien faszinierend, und gewiß werden sie in Zukunft auch noch verbessert werden. Dennoch sollten ihre Grenzen im Rahmen des Wissensmanagements in keiner Weise verkannt werden. Wie wir im vorliegenden Buch immer wieder betonen, ist ein effektives Wissensmanagement ohne weitreichenden Wandel im Verhalten, in der Kultur und in der Organisationsstruktur von Unternehmen nicht möglich. Die Installation von *Notes*, *Web* oder *CBR*-Systemen allein vermag diesen Wandel nicht zu bewirken. Die Technologie als solche wird einen Mitarbeiter niemals veranlassen, sein Wissen mit anderen zu teilen. Die Technologie als solche wird keinen am Wissenserwerb wenig interessierten Mitarbeiter dazu bringen, den Computer einzuschalten und sich eifrig ans Suchen und Browsing zu begeben. Das reine Vorhandensein technologischer Einrichtungen führt noch lange nicht zur lernenden Organisation, zur Meritokratie oder zu einem wissensschöpfenden Unternehmen.

Technologie findet breite Anwendung im Rahmen der *Wissensverteilung*, ist aber kaum dazu angetan, den Prozeß der *Wissensnutzung* zu steigern. Die Verteilung sorgt dafür, daß bestimmte Wissensinhalte an den Arbeitsplatz potentieller Benutzer gelangen, aber es ist keineswegs gesagt, was der Betreffende dann damit macht. Interessant wäre die Konzeption von Technologien, die das Wissensmanagement in bezug auf die Nutzung persönlichen Wissens bei Entscheidungen und Vorgehensweisen erleichtern würden; aber fortschrittliche Instrumente, die über den recht rudimentären „persönlichen Informationsmanager" mit seinen Suchfunktionen für unzusammenhängende Informationen hinausgehen und in Richtung „persönlicher Wissensmanager" weisen, sind noch in weiter Ferne. Auf Gruppenebene hat ein interessantes, aber unpopuläres Instrument versucht, den Prozeß der Anwendung von Wissen auf unternehmenspolitische Entscheidungen graphisch zu erfassen. Dieses *Graphical Issue-Based Information System* wurde Ende der 80er und Anfang der 90er Jahre bei der *Microelectronics and Computer Corporation*, einem Forschungskonsortium in Austin, entwickelt und später von *Corporate Memory Systems* als *CM1*-Produkt vermarktet. Allerdings hat sich das Produkt – vermutlich aufgrund seiner Komplexität und seiner konzeptuellen Eigenart – nicht durchsetzen können.[10]

Die Informationstechnologie ist auch relativ hilflos im Zusammenhang mit *Wissensschaffung* – einem Prozeß, der sich nach wie vor weitgehend in den Köpfen von Individuen oder Gruppen von Mitarbeitern vollzieht. Es gibt Technologien, die den Anspruch erheben, wissensschaffende Aktivitäten zu unterstützen, doch kann ihnen bestenfalls ein marginaler Funktionsbeitrag zugestanden werden. So richten sich beispielsweise Support-Systeme für Gruppenentscheidungen an eine relativ kleine Gruppe von Mitarbeitern, die meist an ein und demselben Standort arbeiten und bemüht sind, mit Hilfe der Technologie eine Art Gruppenwissen aus ihren Überzeugungen und Erfahrungen zu schaffen. Gliederungsfunktionen, wie sie vielfach von Autoren benutzt werden, könnten als Hilfsmittel zur Umsetzung unstrukturierten impliziten Wissens in strukturiertes und explizites Wissen gelten. Systeme, die klinische Daten analysieren, wären als Möglichkeit zur Schaffung medizinischen oder pharmazeutischen Wissens zu verstehen – so wie Systeme zur Analyse von Marktdaten deren Umsetzung in Marktwissen erleichtern. In jüngster Zeit sind solche Systeme auch auf die Problematik von Kreativität und Innovation angesetzt worden – sie „erfinden" Entwicklungen auf der Basis einfacher Faustregeln. Die technologische Unterstützung bei der Schaffung von Wissen mag in Zukunft verbessert werden, ist derzeit aber vernachlässigbar.

Doch wenn eine Organisation erst einmal auf die Bedeutung von Wissen aufmerksam geworden ist, daran Geschmack gefunden hat und über entsprechende Kompetenzen verfügt, kann die Technologie unternehmensrelevantes Wissen weiten Benutzerkreisen zugänglich machen und wesentlich dazu beitragen, daß das richtige Wissen zur richtigen Zeit beim richtigen Mitarbeiter landet. Die Präsenz von Wissensmanagement-Technologien kann sogar einen positiven Effekt auf die Wissenskultur einer Organisation haben: Mitarbeiter, die erleben, daß ihr Unternehmen Zeit und Geld in seine *Web-Site* investiert, erhalten auf diese Weise einen zusätzlichen Anreiz, Wissensmanagement ernst zu nehmen.

Zur Zeit befindet sich das Wissensmanagement noch in den ersten Anfängen – heute ist es aus wissenstechnologisch-strategischer Sicht vorrangig, erst einmal die Fußspitze ins Wasser zu tauchen. Sie werden die Bereitschaft Ihrer Mitarbeiter, das eigene Wissen über technologische Systeme weiterzugeben, vielleicht erst kennenlernen, nachdem Sie ein solches System eingerichtet und die Reaktion der Organisation abgewartet haben. Es wird schwierig sein, die für Ihre Organisation optimalen Anwendungen herauszufinden, solange Sie nicht den Mut zum Experimentieren aufbringen. Gegenwärtig gibt es sie nicht – *die richtige Wissensmanagement-Technologie*. Wir müssen uns unseren Weg selbst suchen, und solange die Technologie nicht der einzige Aspekt Ihres Wissensmanagement-Ansatzes ist, geht es vor allem darum: Machen Sie einen Anfang!

Anmerkungen

1. Ausführungen zu Expertensystemen im Unternehmen finden sich bei Edward Feigenbaum, Pamela McCorduck und H. P. Nii (1988) *The Rise of the Expert Company* (New York: Times Books). Mit Auswertemechanismen für Fallanalysen befaßt sich Janet Kolodner (1993) *Case-Based Reasoning* (San Mateo, Calif.: Morgan Kaufman Publishers).
2. Robert L. Sproull (1985) „Foreword", in Paul Harmon und David King, *Expert Systems: Artificial Intelligence in Business* (New York: Wiley), ix.
3. Harmon und King (1985) *Expert Systems*, 1–2.
4. Zitiert von Theodore Roszak (1995) in „The Virtual Duck and the Endangered Nightingale", *Digital Media*, 5. Juni 1995, 68–74.
5. Kolodner (1993) *Case-Based Reasoning*, 563.
6. Grandon Gill (1995) „Early Expert Systems: Where Are They Now?" *MIS Quarterly* 19, Nr. 1 (März 1995): 51–81.
7. M. Mehler (1995) „Boeing Leaves past Behind with Production Redesign", *Investors Business Daily*, 23. Mai 1995, A8.
8. Es soll nicht verschwiegen werden, daß Thomas H. Davenport einer der Direktoren der *Inference Corporation* ist.
9. Bruce Arnold (1993) „Expert System Tools Optimizing Help Desks", *Software Magazine* 13, Nr. 1 (Januar 1993).
10. Instrumente dieser Art werden diskutiert bei J. Conklin und M.L. Begelman (1988) „gIBIS: A Hypertext Tool for Exploratory Policy and Discussion", *Proceedings of the 1988 Conference on Computer-Supported Cooperative Work* (Portland, Or.), o. A.

> Es gibt die Welt der Ideen
> und die Welt der Praxis.
> – Mathew Arnold

Kapitel 8

Wissensmanagement-Projekte in der Unternehmenspraxis

Wenn über Wissensmanagement-Projekte geredet wird, geht es oft um höchst abstrakte und philosophische Zusammenhänge. Aber es gibt auch eine reale Welt des Wissensmanagements – eine Welt mit Budgets, Termindruck, mikropolitischen Auseinandersetzungen und organisatorischen Führungsfunktionen. Diesem Bereich der praktischen Durchführung von Wissensmanagement-Projekten wollen wir uns im vorliegenden Kapitel zuwenden. Bei solchen Projekten handelt es sich um nichts anderes als um den Versuch, Wissen zu nutzen und irgendein organisatorisches Ziel durch eine zweckdienliche Strukturierung von Mitarbeitern, Technologien und Wissensinhalten zu verwirklichen. Projekte dieser Art gibt es in allen möglichen Unternehmen. 1996 haben wir einige davon näher untersucht.[1]

Mit der Wahl des Wissensmanagement-Projekts als Analyseeinheit eröffnen sich uns aufschlußreiche Perspektiven zu unserer Thematik. Schließlich sind es immer nur (wenngleich unzureichend) strukturierte Projekte, die dafür sorgen, daß in den Unternehmen etwas erreicht wird. Mit unseren Untersuchungen zu den Praktiken und Praktikern der Wissensmanagement-Vorhut hoffen wir, den „Neulingen" in diesem Bereich das erforderliche Kontextverständnis und den bereits Eingeweihten ein praktisches Rüstzeug vermitteln zu können. Wie wir noch sehen werden, kann jedoch keines dieser Projekte als optimales Vorbild gelten. Bei einigen drängt sich die Frage auf, ob es tatsächlich „Wissen" ist, das da gemanagt wird, und die meisten lassen kaum eine wissensorientierte Umstellung im Unternehmen erkennen. Es ist eben viel leichter, über einen solchen Wandel zu reden, als ihn tatsächlich herbeizuführen!

Um zu verstehen, wie nun der Umgang mit Wissen in den heutigen Unternehmen gemanagt wird, haben wir 31 Wissensmanagement-Projekte in 20 verschiedenen Unternehmen untersucht. In den meisten Fällen haben wir uns auf *ein* Projekt beschränkt; aber um auch einen tieferen Einblick in das Wissensmanagement ein und derselben Organisation zu gewinnen, haben wir bei einem einzigen Unternehmen (*Hewlett-Packard*) 10 Projekte beobachtet. Vier der Unternehmen haben wir vor Ort besucht; die übrigen wurden telefonisch befragt. Unsere Informationsquellen waren in aller Regel die Wissensprojekt-Manager oder die für die Wissensmanagement-Funktion unternehmensweit verantwortlichen Führungskräfte. Darüber hinaus waren viele der Unternehmen an einem von *Ernst & Young* gesponserten Forschungsprogramm zu multiplen Aspekten des Wissensmanagements beteiligt.[2] Wir haben unsere Vorstellungen mit den Programmteilnehmern in zwei Abschlußbesprechungen überprüft.

Im ersten Teil des Kapitels werden wir kurz die Bandbreite der von uns beobachteten Ansätze erörtern, um anschließend eine übergeordnete Typologie von Wissensmanagement-Projekten vorzustellen. Des weiteren wollen wir zu klären versuchen, was ein erfolgreiches Wissensprojekt ausmacht. Erfolg und Mißerfolg sind mehrdeutige Termini, wenn sie auf einen erst noch im Entstehen befindlichen Bereich wie das Wissensmanagement angewendet werden; immerhin aber können wir die typischen Merkmale der Projekte erörtern, die zur Zeit unserer Beobachtungen besonders gut liefen.

Wir schließen das Kapitel ab mit einem Hinweis auf die Unterschiede, die es bei den Erfolgsfaktoren für Wissensmanagement-Projekte einerseits und den Erfolgsfaktoren für Initiativen wie Informations- oder Datenmanagement andererseits zu beachten gilt. Die Besonderheit des Wissensmanagements zeigt sich schon darin, daß bei Wissensmanagement-Projekten andere Faktoren eine Rolle spielen. Natürlich sind manchmal auch nur sehr feine Unterschiede zwischen Informationsprojekten und Wissensprojekten festzustellen. Auf unsere Frage hin, wie denn die beiden Projektarten zu unterscheiden seien, meinten einige unserer Informanten, es gäbe durchaus Überschneidungen. Viele gaben an, bei ihren Ansätzen zum Verwalten und Organisieren von Wissen handele es sich gelegentlich um Informationen (und seltener um Daten), aber sie seien stets bemüht, die Informationen reichhaltiger zu machen und so zu Wissen aufzuwerten. Bei ihren Projekten wurde meist auch den menschlichen Beiträgen erhebliche Bedeutung beigemessen – eines der Charakteristika, die Wissen von Informationen oder Daten unterscheiden.

Verschiedene Typen von Wissensmanagement-Projekten

Wissensmanagement in der Unternehmenspraxis befindet sich noch in der Anfangsphase. Selbst die fortgeschrittensten und ausgereiftesten Wissensmanagement-Projekte in unserer Studie waren noch längst nicht abgeschlossen. Immerhin aber vermochten die jeweiligen Projektleiter spezifische Zielsetzungen für ihr Unternehmen und ihr Wissensmanagement-Projekt zu nennen, und in einigen Fällen war ein Teil der Ziele sogar schon erreicht worden.

Bei den 31 untersuchten Projekten haben wir sehr unterschiedliche Rahmenbedingungen festgestellt. Einige Projekte finanzierten sich selbst: Sie verfolgten einen marktorientierten Ansatz und ließen sich den in Anspruch genommenen Wissensservice bezahlen. Andere Projekte wurden über die Gemeinkosten finanziert. Manche Unternehmen hatten sich auch für eine Mischform entschieden: Beispielsweise finanzierten sie ihr Projekt in der Anfangsphase aus Unternehmensmitteln, verlangten aber nach einer gewissen Zeit eine Umstellung auf Selbstfinanzierung. In einigen Fällen sorgte eine zentralisierte Wissensmanagement-Funktion für Management beziehungsweise Koordination verschiedener Projekte, während bei anderen Projekten von der Basis aus und in dezentralisierter Form gearbeitet wurde. Manche Initiativen waren von grundlegender Bedeutung für Zweck und Existenz eines Unternehmens, andere eher am Rande angesiedelt; einige ließen sich wirtschaftlich in keiner Weise rechtfertigen, andere wiederum erwirtschafteten Erträge aus der Zusammenarbeit mit externen Kunden.

Doch in vielerlei Hinsicht wiesen all diese Projekte auch Gemeinsamkeiten auf: Sämtliche Projekte verfolgten vorgegebene Ziele, hatten einen verantwortlichen Projektleiter, nahmen in einem bestimmten Umfang finanzielle und personelle Ressourcen in Anspruch und waren schwerpunktmäßig mit Wissen und nicht mit Informationen oder Daten befaßt. Darüber hinaus konnten nach Maßgabe der in den Projekten verfolgten Wissensmanagement-Ziele drei Projekttypen unterschieden werden: Schaffung von Wissensspeichern, Verbesserung des Wissenszugangs und Förderung einer wissensorientierten Unternehmenskultur und Arbeitsumgebung.

Wissensspeicherung

Viel Energie beim Wissensmanagement wird für den Umgang mit Wissen als „Neutrum" aufgebracht – als einer Einheit, die von den eigentlichen Wissensträgern und Wissensnutzern getrennt gesehen wird. Eine derartige Wissensabstraktion ist nicht neu; sie ist im Grunde so alt wie der Buchdruck. Der damit angesprochene Projekttyp zielt darauf ab, das in Notizen, Berichten, Präsentationen, Artikeln usw. dokumentierte Wissen zu erfassen und in einen Speicher zu bringen, wo es leicht auffindbar und abrufbar ist. Eine weniger strukturierte Form von Wissensanhäufung ist die Diskussionsdatenbank: Die Gesprächsteilnehmer zeichnen ihre persönlichen Erfahrungen zu einer Problemstellung auf und reagieren auf die Beiträge der anderen. Bei unseren Untersuchungen stießen wir auf drei Grundtypen von Wissensspeichern:

1. *externes Wissen* (Beispiel: Intelligenz seitens der Konkurrenz)
2. *strukturiertes internes Wissen* (Beispiel: Forschungsberichte, produktorientierte Marketingmaterialien und -methoden)
3. *informelles internes Wissen* (Beispiel: Diskussionsdatenbanken voller Know-how und praktischer Erfahrungen)

Wir haben bei unseren Nachforschungen keine Beispiele für regelbasierte Expertensysteme gefunden, obgleich auch diese als Speicher für engbegrenzte Wissensbereiche klassifiziert werden könnten. Entgegen allen Erwartungen, wie wir sie in Kapitel 7 erörtert haben, gibt es derzeit nur wenige Unternehmen, in denen diese Technologie kommerziell genutzt wird.

Zum Beispiel hatte ein an unserer Studie beteiligter Autohersteller beschlossen, einen externen Speicher zur Wissenssituation bei der Konkurrenz anzulegen. Dieser Speicher enthielt Berichte von Analytikern, Artikel aus Fachzeitschriften sowie externe Marktforschungsbeiträge über die Automobilkonkurrenz. Das Unternehmen setzte ein Instrument mit der Bezeichnung *GrapeVINE* (in Kapitel 7 erörtert) ein, mit dessen Hilfe die für dieses Projekt verantwortlichen „Wissensmanager" Informationen oder Wissen zu verschiedenen Themen an Führungskräfte mit spezifischen Interessen weiterleiten konnten. Besonders wichtige Informationen wurden herausgegriffen und an sämtliche Mitarbeiter verteilt, so daß die betroffenen Informations- oder Wissensinhalte im System schneller zugänglich waren und ausgewertet werden konnten.

Bei den Projekten, in denen es um die Speicherung internen Wissens ging, beobachteten wir, daß sowohl Wissen als auch Informationen abgespeichert wurden. Wenn die Unterscheidung zwischen Wissen und Information eher als Kontinuum und nicht als Dichotomie verstanden wird, betreffen die meisten Projekte zum Umgang mit internem Wissen das mittlere Spektrum des Kontinuums – Informationen, die für bestimmte Nutzer Wissen darstellen. In solchem Zusammenhang haben wir bereits den *Electronic Sales Partner* von *Hewlett-Packard* angesprochen – ein System mit technischen Produktinformationen, Verkaufspräsentationen, Vertriebs- und Marketingtaktiken, Informationen zur Kundenbuchhaltung und sonstigen Hinweisen, die dem Außendienst bei Verkaufsverhandlungen nützlich sein könnten. Die Projektverantwortlichen führten den Titel „Wissensmanager" auf ihren Visitenkarten. Zwar handelte es sich bei den Systeminhalten teilweise eher um Informationen als um Wissen, aber die *HP*-Manager waren bemüht, den Wert ihres Speichers durch sorgfältige Kategorisierung und ständige Überprüfung zu erhöhen. Auch das Speichersystem von *Sequent Computer* ist bereits beschrieben worden; *Sun Microsystems* und *Silicon Graphics* haben ähnliche Speicher eingerichtet.

Schließlich geht es noch um Wissen, das in den Köpfen der Mitarbeiter im Unternehmen verborgen ist und nicht in strukturierter, dokumentierter Form vorliegt. An früherer Stelle haben wir bereits verschiedene Ansätze zur Kodifizierung impliziten und expliziten Wissens beschrieben; ähnliche Ausführungen sind auch bei anderen Autoren nachzulesen.[3] In den von uns untersuchten Projekten war es so, daß die Unternehmen so etwas wie eine professionell orientierte elektronische Diskussionsrunde veranstalteten, wenn sie verborgenes Wissen ihrer Mitarbeiter erfassen und speichern wollten. Beispielsweise läuft in einer *HP*-Sparte (*Corporate Education Division*) ein Projekt unter der Bezeichnung „Trainer's Trading Post", das dazu dienen soll, gute Ratschläge und Ideen, Erkenntnisse, Erfahrungen und Beobachtungen in einer *Lotus-Notes*-Datenbank zu erfassen, zu der alle Ausbilder und Dozenten des Unternehmens Zugang haben. Jeder fünfzigste Mitarbeiter bei *HP* ist in einer solchen Position tätig, aber sie alle arbeiten an weit verstreuten Standorten und konnten ihr Wissen früher nicht ohne weiteres austauschen. Projekte zur Speicherung solchen Wissens sind dazu angetan, den herkömmlichen Wissensaustausch im Rahmen der Sozialisierung neuer Mitarbeiter, der Schaffung von Mythen und Erfolgsgeschichten in der Organisation sowie der allgemeinen Verbreitung kultureller Riten und Routinen zu beschleunigen und zu erweitern.[4]

Wissensspeicher können zur Festigung der unternehmenskulturellen Riten und Routinen beitragen.

Wissenszugang und Wissenstransfer

Ein weiterer Projekttyp, auf den wir bei unseren Beobachtungen gestoßen sind, soll Wissen zugänglich machen beziehungsweise den Transfer von Wissen zu bestimmten Mitarbeitern erleichtern. Während Wissensspeicher-Projekte das

Wissen als solches erfassen sollen, sind Wissenszugang-Projekte auf die Wissensträger und die potentiellen Nutzer von Wissen ausgerichtet. Solche Projekte tragen dem Umstand Rechnung, daß es äußerst schwierig sein kann, denjenigen Wissensträger ausfindig zu machen, dessen Wissen man gerade benötigt, und dieses Wissen dann noch mit Erfolg vom Wissensträger zum Wissensnutzer zu transferieren. Wenn die Bibliothek eine passende Metapher für Wissensspeicher-Projekte abgibt, so könnte der Zweck von Wissenszugang-Projekten wohl am besten mit dem Konzept „*Gelbe Seiten* für den Umgang mit Wissen" symbolisiert werden. Die für Wissenszugang-Projekte verantwortlichen Manager benutzten gewöhnlich Formulierungen wie „... an das Wissen herankommen, von dem wir wissen, daß wir es haben" oder „... unser Wissen austauschen" und so weiter – Formulierungen, die einen Bedarf an Konnektivität, Zugänglichkeit und Transfer erkennen lassen.

Wie Wissensspeicher-Projekte unterscheiden sich auch Wissenszugang-Projekte in ihrer technologischen Ausrichtung. Beispielsweise haben wir bei den Unternehmen mehrfach beobachtet, daß Experten-Netzwerke angelegt und verwaltet wurden. (Im Rahmen unserer Terminologie würden wir von Wissenskarten oder von der Kartographierung einschlägiger Wissensquellen sprechen.) In einem der Fälle handelte sich bei diesem Experten-Netzwerk nicht um eine Verbesserung, die auf einen bestimmten Teilbereich der Unternehmensaktivitäten abzielte, sondern um das Kerngeschäft des Unternehmens als solches. Das Unternehmen, die *Teltech Resource Network Corporation*, bietet einen Expertensuchdienst auf der Basis einer umfassenden Datenbank an, in der Experten unterschiedlicher Fachgebiete erfaßt sind. *Teltech* vermittelt seine Bezugsangaben an Ingenieure und Wissenschaftler in Unternehmen, die gelegentlichen Bedarf an Expertenwissen haben. Das Unternehmen motiviert die Experten zur Teilnahme an seinem Netzwerk, indem es ihnen nach Kontaktierung über die Datenbank ein Honorar für die Beantwortung von Klientenfragen zahlt. *Teltech* vermarktet seine Dienstleistungen an fachspezifische Führungskräfte und wissenschaftliche Mitarbeiter in Klientenunternehmen und ist stets bemüht, potentielle Kunden daran zu erinnern, daß sie ebenfalls eine verfügbare Ressource darstellen. Allem Anschein nach tun sich Ingenieure schwer, auch mal Hilfe anzufordern; *Teltech* ist intensiv bemüht, dieses Problem zu überwinden.

Wir haben bereits mehrere Projekte beschrieben, die in die Kategorie *Wissenszugang und Wissenstransfer* fallen. So ist das *SPUD*-Projekt von *Microsoft*, mit dem das Wissen der Systementwickler konsolidiert werden soll, ein Instrument zur Förderung des Zugangs zu persönlichem Wissen. Das *BP*-Projekt für *Virtuelle Teamarbeit* betrifft den Transfer von verborgenem Wissen. Die Wissenstransfer-Initiativen bei *Sematech* sind weitgehend auf menschliche Kommunikation ausgerichtet, schließen aber auch Informationssysteme mit ein.

Wissensorientierte Arbeitsumgebung

Der letzte Projekttyp zielt darauf ab, eine dem Wissensmanagement förderliche Arbeitsumgebung zu schaffen. Bei dieser Kategorie konnten wir Projektbeispiele beobachten, in deren Rahmen der Wert des Wissenskapitals, Bemühungen um Bewußtseinsbildung und kulturelle Aufnahmefähigkeit, Initiativen zur Verhaltensänderung im Umgang mit Wissen sowie Versuche zur Verbesserung des Wissensmanagement-Prozesses gemessen werden sollten.

Einige der von uns untersuchten Firmen unternahmen konzertierte Aktionen, um zu erreichen, daß Wissen als ein ebenso realer Vermögenswert wie jeder andere Bilanzposten behandelt wird. *Skandia* führt einmal jährlich ein internes Audit zum intellektuellen Unternehmenskapital durch

Einige Unternehmen behandeln Wissen mittlerweile wie jede andere Art von Kapitalvermögen. und gibt einen Bericht für Aktionäre und Investoren heraus. Ziel dieser Analyse ist unter anderem, die Investoren vom Wert des Wissenskapitals bei *Skandia* zu überzeugen. Andere Firmen sind bemüht, den Wert des Wissenskapitals eher zu verwalten als zu bewerten; sie konzentrieren sich auf Patentmanagement und Lizenzvergaben.

Manche Unternehmen verfolgen ein weniger gezieltes, aber um so höher gestecktes Vorhaben – sie wollen die Einstellung der Mitarbeiter gegenüber Wissen generell verändern. So hat man in einer großen Computerfirma eine Reihe von Initiativen eingeleitet, um die Wiederverwendung bestimmter Wissenstypen zu fördern: Komponenten-Design. Im Lauf der Jahre haben wir auch einen allmählichen Wandel in der Einstellung der Ingenieure feststellen können – sie bewerten eine kürzere Vermarktungszeit inzwischen höher als Originalität im Design (oder zumindest als gleich hoch). Bei einem Direktmarketing-Betrieb, den wir beobachten konnten, waren die Wissensmanagement-Initiativen darauf ausgerichtet, ein Bewußtsein für das in Klientenbeziehungen eingebundene Wissen zu steigern und dessen Wiederverwendung zu fördern. Der Betrieb ernannte einen hauptverantwortlichen Wissensdirektor, der selbst keinen Mitarbeiterstab hatte; er nahm seine Funktion vielmehr durch entsprechendes Ausbilden und Anleiten von Kollegen wahr.

Einige Unternehmen konzentrieren sich bei ihren Projekten unmittelbar auf das Verhalten ihrer Mitarbeiter im Umgang mit Wissen. Beispielsweise modifizierte eine große Beratungsfirma ihr System zur Leistungsbeurteilung und berücksichtigte fortan die Beiträge der Mitarbeiter zur firmeneigenen Wissensbank als wichtiges Kriterium bei Vergütungsentscheidungen. Die Firma erzielte deutliche Erfolge hinsichtlich des Arbeitsverständnisses der Mitarbeiter – die

Berater wurden in dem Gefühl bestärkt, für Produktion und Vertrieb von Managementwissen zuständig zu sein.

Schließlich gibt es noch Unternehmen, die in erster Linie um die Prozesse der Schaffung, Weitergabe und Nutzung von Wissen bemüht sind. Auf ganz simpler Stufe bedeutet Prozeßorientierung die Entwicklung von Methoden zur Messung von Tempo, Kosten und Auswirkung der Wissensmanagement-Aktivitäten sowie zur Beurteilung der Kundenzufriedenheit. *Teltech* zum Beispiel ruft jeden Kunden im Anschluß an eine Vermittlung von Expertenangaben an und erkundigt sich nach der Qualität des Experten und seines Fachwissens. Bei einigen Projekten haben wir auch feststellen können, daß Ansätze zu Prozeßverbesserung und Reengineering unmittelbar auf das Wissensmanagement angewendet wurden. Im Rahmen solcher Ansätze konnten die angestrebten Schritte im Wissensmanagement-Prozeß (zumindest in allgemeiner Form) beschrieben werden.

Projekte mit multiplen Merkmalen

Die eben angeführten Projekte betrachten wir als Beispiele für „reine" Projektkonzepte – gewissermaßen als „Idealtypen". In der Praxis sind solche Idealtypen natürlich kaum zu realisieren. Fast alle Projekte, die wir untersucht haben, stellten Kombinationen aus verschiedenen Projekttypen dar. Bei *Young & Rubicam* zum Beispiel war der Sparten-Wissensmanager Nick Rudd bemüht, eine wissensfreundliche Kultur zu fördern, leitete zugleich aber formale Wissenstransfer-Programme auf der Basis eines persönlichen Wissensaustauschs ein. Die von uns untersuchte Beratungsfirma kombinierte fast alle der oben beschriebenen Projekttypen:

- Entwicklung eines Experten-Netzwerks
- Entwicklung interner Dokumentenspeicher

- Bemühungen zur Schaffung neuen Wissens
- Entwicklung von Wissensbanken auf der Basis bisheriger Erfahrungen
- Beschreibung des Wissensmanagement-Prozesses in allgemeiner Form
- Anwendung von Beurteilungs- und Vergütungssystemen mit dem Ziel der Verhaltensänderung

Zwar läßt sich dies noch nicht mit Sicherheit behaupten, aber vermutlich werden Wissensmanagement-Projekte, die an mehreren Fronten zugleich ansetzen, effektiver sein als solche, die sich auf nur einen Typ beschränken. Dies entspricht auch dem „ökologischen" Ansatz zum Informations- und Wissensmanagement, den wir an anderer Stelle vertreten.[5]

Ein Nachteil beim Vorgehen der oben angeführten Beratungsfirma besteht darin, daß die Projekttypen nicht klar abgegrenzt sind und so Probleme bei der Beurteilung und Bemessung entstehen können. Auch die Unschärfe bei den Projektzielen erschwert eine Quantifizierung. Wie soll man Prioritäten hinsichtlich der verschiedenen Aspekte eines Projekts setzen, das beispielsweise zu 20 Prozent auf die Unternehmenskultur, zu 45 Prozent auf den Wissenstransfer und zu 35 Prozent auf die Wissensspeicherung ausgerichtet ist? Und wie läßt sich ein Wandel in der Unternehmenskultur so bemessen, daß die Resultate den Investitionen zugeordnet werden können? Schließlich dürfen die Unternehmen von ihren Aktionären kein Beteiligungskapital verlangen, um eine Kultur des Wissensaustauschs oder einen wissensorientierten Außendienst einführen zu können. Vielmehr erwarten die Aktionäre von ihren Unternehmen die Erwirtschaftung von Gewinnen – wobei eine Anbindung von Wissen an die finanzielle Performance eine heikle Angelegenheit ist.[6] Damit wären wir bei der Frage angelangt, wie der Erfolg von Wissensmanagement-Projekten zu beurteilen ist.

Erfolg bei Wissensmanagement-Projekten

Was bedeutet Erfolg bei Wissensmanagement-Projekten? Da wirtschaftliche Erträge aus dem Umgang mit Wissen seit jeher schwer zu quantifizieren sind, müssen wir auf allgemeinere Erfolgsindikatoren zurückgreifen. Und da wir die Projekte nur über einen begrenzten Zeitraum hinweg beobachtet haben, können wir nicht mit Sicherheit sagen, ob die derzeitigen Erfolgsindikatoren auch auf lange Sicht Bestand haben. Dennoch: Die Indikatoren für den Erfolg von Wissensmanagement-Projekten unterscheiden sich nicht wesentlich von den Kriterien, die zur Erfolgsmessung bei anderen Projekten zur Herbeiführung unternehmerischen Wandels herangezogen werden. So definieren wir Erfolg im Wissensmanagement in erster Linie anhand der folgenden Indikatoren:

- Wachstum der in das Projekt investierten Ressourcen (einschließlich Personal und Budgets);
- Steigerung des Umfangs von Wissensinhalten und Wissensnutzung (zum Beispiel Anzahl der Dokumente im Wissensspeicher, Häufigkeit der Inanspruchnahme oder auch Zahl der Teilnehmer an Diskussionsdatenbank-Projekten);
- Wahrscheinlichkeit, mit der das Projekt ein oder zwei bestimmte Projektverantwortliche „überlebt", so daß das Projekt als Unternehmensinitiative und nicht als Einzelprojekt gelten kann;
- müheloser Umgang der Mitarbeiter mit den Konzepten *Wissen* und *Wissensmanagement*;
- gewisse Anzeichen für finanzielle Vorteilhaftigkeit – entweder auf Basis der Wissensmanagement-Aktivität als solcher (falls als Gewinnzentrum verstanden) oder auf Basis der Unternehmenstätigkeiten generell; solche An-

zeichen brauchen nicht exakt auszuweisen sein, sondern können auch auf reiner Wahrnehmung beruhen.

Bei unseren Interviews haben wir den Leitern von Wissensmanagement-Projekten die Frage, ob sie ihre Projekte für erfolgreich hielten, nicht gestellt. Wohl aber haben wir nach den oben aufgeführten Erfolgsindikatoren gefragt. Je nachdem, ob diese Indikatoren genannt wurden oder nicht, konnten die Projekte relativ leicht als „erfolgreich", „wahrscheinlich nicht erfolgreich" oder „noch nicht erfolgreich" eingestuft werden. Ungefähr die Hälfte der Projekte war der Kategorie „erfolgreich" zuzuordnen. Bei zwei der Projekte hielten wir es noch für zu früh, um eine Erfolgsbeurteilung vorzunehmen.

Die als erfolgreich definierten Projekte wiesen die meisten oder alle der oben genannten Indikatoren auf. Bei einigen fehlte zur Zeit der Beurteilung noch die finanzielle Vorteilhaftigkeit, aber die betroffenen Unternehmen planten, künftig verstärkt darauf hinzuarbeiten. Im Gegensatz dazu ließen die nicht – oder noch nicht – erfolgreichen Projekte wenige oder keinen der genannten Indikatoren erkennen. Die Projektmanager mußten sich ihre Ressourcen „erkämpfen". Kämpfen mußten sie auch, um die Mitarbeiter in ihren Unternehmen zu veranlassen, aktiv Beiträge zu den Wissensspeichern zu leisten oder Diskussionsdatenbanken zu nutzen. Diese Projekte wurden von einigen wenigen Einzelkämpfern mit visionären Ideen vertreten. Die Überlegung, aus solchen Projekten Geld für das Unternehmen herauszuholen, wurde entweder gar nicht in Betracht gezogen oder lag noch in weiter Ferne. Zwar könnten sich die Bedingungen in Zukunft ändern, doch zur Zeit der Beobachtung erwiesen sich derartige Projekte eindeutig als Mißerfolg.

Bei der Projektbeurteilung stellten wir zwei „Erfolgstypen" fest. Der eindrucksvollste Erfolgstyp erzielte eine grundlegende Umorientierung im gesamten Unternehmen.

Dieses Maß an Erfolg war mit drei Fällen recht selten und auch in den Unternehmen, die wir in dieser Form beurteilten, nicht ganz eindeutig. Der andere Erfolgstyp betraf ebenfalls eine Verbesserung der betrieblichen Abläufe, war aber auf einen bestimmten Prozeß oder eine bestimmte Funktion beschränkt. Beispielsweise wollten die Manager mit ihren Wissensmanagement-Projekten bestimmte Verbesserungen bei der Entwicklung neuer Produkte, im technischen Kundendienst, in der Aus- und Weiterbildung, bei der Software-Entwicklung, im Patentmanagement und in manch anderen Funktionen und Prozessen erzielen. Dies waren die wichtigsten Bereiche, in denen wir Erfolge feststellen konnten, doch inwieweit sich daraus Erfolge für die umfassendere Unternehmenssituation ableiten lassen, ist schwer zu sagen.

Bei einer großen Beratungsfirma unter unseren Informanten war Wissen vermutlich ausschlaggebend für eine umfassende Umorientierung im Unternehmen – mit sowohl tiefgreifenden als auch breitflächigen Auswirkungen. Und seit Einführung der Wissensmanagement-Initiative war eine deutliche Verbesserung der finanziellen Ergebnisse festzustellen. Die Linienberater nahmen die unternehmenseigenen Wissenszentralen massiv in Anspruch, griffen auf frühere Präsentationen bei anderen Klienten zurück und nutzten vorhandene Spezifikationen für Prozeß- und Systementwürfe, Arbeitspläne und andere projektorientierte Unterlagen. Die Firma erhöhte ihre „Zuschlagsrate" bei ihren Klientenangeboten.

Beim F+E-Konsortium von *Sematech* waren Schaffung und Weitergabe von Wissen die entscheidenden Kriterien für die Gründung der Organisation. Da von Anfang an Wissensmanagement-Ansätze angewendet wurden, läßt sich schwerlich behaupten, die damit verbundenen Taktiken hätten zu einer Umorientierung geführt, aber organisatorisches Überleben ist eine gleichermaßen wichtige Form von Erfolg. Ein weiteres Unternehmen, bei dem Wissensmanagement für das organisatorische Überleben ebenfalls von entscheidender Bedeutung war, ist *Teltech*: Die dort angewendeten Wissensmanagement-Ansätze schienen zu funktionieren, denn das Unternehmen befand sich zu der Zeit, in der wir unsere Beobachtungen durchführten, in einer Wachstumsphase.

Erfolgsfördernde Faktoren im Wissensmanagement

Die oben beschriebenen Indikatoren geben zu erkennen, ob ein Projekt erfolgreich ist oder nicht – sie sagen aber nichts darüber aus, wie es zum Erfolg oder Mißerfolg gekommen ist. Nachdem wir die Projekte klassifiziert hatten, versuchten wir als nächstes, die aussagekräftigsten Variablen zu bestimmen. Dabei ermittelten wir neun Faktoren, die für die erfolgreichen Projekte charakteristisch waren. Unsere diesbezüglichen Untersuchungen sind vorläufiger Art, so daß die von uns ermittelten Faktoren lediglich als hypothetische Erfolgsvoraussetzungen für ein Projekt anzusehen sind. Unter solchem Vorbehalt wollen wir die nachstehend aufgeführten neun Faktoren einzeln erörtern:

- wissensorientierte Kultur
- technische und organisatorische Infrastruktur
- Unterstützung durch das Topmanagement
- Kopplung an wirtschaftlichen Nutzen oder Branchenwert
- das richtige Maß an Prozeßorientierung
- Klarheit in Vision und Sprache
- wirksame Motivationshilfen
- ein gewisses Maß an Wissensstruktur
- multiple Kanäle für den Wissenstransfer

Wissensorientierte Kultur

Eine wissensfreundliche Kultur zählte eindeutig zu den wichtigsten Erfolgsbedingungen für die von uns untersuchten Projekte. Nur ist dieser Erfolgsfaktor mit den wohl größten Schwierigkeiten verbunden. Verschiedene Komponenten sind maßgeblich:

- *Positive Einstellung zum Wissen*: Die Mitarbeiter sind gescheit und wißbegierig, zum Erkunden bereit und befugt; ihre wissensgenerierenden Aktivitäten gelten bei den Führungskräften als glaubwürdig.
- *Fehlen von wissenshinderlichen Barrieren in der Kultur*: Die Leute ziehen nicht über das Unternehmen her und brauchen nicht zu befürchten, daß die Weitergabe von Wissen ihren Arbeitsplatz kosten könnte.
- *Übereinstimmung*: Das Wissensmanagement-Projekt paßt zur Unternehmenskultur.

Wir vertreten die Auffassung, alle Unternehmen sollten eine positive Wissensorientierung in ihren Kulturen haben, doch die Wirklichkeit sieht oft ganz anders aus. Der wichtigste Faktor bei der Schaffung einer positiven Wissenskultur ist für uns die Frage, welche Leute sich für ein Unternehmen interessieren und welche Kandidaten das Unternehmen auswählt. Mitarbeiter, die schon als Schüler und Studenten mehr wissen wollten und Wissen zu nutzen verstanden, werden diese Einstellung vermutlich auch weiterhin beibehalten. Leider produziert das US-amerikanische Bildungssystem nicht gerade einen hohen Anteil an solcherart wissensorientierten Mitarbeitern. Natürlich kann man den Umgang mit Wissen auf Kosten anderer beruflicher Verpflichtungen betreiben – was sich bei übermäßig wissensorientierten Kul-

Der Aufbau einer positiven Wissenskultur ist von entscheidender Bedeutung.

turen als nachteilig erweisen könnte. Wir haben diesen Typ einer positiven Kultur in mehreren der von uns untersuchten Unternehmen gefunden – sowohl bei Beratungsunternehmen und High-Tech-Produzenten als auch bei kleinen wissensgesteuerten Organisationen wie *Teltech*.

In Anbetracht all der Downsizing-Maßnahmen in vielen amerikanischen Unternehmen während der letzten zehn Jahre wäre es nicht verwunderlich, wenn in bestimmten Organisationskulturen negative Einstellungen zum Wissensaustausch vorherrschen. So könnten die Mitarbeiter meinen, ihr Wissen trüge maßgeblich zu ihrem unersetzlichen Wert als Mitarbeiter und somit zum Erhalt ihres Arbeitsplatzes in der Organisation bei. Unter solchen Umständen würden sie ihr Wissen nicht ohne weiteres weitergeben. Für eine solche Haltung haben wir in unserer Untersuchung kaum Belege gefunden – vielleicht deshalb, weil Unternehmen mit derartigen Kulturen gar nicht erst an einem Wissensmanagement-Projekt interessiert wären. Dennoch: Man kann sich leicht vorstellen, daß ein solcher Zusammenhang das Projekt zum Scheitern bringen könnte.

Aber wir haben andere unternehmenskulturelle Aspekte kennengelernt, die tatsächlich die Zielsetzungen eines solchen Projekts behindern. Bei *Young & Rubicam* berichtete uns der Wissensdirektor, im kreativen Bereich des Unternehmens stünden die Mitarbeiter unter dem Erwartungsdruck, dynamisch und originell zu sein. Die vorherrschende Einstellung, man müsse „Derivate derogieren", erhärtete eine ohnedies vorhandene Abneigung gegen die Weitergabe und Nutzung bereits geschaffenen Wissens. In der Werbebranche verstärken Fachzeitschriften und Branchenpreise den Wert von Kreativität, so daß den an Werbewirksamkeit ausgerichteten Aktivitäten – Veranlassung des Konsumenten, Produkt oder Dienstleistung des Klienten in Anspruch zu nehmen – vergleichsweise wenig Prestige beigemessen wird. Um nun die kreativen Mitarbeiter dazu zu bringen, ihr

Wissen an Kollegen weiterzugeben, mußte das Unternehmen seine Anreiz- und Belohnungssysteme ändern.[7] Der Wissensdirektor freut sich zwar über einige bereits erkennbare Verhaltensänderungen, doch wäre es verfrüht, dieses Programm als erfolgreich zu bezeichnen. Es bleibt abzuwarten, ob und wie interne Systeme so verändert werden können, daß die Normen und Erwartungen auf institutionaler Ebene überwunden werden. High-Tech-Unternehmen haben ebenfalls stark mit diesem Problem zu kämpfen; bei einer von uns untersuchten großen Telekommunikationsfirma zeigten die Ingenieure „Helden"-Mentalität: Achtung hatte man nur vor den eigenen Konstruktionen und Entwürfen. Die Spitzeningenieure werteten es als Zeichen der Schwäche, auf ein vorhandenes Design zurückzugreifen – als Eingeständnis eigener Unfähigkeit.

Ein drittes Problem ist die Übereinstimmung zwischen der Kultur des Unternehmens und seinen Wissensmanagement-Initiativen. Projekte, die nicht recht zur Unternehmenskultur passen, werden kaum Erfolg haben. Bei *Hewlett-Packard* zum Beispiel sprießen überall im Unternehmen Wissensmanagement-Projekte aus dem Boden, aber sie sind ausgesprochen dezentralisiert. Die Unternehmenskultur mit ihren höchst autonomen Geschäftseinheiten würde ein koordiniertes *Top-down*-Projekt auf Unternehmensebene oder gar einen übergeordneten Wissensdirektor nicht ohne weiteres unterstützen.

Technische und organisatorische Infrastruktur

Wissensprojekte haben mit größerer Wahrscheinlichkeit Erfolg, wenn sie eine umfassende Infrastruktur sowohl technischer als auch organisatorischer Art nutzen können. Die technische Infrastruktur ist vergleichsweise leicht einzurichten: Wie in Kapitel 7 ausführlich beschrieben wurde, umfaßt sie zum Teil wissensorientierte Technologien wie

Lotus Notes und das *World Wide Web*. Wenn diese Instrumente und die zu ihrer Anwendung erforderlichen Kompetenzen bereits vorliegen, sind gute Voraussetzungen für den Start einer Wissensinitiative gegeben. Die meisten der von uns befragten Unternehmen setzen multiple Instrumente ein – was wir in der jetzigen Anfangsphase des Wissensmanagements auch für angemessen halten.

Ein weiterer Aspekt bei der Nutzung der technologischen Infrastruktur für Wissensmanagement-Projekte ist die Notwendigkeit eines einheitlichen Systems von Technologien für PC-Ausstattungen und Kommunikationseinrichtungen. Auf ganz einfacher Ebene bedeutet dies, daß jeder Arbeitsplatz (beziehungsweise jede Aktentasche) mit einem leistungsfähigen, vernetzten PC und standardisierten personenbezogenen Produktivitätsinstrumenten (Textverarbeitung, Software für Präsentationen) ausgestattet sein muß, damit Dokumente ohne Schwierigkeiten innerhalb des Unternehmens ausgetauscht werden können. Komplexere und funktionsintensivere Desktop-Infrastrukturen können ebenfalls Ausgangsbasis für bestimmte Typen von Wissensmanagement-Projekten sein – ein Beispiel dafür ist die Nutzung der Videokonferenz-Technologie bei *BP*.

Der Aufbau einer organisatorischen Infrastruktur zu Wissensmanagement-Zwecken setzt die Einrichtung bestimmter Funktionen, Organisationsstrukturen und Kompetenzen voraus, auf welche die einzelnen Projekte zurückgreifen können. Die von uns befragten Unternehmen hatten damit ihre Probleme, zumal die Einrichtung neuer Funktionen und Positionen Geld kostet. Doch einige Firmen waren in der Lage, neue Stellen auf unterschiedlichen Ebenen zu schaffen – von hochrangigen Wissensdirektoren über Wissensprojekt-Manager bis hin zu Wissensjournalisten, Wissensredakteuren und Wissensnetz-Moderatoren. Im Beratungsbereich von *Ernst & Young* beispielsweise gibt es Moderatoren für 22 verschiedene Wissensnetzwerke, Manager für mehrere neue wissensorientierte Organisationen zur Erzeugung oder Verteilung von Wissen, einen Wissensdirektor und zahlreiche neueingerichtete Ausschüsse, die Prioritäten bei den anstehenden Wissensprojekten setzen und die Wissensstrategie festlegen. Gewiß sind diese neuen Funktionen und Strukturen kostenaufwendig, aber sie stellen sicher, daß jedes neue Projekt die erforderliche Unterstützung bei Planung, Start und rascher Realisierung erhält. Wir haben diese organisatorischen Funktionen in Kapitel 6 ausführlich beschrieben.

Unterstützung durch das Topmanagement

Wie jedem anderen Veränderungsprogramm kommt auch Wissensmanagement-Projekten die aktive Unterstützung seitens der Unternehmensleitung sehr zugute. Wir haben festgestellt, daß eine nachhaltige Unterstützung durch die Führungskräfte für Wissensprojekte, die mit einer grundlegenden Umstellung verbunden waren, besonders wichtig war, während wissensorientierte Ansätze zur Verbesserung einzelner Funktionen oder Prozesse weniger Unterstützung brauchten. Hilfreich waren unter anderem die folgenden Maßnahmen:

- Mitteilung an alle Mitarbeiter: Wissensmanagement und organisatorisches Lernen sind erfolgsentscheidend für das Unternehmen;
- Vorbereitung und Bereitstellung von Finanzmitteln für die Infrastruktur;
- Klärung der Frage, welcher Wissenstyp für das Unternehmen besonders wichtig ist.

Wie wir festgestellt haben, handelte es sich bei den Führungskräften, die sich aktiv für Wissensinitiativen einsetzten, um vergleichsweise intellektuell und konzeptuell ausgerichtete Persönlichkeiten. Es waren belesene und gebildete Leute, die ihren Einfluß in bezug auf eine wissensorientierte Unternehmenskultur geltend machten.

Kopplung an wirtschaftlichen Nutzen oder Branchenwert

Wissensmanagement läßt sich an den wirtschaftlichen Nutzen koppeln.

Wissensmanagement kann kostenintensiv sein und muß daher in irgendeiner Weise mit dem wirtschaftlichen Nutzen oder dem Branchenerfolg in Verbindung gebracht werden. *Buckman Laboratories*, ein Spezialchemikalien-Unternehmen, schätzt seinen Kostenaufwand für Wissensmanagement auf 25 Prozent seiner Erträge. *Ernst & Young* kalkulieren mit 6 Prozent ihrer Erträge, und *McKinsey & Co.* geben 10 Prozent an. In solchen „Wissensunternehmen", in denen Wissen eindeutig der Schlüssel zum Kundenerfolg ist, mag sich der Kapitalrückfluß aus den Projekten noch quantifzieren lassen. Doch in Unternehmen konventionellerer Art muß die Beurteilung des wirtschaftlichen Nutzens unter Umständen expliziter erfolgen.

Die eindrucksvollsten Vorzüge eines guten Wissensmanagements sind Kosteneinsparungen beziehungsweise die Erwirtschaftung von Erträgen. Die gezielten Bemühungen bei *Dow Chemical* um ein verbessertes Management der im Unternehmen erarbeiteten Patente führte zu Ergebnissen, die sich in der Unternehmensbilanz bemerkbar machten. *Texas Instruments* hatte ähnlichen Erfolg mit seiner Strategie zur Ertragssteigerung durch Vergabe von Lizenzen für Patente und intellektuelles Eigentum.

Ein eventueller wirtschaftlicher Nutzen läßt sich auch indirekt ermitteln – etwa auf Basis von Prozeßkriterien wie Zykluszeit, Kundenzufriedenheit oder sogar Anzahl überflüssig gewordener Telefonate. Ein pharmazeutisches Unternehmen, das wir befragt haben, war bemüht, sein im Rahmen der Entwicklung neuer Medikamente erarbeitetes Wissen besser zu organisieren und zu verwalten, um auf diese Weise die Zykluszeit des Prozesses verkürzen zu können. Mehrere Wissensmanagement-Projekte zur Verbesserung des technischen Kundendiensts zielten auf eine Erhöhung der Kundenzufriedenheit ab: Man wollte die Wartezeit für eine telefonische Beratung verkürzen oder Wissen *online* weiterleiten. Bei *Hewlett-Packard* zum Beispiel führte ein Wissensmanagement-System für Computer-Wiederverkäufer zu einer erheblichen Reduzierung der Fälle, in denen eine technische Beratung durch Mitarbeiter angefordert wurde, so daß eine Reihe von technischen Beratern eingespart werden konnten.

Das richtige Maß an Prozeßorientierung

Wie weiter oben bereits erwähnt wurde, stand bei einigen der von uns beobachteten Projekte die Gestaltung eines neuen Wissensmanagement-Prozesses im Vordergrund. Auch bei anderen Projekttypen halten wir es im allgemeinen für ratsam, eine gewisse Prozeßorientierung zu berücksichtigen: Der Leiter eines Wissensprojekts sollte ein gutes Gespür für seine Kunden, für deren Zufriedenheit sowie für Produktivität und Qualität des Dienstleistungsangebots besitzen. Allerdings waren die Projektmanager in unserer Studie meistenteils nicht überzeugt, daß es von Vorteil sei, die Prozeßschritte im Wissensmanagement einzeln zu beschreiben. Dies entspricht auch früheren Ergebnissen im Zusammenhang mit der Verbesserung von Prozessen im Umgang mit Wissen. (Man könnte „Wissensmanagement" hier durchaus dem „Umgang mit Wissen" gleichsetzen.)[8] Eines der Unternehmen entschied sich dann für einen detaillierten prozeßorientierten Ansatz und beschrieb einen Prozeß im

Bereich des „organisatorischen Lernens" mit vier Teilprozessen, 15 Teil-Teilprozessen und 53 Teil-Teil-Teilprozessen. Dies wiederum erscheint uns leicht übertrieben, zumal nur rund fünf Prozent der umstrukturierten Prozesse tatsächlich eingeführt worden waren.

Klarheit in Vision und Sprache

Eindeutige Zweckbestimmung und klare Terminologie sind bei jedem Projekt zur Herbeiführung organisatorischen Wandels von Bedeutung, spielen aber bei gutem Wissensmanagement eine besonders große Rolle. Die in diesem Zusammenhang verwendeten Termini wie „Wissen", „Information" oder „Lernen" werden sehr umfassend interpretiert. So kann beispielsweise das Konzept des „organisatorischen Lernens" alles umfassen – von der prosaischsten Ausbildungsmaßnahme bis hin zu umfangreichen Veränderungen in der Unternehmenskultur.

Die erfolgreichen Wissensmanagement-Projekte, die wir beobachten konnten, hatten sich ausnahmslos auf irgendeine Weise mit dieser Thematik auseinandergesetzt; vielfach hatte man bestimmte Begriffe und Konzepte in Statuten und Richtlinien einfach vermieden. Wie bereits erwähnt, waren einige Unternehmen sorgfältig bemüht, nicht von „Daten" zu sprechen. *Chrysler* zum Beispiel wollte mit einer solchen klaren semantischen Differenzierung sicherstellen, daß keine Rohdaten in seine Wissensspeicher zur Entwicklung und Konstruktion von Automobilkomponenten gelangten. Andere Firmen vermieden in ihren Projektrichtlinien die Ausdrücke „Aus- und Weiterbildung" oder „kulturellen Wandel".

Wirksame Motivationshilfen

Wissen ist eng verbunden mit dem Selbstverständnis und dem Berufsbild der Mitarbeiter – die Bereitschaft zu freizügigem Umgang mit Wissen ist oft nicht selbstverständlich. Daher müssen Mitarbeiter zum Erzeugen, Weitergeben und Nutzen von Wissen motiviert werden. Allerdings dürfen solche Motivationshilfen oder Anreize nicht zu trivial sein, wie einige unserer Projektmanager erfahren mußten. Einer von ihnen bot Vielfliegern Freiflüge, um sie zum „Browsing" oder zu Beitragsleistungen für eine Diskussionsdatenbank zu veranlassen. Er stellte fest, daß sein Freikilometer-Angebot für eine erste Nutzung des Systems ausreichte, aber nicht zu weiterführenden Aktivitäten motivierte. In einem anderen Fall versprach der Leiter eines Experten-Netzwerks jedem Experten, der eine Biographie zum System beisteuerte, einen Schoko-Eisriegel bester Qualität. Eigentlich bedarf es keines Kommentars – dieser Anreiz war schlicht unzureichend.

Motivationsansätze im Zusammenhang mit wissensorientiertem Verhalten sollten langfristig angelegt und in die übrige Beurteilungs- und Vergütungsstruktur eingebunden sein. Sowohl *Ernst & Young* als auch *McKinsey and Co.* beurteilen ihre Berater zum Teil aufgrund des Wissens, das diese zu den Wissensspeichern und kollegialen Netzwerken beiträgt. Wenn Anreize bewußt kurzfristig angelegt sind, sollten sie zumindest deutlich sichtbar sein. So ermitteln die Manager bei *Buckman Laboratories* alljährlich die besten fünfzig „Wissensvermittler" in *Online*-Netzen und Speichern und belohnen sie mit offiziellen Feierlichkeiten an einem begehrten Urlaubsort.

Der Erfolg eines Projekts kann von den langfristigen Anreizen abhängig sein, die ein Unternehmen seinen Mitarbeitern bietet.

Ein gewisses Maß an Wissensstruktur

Erfolgreiche Wissensmanagement-Projekte profitieren, wenn ein gewisses Maß an Wissensstruktur vorhanden ist – nur darf diese nicht zu ausgeprägt sein. Da Wissen als solches eher Fließverhalten zeigt und eng an die jeweiligen Wissensträger gebunden ist, unterliegen auch Wissenskategorien und Wissensbedeutungen einem häufigen Wandel. Mit anderen Worten: Wissen läßt sich gewöhnlich kaum systematisch strukturieren.

Doch wenn ein Wissensspeicher überhaupt keine Struktur aufweist, kann er seinen Zweck auch nicht erfüllen. So wollte ein Dienstleistungsunternehmen einen völlig unstrukturierten Wissensspeicher schaffen, der in der Datenbank mit sämtlichen Wörtern abrufbar war. Dieser Speicher war so gut wie unbrauchbar – entweder lieferte er zu viele oder zu wenige Einträge. Unternehmen, die eine Wissensbank oder ein Experten-Netzwerk aufbauen, müssen daher Kategorien und Schlüsselbegriffe einführen. Häufig ist auch die Erstellung eines benutzerfreundlichen Thesaurus sinnvoll. Bei *Teltech* zum Beispiel bietet ein Thesaurus für Fachtermini dem Benutzer die Möglichkeit, sein Experten-Netzwerk nach ihm vertrauten Begriffen zu durchsuchen. Mitarbeiter von *Teltech* sorgen für die tägliche Aktualisierung des Systems, indem sie die von den Benutzern bei ihrer Suche verwendeten Termini in den Thesaurus aufnehmen. Auf diese Weise bleibt die Wissensstruktur stets ein Abbild der Wissensnutzungsstruktur. Jeder Wissensmanager sollte bereit sein, die Wissensstruktur in seinem Unternehmen ständig zu revidieren.

Multiple Kanäle für den Wissenstransfer

Erfolgreiche Wissensmanager erkennen, daß Wissen über multiple Kanäle transferiert wird, die sich gegenseitig verstärken. Einige der Unternehmen, die Wissensspeicher angelegt hatten, erkannten die Notwendigkeit, Wissensträger regelmäßig zu persönlichen Wissensaustausch-Treffen zusammenzubringen. Solche „hochkarätigen" Begegnungen sind dazu angetan, Vertrauen aufzubauen, Wissensstrukturen zu entwickeln und schwierige Probleme zu lösen. Der *MIT*-Wissenschaftler Tom Allen hat in zahlreichen Untersuchungen festgestellt, daß der Wissensaustausch bei Wissenschaftlern und Ingenieuren in direktem Verhältnis zum Umfang ihrer persönlichen Kontakte stand.[9] In unserer heutigen Zeit mit *Web*, *Lotus Notes* und weltumspannenden Systemen gerät die Notwendigkeit der persönlichen Begegnung leicht in Vergessenheit. Dennoch besteht nach wie vor ein großer Bedarf an dem, was beim US-Militär als „Face time" bezeichnet wird – Zeit für Gespräche von Mensch zu Mensch.

Aufbau eines Wissensfundaments

Es gibt zweifellos noch weitere Faktoren, die den Erfolg von Wissensprojekten bestimmen, aber Unternehmen, die diese neun Schritte berücksichtigen, sind ganz sicher auf dem richtigen Weg. Eine Prioritätenfolge läßt sich bei den neun auf rein qualitativen Beobachtungen vor Ort basierenden Schritten nicht festlegen, aber intuitiv erscheinen uns einige der Faktoren bedeutsamer als andere. Leider sind dies zugleich die Faktoren, deren Realisierung sich besonders schwierig gestaltet: Förderung einer wissensorientierten Kultur, Einrichtung einer personellen Infrastruktur sowie Unterstützung durch das Topmanagement (insbesondere dann, wenn eine grundlegende Umorientierung angestrebt wird). Offensichtlich besteht da ein Zusammenhang. Ein Topmanagement-Team, das sich für Wissensmanagement einsetzt, hat in den meisten Fällen bereits einige Aspekte einer wissensorientierten Kultur verwirklicht und zeigt sich aufgeschlossen gegenüber der Vorstellung, eine organisatorische Infrastruktur für das Wissensmanagement zu schaffen. Wenn keine dieser drei Bedingungen gegeben ist, sollte ein Unternehmen zunächst mit „kleinformatigem" Wissensmanagement beginnen und eine Verbesserung von Effizienz beziehungsweise Effektivität bei einer einzigen wissensorientierten Funktion oder einem einzigen wissensorientierten Prozeß anstreben.

Wissensmanager sollten auch sorgfältig abwägen, in welcher Reihenfolge sie die genannten Ziele verfolgen wollen. So könnte es für den Aufbau effektiver Vorgehensweisen und Prozesse im Wissensmanagement so etwas wie einen Lebenszyklus geben. Wie beim Hausbau muß ein Unternehmen zunächst ein solides Wissensfundament errichten. Ein Fundament als solches schafft noch keinen Mehrwert – auf dem Fundament allein kann man nicht wohnen; aber ein gewisses Maß an Infrastruktur ermöglicht Mehrwertschöpfung zu einem späteren Zeitpunkt. Die Projekte zum Aufbau einer wissensorientierten Arbeitsumgebung schaffen die Erfolgsvoraussetzungen für spätere Projekte zur Wissensnutzung.

Zur Besonderheit von Wissensprojekten

Manager entwickeln zunehmend Vertrautheit mit Veränderungsprogrammen unterschiedlicher Art, und sicher entsprechen einige der oben beschriebenen Erfolgsfaktoren den Kriterien, die auch für Informationssystem-Projekte, *Reengineering*-Initiativen, *Empowerment*-Programme und andere Vorhaben maßgeblich sind. Abschließend wollen wir noch einmal hervorheben, inwieweit sich Wissensmanagement-Projekte von anderen, vertrauteren Projekten *unterscheiden*.

Alle Projekte profitieren von nachhaltiger Unterstützung

durch das Topmanagement, aber unserer Untersuchung zufolge weisen Führungskräfte, die Wissensprojekte unterstützen, besondere Eigenschaften auf. Im allgemeinen neigen sie verstärkt zu begrifflichem Denken und gehen implizit davon aus, daß Wissensmanagement ihren Organisationen nützt (obgleich auch sie gern meßbare Vorteile sehen würden). Einige Geschäftsführer der von uns untersuchten Unternehmen verkündeten öffentlich, in der „Wissensbranche" tätig zu sein.

Alle Projekte profitieren von einer wohlwollenden Unternehmenskultur, aber sie setzen keine intensiv wissensorientierte Kultur voraus, wie wir sie bei erfolgreichen Wissensprojekten ermittelt haben. Alle Projekte mögen auch von einer gewissen Prozeßorientierung profitieren, aber der Wert von Prozessen ist bei Wissensprojekten in aller Regel deutlicher eingeschränkt. Sowohl Informationssystem-Projekte als auch Wissensprojekte machen eine Kombination von technischen und menschbezogenen Elementen erforderlich. Doch bei den von uns beobachteten Wissensmanagement-Initiativen war die Problematik der zwischenmenschlichen Beziehungen weitaus größer als bei den meisten Daten- oder Informationsmanagement-Projekten. Aufgrund der vorrangigen menschlichen Komponente im Umgang mit Wissen ist eine flexible, sich ständig weiterentwickelnde Wissensstruktur wünschenswert. Von entscheidender Bedeutung ist auch die Motivation zur Schaffung, Weitergabe und Nutzung von Wissen. Unablässig fließen Daten und Informationen elektronisch hin und her, doch der Transfer von Wissen scheint am effizientesten über ein Netzwerk zwischenmenschlicher Beziehungen zu erfolgen.

Im vorliegenden Buch weisen wir immer wieder darauf hin, daß erfolgreiches Wissensmanagement eine ungewöhnliche Mischung aus menschlichen, technischen und wirtschaftlichen Kompetenzen voraussetzt. Diese Merkmale prägen nicht nur die Wissensmanagement-Initiative des

Gesamtunternehmens, sondern müssen auch bei jedem Einzelprojekt gegeben sein. Häufig ist es schwierig, all diese besonderen Eigenschaften abzuwägen oder in einem Projektteam zu verwirklichen – aber es ist machbar. Zu den ermutigenden Aspekten der von uns beobachteten Wissensmanagement-Projekte zählt der Umstand, daß die Hälfte von ihnen bereits erfolgreich zu sein schienen und letztlich ein noch viel höherer Prozentsatz Erfolg haben wird. Auch die Tatsache, daß in einer derart frühen Phase der Wissensmanagement-Entwicklung bereits so viele Projekte laufen, ist ein gutes Omen für die langfristigen Erfolgsaussichten.

Anmerkungen

1. Auch Dave DeLong und Michael Beers waren an diesem Forschungsprojekt beteiligt. Beide haben Entwürfe und Arbeitspapiere verfaßt, auf die wir im vorliegenden Kapitel Bezug nehmen.
2. Das umfassendere Projekt läuft unter der Bezeichnung „*Managing the Knowledge of the Organization*" und wird vom *Center for Business Innovation* (*Ernst & Young*) in Boston verwaltet. 1996 nahmen fünfzehn Unternehmen als Sponsoren an diesem Programm teil.
3. Die Informationen über *Texas Instruments* stammen von Ikujiro Nonaka und Hirotaka Takeuchi (1995) *The Knowledge-Creating Company* (New York: Oxford University Press).
4. Lynne Zucker (1991) „The Role of Institutionalism in Cultural Persistence", in *The New Institutionalism in Organizational Analysis*, herausgegeben von Walter W. Powell und Paul J. Dimaggio (University of Chicago Press), 83–107. Siehe auch die Ausführungen zum organisatorischen Lernen von Cyert und March (1992) *A Behavioral Theory of the Firm*, 2. Auflage (Cambridge, Mass.: Blackwell).
5. Thomas H. Davenport mit Larry Prusak (1997) *Information Ecology: Mastering the Information and Knowledge Environments* (New York: Oxford University Press).

6. Der Versuch, einen Zusammenhang zwischen Lernen und Finanzleistung herzustellen, wird erörtert bei Robert Kaplan und David Norton (1996) *The Balanced Scorecard* (Boston: Harvard Business School Press).
7. Randy Russell (1996) „Providing Access: The Difference between Sharing Information or Just Reporting", *Information Strategy: The Executive Journal* 12, Nr. 2 (Winter 1996): 28–33.
8. Thomas H. Davenport, Sirkka Jarvenpaa und Michael C. Beers (1996) „Improving Knowledge Work Processes", *Sloan Management Review* (Sommer 1996): 53-65.
9. Viele dieser Studien sind zitiert bei Thomas J. Allen (1977) *Managing the Flow of Technology* (Cambridge, Mass.: MIT Press).

*Der wahre Sinn von Wissen
ist nicht Wissen, sondern Tun.*
– Thomas Henry Huxley

Kapitel 9

Pragmatik beim Wissensmanagement

Nachdem der Leser nun viele Seiten „unfehlbarer" Behauptungen zum Thema *Wissensmanagement* hat ertragen müssen, drängt er vermutlich darauf, selbst aktiv zu werden. Sollten Sie bereits seit geraumer Zeit Wissensmanagement betreiben, haben Ihnen vielleicht einige unserer Äußerungen zum Überdenken oder Modifizieren Ihrer Ansätze verholfen. Wie dem auch sei – Sie sind nun sicher noch an einigen rein pragmatischen Ratschlägen zum Wissensmanagement interessiert: Wo fängt man an, wie erhält man Unterstützung, welche Fehler muß man vermeiden? In unserem Schlußkapitel wollen wir verschiedene Aspekte beim Einstieg ins Wissensmanagement, handfeste Ratschläge zu bereits vorhandenen Managementansätzen sowie einige häufig auftretende Fehlerquellen erörtern.

Gesunder Menschenverstand

Die gute Nachricht beim Wissensmanagement ist, daß man schon mit gesundem Menschenverstand recht weit kommt. Denken Sie einmal in Ruhe darüber nach – vermutlich kommen Sie rasch auf kluge Überlegungen wie die folgenden:

- Ausgangspunkt: hochwertiges Wissen;
- mit einem gezielten Pilotprojekt anfangen und weitere Initiativen vom Bedarf abhängig machen;
- an mehreren Fronten zugleich ansetzen (Technologie, Organisation, Kultur);
- die größten Schwierigkeiten nicht aufschieben, bis es zu spät ist;
- so schnell wie möglich Hilfe aus der ganzen Organisation in Anspruch nehmen.

Im Gegensatz zu vielen anderen Managementbüchern erzählen wir Ihnen nicht, Wissensmanagement sei etwas völlig Neues, Sie müßten alles stehen- und liegenlassen und sich unser Patentrezept zu eigen machen, und ohne ein gerüttelt Maß an kostenintensiver Beratung würden Sie vermutlich nicht auskommen. Vor allem ist Wissensmanagement keineswegs neu. Wissensmanagement basiert auf vorhandenen Ressourcen, über die Ihr Unternehmen möglicherweise längst verfügt – gutes Informationssystem-Management, Erfahrungen im Management organisatorischer Veränderungsinitiativen und Managementansätze im Personalwesen. Sollten Sie eine gute Bibliothek, ein Textdatenbank-System oder sogar effektive Aus- und Weiterbildungsprogramme haben, laufen in Ihrem Unternehmen vermutlich bereits Aktivitäten, die durchaus die Bezeichnung *Wissensmanagement* verdienen. Sie brauchen diese Aktivitäten nur noch zu erweitern oder zu verbessern, um sich als *Wissensmanager* bezeichnen zu können.

Vielleicht erinnern Sie sich an die einen oder anderen Management-Apostel, die ihren Fans das Nonplusultra versprachen: „Vergessen Sie Qualität, jetzt ist Reengineering angesagt." „Vergessen Sie Reengineering, jetzt müssen Sie darüber nachdenken, wie Sie in Zukunft konkurrieren wollen." Also – *das* können Sie getrost vergessen. Wissensmanagement ist durchaus zu vereinbaren mit Unternehmensstrategie, mit Prozeßmanagement, mit Kundennähe usw. Wissensmanagement verhilft Ihnen dazu, vieles von dem, was Sie bereits tun, einfach besser zu machen. Letztlich ist effektives Wissensmanagement sogar auf gute Abstimmung mit solchen Aktivitäten angewiesen.

Beide verdienen wir einen Teil unseres Geldes mit der Beratung von Unternehmen; dennoch würden wir nicht behaupten wollen, es sei unmöglich, gutes Wissensmanagement ohne die Unterstützung externer Berater zu betreiben. Im allgemeinen muß ein Unternehmen selbst entscheiden: Für welche Art von Wissen ist Wissensmanagement besonders wichtig? Wie können die Mitarbeiter motiviert werden, Wissen weiterzugeben und zu nutzen? Was trägt zum Erfolg eines Projekts in seinem spezifischen Umfeld bei? Berater können das Unternehmen unterstützen bei der Gestaltung und Einführung großer Wissenssysteme, bei der detaillierteren Kartographierung von Wissen, bei der Ermittlung des derzeitigen *Status quo* im Umgang mit Wissen sowie bei der Ausbildung von Managern und Mitarbeitern in den Grundzügen des Wissensmanagements. Viele Unternehmen ziehen Berater heran, weil sie ihnen Ideen für ein Projekt vermitteln sollen; demgegenüber sind wir der Auffassung, daß Ideen preiswert zu haben sind. (Sie haben in diesem Buch soeben einen bunten Strauß von Ideen zu nicht mal einer Mark pro Stück erworben.) Nein – der wirklich schwierige Teil ist die praktische Umsetzung der Wissensmanagement-Projekte. Wir vertreten daher die Meinung, daß es für Unternehmen mehr Sinn macht, externe Hilfe bei der Implementierung eines Projekts und weniger bei seiner Gestaltung in Anspruch zu nehmen.

Auch empfiehlt es sich, nach Unterstützung innerhalb des Unternehmens Ausschau zu halten. Wie wir in Kapitel 6 ausgeführt haben, ist es sinnvoll, einige spezielle Wissensfunktionen im Unternehmen einzurichten, aber Wissensmanagement kann letztlich nur dann funktionieren, wenn jeder

Mitarbeiter seinen Beitrag leistet. Selbst wenn Ihr Unternehmen eine formale Wissensfunktion eingeführt hat, gibt es noch viele andere Quellen für potentiellen Beistand seitens anderer Funktionen. So kann der Bereich „Informationssysteme" die technologische Infrastruktur unterstützen. Das Personalwesen hat Möglichkeiten, die Mitarbeiter zur Weitergabe und Nutzung von Wissen zu motivieren und „Wissensknoten" – einzelne Mitarbeiter, Teams und Netze – ausfindig zu machen. Die Finanzbuchhaltung könnte einen Beitrag leisten, indem sie bei der Bewertung von Wissen und aktivem Einsatz im Rahmen des Wissensmanagements behilflich ist. Andere Funktionen bieten Möglichkeiten zur Unterstützung bei der Problembewältigung in bestimmten Fachbereichen: Marketing und Vertrieb mit ihrem Kundenwissen, Konstruktion und F+E mit ihrem Produktwissen und der Kundendienst mit seinem Service-Wissen. Beim Wissensmanagement bleibt keine Zeit, wählerisch zu sein: Je mehr Leute und Gruppen Einsatz zeigen, desto wahrscheinlicher haben Sie Erfolg!

Einstieg ins Wissensmanagement

Machen Sie nicht viele Worte um Ihr Projekt, solange Sie nichts erreicht haben, was der Rede wert wäre.

Eines steht fest: Man sollte besser erst handeln und dann darüber reden als umgekehrt. Wir haben viele *Reengineering*-Initiativen beobachtet, die ins Abseits gerieten, nachdem die lauthals verkündeten Versprechen bezüglich ihres Leistungspotentials Erwartungen geweckt hatten, die weit über das tatsächlich Machbare hinausgingen. Auch beim Wissensmanagement sollte man klein anfangen, konkret etwas leisten und *dann* das Geleistete aller Welt verkünden.[1] Verzichten Sie auf die Veröffentlichung eines Informationsblatts, auf die Produktion eines Videos oder auf nachhaltiges Bemühen um Aufnahme Ihres Projekts in den Jahresbericht, solange Sie noch nichts erreicht haben, was der Rede wert wäre.

Wissensmanagement sollte mit einem als problematisch erkannten Kontext im Umgang mit Wissen beginnen. Wenn Kunden abspringen, die Konstruktion von Produkten unzureichend ist, wichtige Mitarbeiter das Unternehmen verlassen oder der Kundendienst zunehmend weniger in Anspruch genommen wird, so sind dies alles Unternehmensprobleme, die auf schlechtes Wissensmanagement schließen lassen.[2] So gesehen, ist ein guter Einstieg ins Wissensmanagement bereits damit gegeben, daß man diese Probleme in Angriff nimmt, die jeweilige Wissenskomponente ermittelt und den unternehmerischen Wert der Problemlösungen als Rechtfertigung für weitere Bemühungen im Umgang mit Wissen heranzieht.

Bei der Entscheidung, wo man am besten anfängt, sind zwei Faktoren ausschlaggebend: die Bedeutung des spezifischen Wissensbereichs für das Unternehmen und die Realisierbarkeit des Projekts. So ist beispielsweise Kundenwissen für die meisten Organisationen von zentraler Bedeutung – es zahlt sich ganz offensichtlich aus. Wenn dies ein schwaches Glied in Ihrem Unternehmen ist, sollten Sie dort ansetzen. Vielleicht aber haben Sie den Eindruck, daß dies ein besonders heikles oder schwieriges Problem ist, das Sie nie ganz in den Griff bekommen werden – dann versuchen Sie es zunächst mit einem kleinen Teilbereich. Konzentrieren Sie sich beispielsweise auf „Inlandskunden" oder auf Kunden, die ein ganz bestimmtes Produkt kaufen beziehungsweise einem ganz bestimmten Geschäftsbereich zuzuordnen sind. Später können Sie dann umfassender agieren und Wissen über andere Kundenkategorien ergänzen. Natürlich sollten Sie nicht einfach einen Wissensbereich herausgreifen, nur weil dieser leicht zu handhaben ist oder genau in Ihren Verantwortungsbereich fällt. Wenn Sie beispielsweise

Leiter der Informationstechnologie sind und sich zugleich für Wissensmanagement begeistern, sollten Sie als erstes Projekt nicht gerade Wissensmanagement im Rahmen der informationstechnologischen Unterstützung auswählen (es sei denn, die Bereitstellung informationstechnologischer Dienste betrifft das Kerngeschäft Ihres Unternehmens). Selbst wenn Sie Erfolg haben sollten, würde keiner so recht Notiz davon nehmen.

Wissensmanagement kann auch eine Menge abstrakter Aktivitäten umfassen, die sich letztlich vielleicht nicht in Form von Verhaltensänderungen und konkreten Ergebnissen auszahlen. Zum Beispiel kann die Kartographierung von Wissen einen hohen Aufwand an Zeit und Geld erfordern – insbesondere dann, wenn eine Wissenskarte sehr detailliert angelegt ist. So wie viele bis ins kleinste Detail ausgearbeitete „Unternehmensdatenmodelle" niemals bei der Entwicklung von Informationssystemen eingesetzt worden sind, so könnten auch äußerst detaillierte und komplexe Wissenskarten die Fähigkeit der Organisation übersteigen, tatsächlich Gebrauch davon zu machen. Gerade in diesem Zusammenhang ist es besonders wichtig, daß man klein anfängt und eine Wissenskarte mit nur wenigen Details in einem verhältnismäßg klar abgegrenzten Wissensbereich erstellt. Mit anderen Worten: Beschränken Sie sich auf das Notwendige, um Ihr Konzept testen zu können. Sollten dann einzelne Mitarbeiter seine Nützlichkeit erkennen und regelmäßig Gebrauch davon machen, können Sie weitere Details hinzufügen und den Rahmen später erweitern.

Um Fortschritte mit dem Wissensmanagement zu erzielen, empfiehlt es sich gewöhnlich, an verschiedenen Fronten zugleich anzusetzen und technische, organisatorische und kulturelle Aktivitäten in Angriff zu nehmen, anstatt sich auf einen einzigen Zugang zu konzentrieren. Wissen ist ein zu komplexes Phänomen, als daß es einseitig ausgerichteten Veränderungsprogrammen anvertraut werden könnte. Allerdings ist bei der Durchführung vielschichtiger Programme der Nachteil hinzunehmen, daß ein Wandel erst nach geraumer Zeit sichtbar wird und die Ergebnisse weniger augenfällig sind, als dies bei einer einseitig ausgerichteten Initiative der Fall wäre.

Nutzung vorhandener Ansätze

Weiter oben wurde bereits erwähnt, daß Wissensmanagement verschiedene Bereiche betrifft und daß die Behauptung, es sei neu, schlicht unsinnig wäre. Nach Möglichkeit sollten Unternehmen bemüht sein, im Rahmen des Wissensmanagements auf vorhandene Ansätze und Taktiken zurückzugreifen. Die bereits existierenden Initiativen und Programme können insofern eine gute Starthilfe für das Wissensmanagement sein, als bei vielen dieser Vorhaben ein besseres Management des im Unternehmen vorhandenen Wissens eine Rolle spielt. Jede große oder mittelgroße Organisation kennt wohl mindestens eines der nachstehend beschriebenen Programme aus eigener Erfahrung.

Anbindung an die Technologie

Die meisten Unternehmen beginnen mit den ersten Maßnahmen im Zusammenhang mit Wissensmanagement im Bereich der Technologie. Sie installieren *Notes* oder ein unternehmensinternes Netz und suchen dann erst nach Inhalten, die sie über dieses Instrumentarium verbreiten wollen. In unserem Buch haben wir immer wieder vor einem technologisch zentrierten Wissensmanagement-Ansatz gewarnt, aber wir haben auch argumentiert, daß eine technologische Infrastruktur bei erfolgreichen Wissensprojekten unbedingt dazugehört. Auch trifft es zu, daß die meisten Unternehmen wissensorientierte Software auch zu anderen Zwecken (zum

Beispiel E-Mail, Daten- oder Informationsanzeige usw.) nutzen. Es ist also keineswegs so, daß der Einstieg ins Wissensmanagement über die Technologie Zeitverschwendung wäre; über kurz oder lang müssen Sie sich ohnehin damit befassen.

Doch wenn Sie eine neue Technologie nur zu Zwecken des Wissensmanagements einrichten, könnte dies in Geldverschwendung ausarten. Der Umgang mit Wissen, den Sie von den Benutzern der Wissenssysteme erwarten, kommt möglicherweise erst mit der Zeit. Auch kann die inhaltliche Ausstattung solcher Systeme erhebliche Zeit kosten. Die Einrichtung einer organisatorischen Infrastruktur für das Wissensmanagement – ein notwendiger Schritt, wenn Sie Ihr Wissenskapital aufbauen wollen – könnte bedeuten, daß Sie neue Leute einstellen und anlernen sowie neue Prozesse und Verfahren entwickeln müssen. Da der Marktwert beispielsweise eines leistungsfähigen Servers für einen Wissensspeicher um sieben Prozent monatlich sinkt, stehen Sie vielleicht besser da, wenn Sie die Computer und die erforderliche Software erst dann kaufen, wenn Sie alles andere unter Dach und Fach haben. Leider ist es gewöhnlich viel schwieriger, einen Konsens im Unternehmen für Verhaltensänderungen und neue Funktionen herbeizuführen als für technologische Einrichtungen – und wenn Sie mit der Technologie beginnen, werden Sie die anderen Voraussetzungen vielleicht nie konkretisieren können.

Die Einführung von Wissensmanagement mit Hilfe einer neuen Technologie kann riskant sein.

Andersen Consulting ist eines der Unternehmen, das sich in seinen Wissensmanagement-Bemühungen an der Technologie orientiert hat. Trotz der oben ausgesprochenen Warnung ist das Unternehmen mit diesem Ansatz weitgehend erfolgreich gewesen – auch heute noch steht das „Knowledge Xchange"-System (*KX*) im Mittelpunkt. *Andersen Consulting* legte sein technologisches Wissensmanagement-

Fundament Ende der 80er Jahre. Das Unternehmen führte *Lotus Notes* und das *Microsoft-Office*-Instrumentarium ein, so daß die Berater ihre Dokumente rund um den Globus austauschen und nutzen konnten. Zuerst erhielten die dienstälteren Partner Laptops samt Einführung in deren Anwendung. Zusätzlich zum *KX*-System wurde nach und nach weitere Anwendungssoftware in die *Notes*-Konfiguration aufgenommen – unter anderem Systeme für Zeitplanung und Kostenberichterstattung sowie Personalbeurteilung.

Nach Einführung der technologischen Anlagen ging *Andersen Consulting* daran, weitere Positionen für Wissensmanager einzurichten, Navigationsinstrumente für neue Wissensinhalte zu entwickeln und die Belohnungs- und Vergütungsstrukturen so zu modifizieren, daß sich die einzelnen Berater zur Weitergabe und Nutzung von Wissen motiviert fühlten. Da im Unternehmen bereits eine auf Wissensaustausch ausgerichtete Kultur bestand, war dies nicht weiter problematisch. Doch wie einer der Partner zu Recht bemerkte: „Schon wenn Sie jemanden auffordern, 80 Stunden die Woche zu arbeiten, brauchen Sie mehr als eine wissensorientierte Kultur, um ihn zu motivieren, sich im Hotelzimmer 11 Uhr nachts ins *KX*-System einzuschalten und das, was er am Tag gelernt hat, an die Kollegen weiterzugeben." Zugegeben: *Andersen Consulting* ist eine technologieorientierte Firma und damit für einen auf Technologie basierenden Ansatz besser geeignet als die meisten anderen Organisationen. Doch viel wichtiger ist, daß *Andersen Consulting* es nicht bei der Technologie beließ, sondern auch andere entscheidende Schritte unternahm.

Anbindung an Qualitätsprogramme, *Reengineering*-Initiativen und *Best Practices*

Der zweithäufigste Einstieg ins Wissensmanagement erfolgt über die Nutzung der im Unternehmen bereits vorhandenen Qualitätsprogramme beziehungsweise *Reengineering*-Initiativen. Üblicherweise zielen solche Prozeßveränderungen darauf ab, „Best Practices" einzuführen und zu nutzen – effektive Methoden zur Durchführung eines Prozesses oder Teilprozesses, die innerhalb oder auch außerhalb des Unternehmens als Optimallösungen erkannt worden sind. Diese *Best Practices* werden häufig in elektronischen Wissensspeichern im Unternehmen dokumentiert und eignen sich daher als Kernstück für eine Wissensmanagement-Initiative.

Bei *Texas Instruments* zum Beispiel entwickelte sich die Weitergabe von *Best Practices* zu einem starken Kristallisationspunkt, nachdem Jerry Junkins als damaliger Geschäftsführer des Unternehmens das Konzept nachdrücklich unterstützte. „Wir können einfach keine Weltklasse-Leistungen direkt neben mittelmäßigen Leistungen hinnehmen, nur weil wir keinen Ansatz haben, *Best Practices* zu praktizieren", sagte er in einer Ansprache aus dem Jahr 1994.[3] Auf Drängen von Jerry Junkins entwickelte das Unternehmen einen gemeinsamen Bestand an Termini und Methoden im Umgang mit *Best Practices* – den sogenannten *TI Business Excellence Standard (TI-BEST)*. Die Tatsache, daß sich die dreizehn Halbleiter-Fabrikationsanlagen des Unternehmens von Anfang an die *Best Practices* zunutze gemacht hatten, führte zu einer deutlichen Reduzierung hinsichtlich Zykluszeit und Leistungsschwankungen und damit zu Kapazitätsverbesserungen, die dem Bau einer neuen Fabrikationsanlage gleichkamen.

Um den Umgang mit *Best Practices* unternehmensweit voranzutreiben, richtete *Texas Instruments* eigens ein Büro (*Office of Best Practices*) ein, das mit Mitarbeitern aus dem

IT-Management, *Reengineering*-Initiativen und Qualitätsprogrammen besetzt war. Das Büro konzentrierte sich zunächst auf die Bereitstellung von *Best Practices*, indem es fachkompetente Mitarbeiter ansprach und deren Wissen in einer „Kartei" für *Best-Practices*-Informationen dokumentierte. Die Karteikarten – zunächst in Papier- und später in Computerformat – enthielten eine Kurzbeschreibung zur jeweiligen Vorgehensweise und zum anstehenden Problem, Verbesserungsmaßstäbe und Informationen über diejenigen *TI*-Mitarbeiter, von denen man weitere Details erfahren konnte. Jede Karte war mit Querverweisen in bezug auf Schlüsselwörter, den betroffenen Unternehmensprozeß und die *TI*-internen Kriterien für „Weltklasse"-Status versehen. Ziel war nicht, das erforderliche *Best-Practice*-Wissen in seiner Gesamtheit zu präsentieren, sondern vielmehr, hinreichend Informationen zu bieten, mit deren Hilfe ein interessierter *TI*-Mitarbeiter die betroffene Vorgehensweise „qualifizieren" und den zuständigen Experten auf weitere Details hin ansprechen konnte.

Wie das *Office of Best Practices* erkannte, würden diese Bemühungen allein nicht ausreichen, um Ermittlung und Vermittlung von *Best Practices* zu fördern. Also ergriff man weitere Maßnahmen zum Aufbau einer organisatorischen und technischen Infrastruktur. Die verantwortlichen Führungskräfte bestimmten 138 *TI*-Mitarbeiter zu „Best Practices Sharing Facilitators": Diese weltweit an verschiedenen Standorten beschäftigten Mitarbeiter hatten die Teilzeit-Aufgabe, *Best Practices* in ihren Bereichen zu ermitteln und zu dokumentieren, sie im Rahmen persönlicher Interaktionen weiterzugeben und die Nutzung der gemeinsamen technischen Infrastruktur zu fördern. *TI* ermöglichte jedem der dazu ausgewählten Mitarbeiter eine eintägige Einführung in die Voraussetzungen für eine solche „Wissensmakler"-Funktion: Interview-Techniken, Kategorisierung, Dokumentation und Suchprozeduren. Darüber hinaus richtete *TI* eine

„Best-Practices-Wissensbank" im *Lotus-Notes*-System ein, die außer der Kartei auch eine Diskussionsdatenbank sowie externe *Best Practices* und Benchmarks umfaßte. Des weiteren erarbeitete das Büro eine Intranet-*Web*-Adresse, die weiteren Mitarbeiterkreisen innerhalb von *TI* zugänglich war. Wie bereits in Kapitel 3 berichtet wurde, veranstaltete das Unternehmen 1996 auch eine „ShareFair", bei der erstmalig der alljährlich vergebene „Not Invented Here, But I Did It Anyway"-Preis verliehen wurde (nach dem Motto „Ist nicht von uns, aber trotzdem brauchbar"). 52 Vorschläge wurden eingereicht – mit potentiellen Einsparungen in Höhe von über einer Milliarde Dollar! (Wir warten nur noch auf ein Unternehmen, das einen Preis nach dem Motto eines spanischen Sprichworts vergibt: „Gut gestohlen ist halb getan".)

Trotz des Erfolgs bei *Texas Instruments* (und bei anderen Unternehmen, die – wie auch *Chevron* und *Citicorp* – *Best Practices* zum Ausgangspunkt des Wissensmanagements gemacht haben) sind wir der Ansicht, daß eine zu starke Ausrichtung auf Wissen im Zusammenhang mit *Best Practices* den Umgang mit Wissen unbotmäßig einengen kann. Es gibt noch viele andere Wissenstypen, die in Organisationen gemeinsam genutzt werden können – zum Beispiel Kundenwissen, Produktwissen und technisches Wissen. Es ist eine großartige Idee, *Best Practices* als Startbasis für andere Wissensmanagement-Formen zu nutzen; problematisch aber wird es, wenn das damit verbundene Wissen als der einzige Typ von Wissen verstanden wird, bei dem sich unternehmensweites Sammeln und Nutzen lohnt. Außerdem sollten die Unternehmen nicht die Schwierigkeiten unterschätzen, die beim „Importieren" von *Best Practices* vom einen Organisationsteil in den anderen – und erst recht vom einen Unternehmen in ein anderes – entstehen können. *Best Practices* sind möglicherweise so kontextgebunden und auf eine bestimmte Organisation zugeschnitten, daß sie in einer neuen

Umgebung gar nicht funktionieren. Und letztlich befassen sich Wissensmanagement-Programme, die auf *Best Practices* ausgerichtet sind, nur mit artikulierten und dokumentierten Verfahrensweisen. Eher implizites Wissen über die Abwicklung von Aktivitäten findet nicht ohne weiteres Ausdruck in *Best Practices*, und breiter angelegte Wissensmanagement-Initiativen verlangen gewöhnlich die Einbeziehung auch komplexerer Wissenstypen in die organisatorischen Wissensbestände.

Anbindung an organisatorisches Lernen

Die Konzentration auf organisatorisches Lernen wäre eine gute Ausgangsbasis für ein Wissensmanagement, doch nur wenige Unternehmen treffen diese Wahl. Je nachdem, welcher „Schule" organisatorischen Lernens sich ein Unternehmen verpflichtet fühlt, könnten die folgenden Konzepte und Ansätze sinnvoll sein:

- Vorstellung von der Organisation als einem „System"
- Einrichtung und Förderung von Lern- und Zweckgemeinschaften
- Konzentration auf Aspekte der persönlichen Weiterbildung und Eignung
- Schaffung weniger hierarchisch gegliederter, sondern eher „selbstorganisierender" Organisationsstrukturen
- Planung mit Hilfe von Szenarien

Jedes dieser Konzepte hat seinen Wert als Mittel zur Förderung von Wissensmanagement. Da weitgehend kulturelle und verhaltensorientierte Aspekte angesprochen sind, deren Änderung sich vielfach besonders schwierig gestaltet, könnten sie geeignetere Einstiegsmöglichkeiten bieten als relativ leicht zu lösende Probleme technologischer Art. Doch Initiativen im Zusammenhang mit organisatorischem

Lernen führen nur selten zu Wissensmanagement, weil viele lernorientierte Organisationen die Möglichkeiten zur Strukturierung und Nutzung von Wissen schlicht übersehen. Nur einige wenige Unternehmen wie *Coca-Cola* und *Monsanto* arbeiten gleichzeitig an Problemen des organisatorischen Lernens *und* an den vergleichsweise konkreteren Wissensmanagement-Problemen.

Peter Senge, einflußreicher Autor des Buches *Die fünfte Disziplin*, hat kürzlich argumentiert, die am Wissensmanagement interessierten Unternehmen hätten den Schwerpunkt zu sehr auf Informationstechnologie und Informationsmanagement gelegt.[4] Dem können wir nur zustimmen. Allerdings vermissen wir im Kontext des organisatorischen Lernens den nachdrücklichen Hinweis auf strukturiertes Wissen und auf den Einsatz von Technologien zu seiner Erfassung und Nutzung. Das Wort *Wissen* (knowledge) mag hier und dort in Senges wohlüberlegten Ausführungen auftauchen, aber im Index [der amerikanischen Originalausgabe, Anm. d. Übers.] ist ein entsprechender Eintrag nicht enthalten. Wir sind der Ansicht, ohne einen Ansatz zur Organisation und Strukturierung von Wissen bleibt das Konzept vom organisatorischen Lernen zu theoretisch und zu abstrakt, als daß es in den Unternehmen langfristig etwas bewirken könnte.

Aus diesem Grund verhält es sich mit der Anbindung von Wissensmanagement-Initiativen an organisatorisches Lernen in einer Hinsicht wie bei allen Einstiegsmöglichkeiten: Organisatorisches Lernen ist eine wichtige Komponente für den Erfolg von Wissensmanagement – vielleicht mehr als alle anderen; aber mit einer einzigen Komponente ist es eben nicht getan.

Anbindung an die Entscheidungsfindung

Wertvoll wird Unternehmenswissen letztlich durch die Fähigkeit des Unternehmens, Entscheidungsfindung und Vorgehensweisen auf der Basis von Wissen zu verbessern. Wenn Wissen keine Verbesserung in der Entscheidungsfindung bewirkt, warum sollte man dann überhaupt um die Organisation und Strukturierung von Wissen bemüht sein? Aus diesem Grund wählen einige Unternehmen einen entscheidungsorientierten Ansatz zum Wissensmanagement: Sie wollen herausfinden, „wer was wann weiß", um auf diese Weise die erforderliche Wissensbasis für spezifische Entscheidungen zu ermitteln.

Wir sind voller Bewunderung für ein Unternehmen, das Wissen mit Entscheidungen verknüpfen will, doch ist dies ein heikles Unterfangen – aus zumindest zwei Gründen. Zum einen ist es äußerst schwierig, spezifisches Wissen und selbst Informationen mit spezifischen Entscheidungsresultaten in Verbindung zu bringen. Wie James March, ein exzellenter Wissenschaftler auf dem Gebiet der organisatorischen Entscheidungsfindung, hervorhebt, bedeutet diese „rationale" Sichtweise von Wissen und Entscheidungen, daß der Analytiker sehr gute Informationen benötigt: „Die Erarbeitung von optimalen Informationsstrategien, Codes, Investitionen oder Strukturen setzt vollständige Informationen über Informationsoptionen, Qualität, Verarbeitung und Verständnisanforderungen voraus. Erforderlich ist eine präzise Spezifikation der Präferenzen, die komplizierte Austauschbeziehungen über Zeit und Raum lösen."[5] Solche Bedingungen sind im realen Leben nur selten anzutreffen.

Selbst wenn wir uns all dessen bewußt sind, was im Kopf des Entscheidungsträgers abläuft, ist die Verknüpfung von Wissen mit Entscheidungen noch in einer anderen Hinsicht problematisch – wir müssen mit mikropolitischen Spannungen rechnen. Oft haben wir darüber nachgedacht, daß zum Beispiel die Bewertung von Wissen genauso erfolgen könnte wie die Bemessung des Wertes von Qualität – durch Berechnung der Kosten, die anfallen würden, wenn es an Qualität (beziehungsweise Wissen) mangelt: So wie der Wert von

Qualität durch die mit schlechter Qualität verbundenen Kosten bestimmt wird, so entspricht der Wert von Wissen den mit Ignoranz verbundenen Kosten. Denken wir nur an all die schlechten Entscheidungen, die „dumme" Manager in unserem Unternehmen getroffen haben, und daran, um wieviel das Unternehmen reicher wäre, wenn diese Entscheidungen auf der Basis des richtigen Wissens getroffen worden wären! Und denken wir weiter daran, wie schnell beispielsweise Ihre Karriere im Unternehmen beendet wäre, wollten Sie den Versuch unternehmen, die solcherart durch „Dummheit" entstandenen Kosten zu berechnen! Insbesondere Spitzenführungskräfte könnten sich gegen die Vorstellung sträuben, ihre Entscheidungen im einzelnen zu hinterfragen, um zu begreifen, auf welcher Wissensbasis sie entschieden haben und was bei ihrer Entscheidung herausgekommen ist.

Sicher gibt es auch Ausnahmen. Die *US Army* untersucht den Zusammenhang zwischen Wissen und Entscheidungen im Rahmen ihrer systematisch durchgeführten Nachprüfungen (*After Action Reviews, AAR*). Sowohl die unteren militärischen Ränge als auch die Offiziere werden befragt, was sie über eine Situation wußten und wie sie aufgrund dieses Wissens entschieden haben. Das Militär betrachtet den Zusammenhang zwischen Wissen und Entscheidungsfindung als einen maßgeblichen Aspekt des „Lernens aus Erfahrung". Doch wie in Kapitel 1 erörtert wurde, hat das Militär auch eine bewundernswerte Kultur entwickelt, in der solche Diskussionen ohne Vorwürfe oder Beschuldigungen geführt werden können. Vor allem geht man im Rahmen der *AAR*-Befragungen davon aus, daß maximale Lernergebnisse besonders dann erreicht werden, wenn Fehler nachträglich eingestanden werden. Außerdem ist man in der *US Army* bemüht, alle Erkenntnisse im *AAR*-Kontext säuberlich von Karrierebeurteilungen zu trennen. Wenn Ihr Unternehmen eine solche Kultur aufweist, wäre eine Anbindung des Wissensmanagements an die Entscheidungsfindung durchaus sinnvoll. Andernfalls sind mikropolitische Machenschaften nicht auszuschließen.

General Motors ist das größte Unternehmen, das den Versuch unternimmt, Wissen und Entscheidungen in einen Zusammenhang zu bringen (und natürlich ist es sowieso das größte Unternehmen, Punktum). Es ist weitgehend den Bemühungen des Marktforschers und Informationsmanagers Vince Barabba zu verdanken, daß *GM* derzeit seine Manager befragt, welches Wissen sie bei wichtigen Entscheidungsfindungen herangezogen haben. Barabba hat vor einigen Jahren auch einen Prozeß zur Bestimmung derjenigen Informations- und Wissenskategorien eingeführt, die von den Ingenieuren bei ihrer Entscheidungsfindung in bezug auf die Entwicklung neuer Modelle herangezogen werden sollten.[6] Zwar steht *GM* immer noch am Anfang seiner Bemühungen um Verknüpfung von Wissen und Entscheidungen, aber Barabba berichtet von keinerlei mikropolitischen Problemen – auch nicht von einer eventuellen Weigerung der Manager, ihre Entscheidungen hinterfragen zu lassen.

Anbindung an das Rechnungswesen

Es ist kein Geheimnis, daß Kostenrechnungssysteme die immateriellen und intellektuellen Vermögenswerte der Unternehmen nur unzureichend berücksichtigen. Nur einige wenige Organisationen wollten sich mit dieser Situation nicht abfinden und sind dazu übergegangen, ihr eigenes internes Rechnungswesen für Wissen und intellektuelles Kapital zu erstellen. Wie bereits erwähnt wurde, ist das Versicherungsunternehmen *Skandia* ein besonders aggressiver Verfechter dieses Ansatzes. Leif Edvinsson als Leiter des Bereichs *Intellektuelles Kapital* („Director of Intellectual Capital") setzt sich nachdrücklich dafür ein, intellektuelles Kapital in die Kostenrechnungssysteme einzubeziehen. Er hat sogar ein Buch zu diesem Thema geschrieben.[7] Überdies hat er diesbezüglich auch andere Unternehmen angesprochen – mit dem Ziel, eine Umstellung der Kostenrechnungssysteme in den westlichen Wirtschaftsgesellschaften einzuleiten.

Wir können Edvinsson und anderen nur beipflichten, daß eine Überprüfung der derzeitigen Kostenrechnungssysteme angesagt ist, aber wir würden diesen Bereich nicht als Ausgangspunkt für Wissensmanagement empfehlen. Unserer Meinung nach ist in nächster Zukunft kaum von einem Wandel der Systeme und Praktiken im Kontext der Kostenrechnung auszugehen, und für ein einzelnes Unternehmen würde die Herbeiführung eines solchen Wandels eine unerträgliche Sisyphusarbeit bedeuten. Selbst Unternehmen wie *Microsoft*, in denen eindeutig sehr viel mehr Wissenskapital als konkret-materielles Kapital steckt, halten eine solche Umstellung des Systems für nicht zweckmäßig.[8]

Ermittlung des richtigen Ankerplatzes

Bei der Entscheidung, wo Sie mit Ihrem Wissensmanagement vor Anker gehen wollen, müssen Sie einen Führungsstil wählen, der mit der Kultur in Ihrem Unternehmen vereinbar ist. Einige Unternehmen (zum Beispiel *IBM* oder *Andersen Consulting*) sind in hohem Maß technologieorientiert, so daß der Einstieg ins Wissensmanagement sinnvollerweise in Anbindung an technologische Initiativen und Pläne erfolgt. Andere Firmen sollten eher beim Finanz- und Rechnungswesen, bei Qualitätsprogrammen oder bei Maßnahmen zur Herbeiführung organisatorischen Wandels ansetzen. Was sich konzeptuell als Anker für Ihr Wissensmanagement anbietet, könnte mit den Realitäten der Unternehmenskultur unvereinbar sein. Deshalb

Prüfen Sie sorgfältig Ihre Unternehmenskultur, bevor Sie eine Wissensmanagement-Initiative starten.

sollten Sie als Wissensmanager zunächst die Kultur in Ihrer Organisation beobachten, bevor Sie entscheiden, von wo aus Sie den Einstieg ins Wissensmanagement wagen wollen.[9]

Wenn Wissensmanagement mit Erfolg institutionalisiert werden soll, muß Ihre Organisation letztlich mehrere „Ankerplätze" für Ihr Wissensmanagement anpeilen. Die oben beschriebenen Ansätze mögen jeweils für sich genommen für die Einführung einer Wissensmanagement-Initiative ausreichen, aber auf Dauer kann sie sich nur dann halten, wenn die Unterstützung und die Fähigkeiten vieler verschiedener Gruppen im Unternehmen hinzukommen. Ein einziger Ansatz kann die dazu erforderliche institutionelle Basis nicht gewährleisten.

Fehlerquellen im Wissensmanagement

So wertvoll gutes Managementgespür beim Wissensmanagement ist – wir haben viele Organisationen gesehen, die sich letztlich verrannt haben. Daher wollen wir abschließend die wichtigsten Fehlerquellen erörtern, die es im Wissensmanagement-Alltag zu meiden gilt. Gewöhnlich erkennen wir eine diesbezügliche Orientierungslosigkeit an ein bis zwei kurzen Sätzen, in denen die ganze Problematik eines Wissensmanagement-Syndroms zum Ausdruck kommt. Solche Schlüsselsätze kommen häufig als „gängige Alltagsweisheiten" daher: Wir wollen sie der Reihe nach widerlegen und aufzeigen, warum *Sie* nicht darauf hereinfallen sollten. Einige dieser Fehlkonzeptionen haben wir bereits an anderer Stelle angesprochen, aber vielleicht ist es hilfreich, alle unsere Warnungen und Vorbehalte hier noch einmal zusammenzufassen. Wie bei allen Mythen wirkt die Tatsache, daß in allem ein Körnchen Wahrheit steckt, auch hier verführerisch.

Wenn „es" erst einmal da ist ...

Dann kommt auch keiner. Zumindest hat das Kommen oder Nicht-Kommen von Benutzern kaum mit der Tatsache zu tun, daß Sie „es" einrichten. „Es" bezieht sich natürlich auf ein informationsbasiertes System zur Speicherung und Verteilung von Wissen. Sie können so viele *Notes-* oder *Netscape*-Lizenzen kaufen, wie sie wollen; Sie können eine höchst attraktive *Web*-Seite erstellen; Sie können sogar Ihr System mit *Java*-basierten interaktiven Anwendungen ergänzen – all das bedeutet noch lange nicht, daß auch irgend jemand Ihre Investitionen in Technologien und ausgefeilte Programmierarbeit in Anspruch nimmt oder Nutzen daraus zieht.

Denken Sie an unsere *33,3*-Regel: Wenn Sie mehr als ein Drittel Ihrer Zeit, Ihrer Arbeit und Ihres Geldes in die Technologie stecken, vernachlässigen Sie die übrigen Faktoren, die Ihnen die Unterstützung der anderen sichern könnten – Wissensinhalte, Unternehmenskultur, Motivationsansätze usw. Nahezu täglich stoßen wir auf *Lotus-Notes*-Implementierungen, die über E-Mail oder über intranetbasierte Wissensspeicher, zu denen ohnedies keiner sein Wissen beisteuern will, nicht hinauskommen. Wir haben oft genug darauf hingewiesen: Eine zu starke Ausrichtung auf die Technologie zählt zu den häufigsten Fehlerquellen im Wissensmanagement. Wenn die Unternehmen ihre Wissensinhalte aus den Augen verlieren, verlegen sie sich auf die Technologie, weil diese leichter zu erwerben, leichter zu implementieren und leichter zu messen ist.

Unser Personalhandbuch soll *online* werden!

Dieses Fehlersyndrom hört sich folgendermaßen an: „Jetzt, wo wir endlich ein funktionsfähiges Intranet haben, müssen wir es mit Wissen bestücken. Wie wär's mit dem Personalhandbuch, der Betriebsanleitung, unseren Kasino-Speisekarten und dem Busfahrplan für den Zubringer-Service zur Uni?" Wir zucken zusammen. Das *Web* und *Notes* sind faszinierende Technologien. Wurden sie für so etwas entwickelt?

Zugegeben – die Digitalisierung solcher Banalitäten hat Effizienz-Vorteile, und auch wir sind dafür, Bäume zu retten. Aber das ist doch kein Wissen – das System, auf dem Sie diese gähnend langweiligen Druckerzeugnisse installieren, verdient einfach nicht den Namen *Wissensmanagement-System*! Wenn Sie lediglich Ihre Schriftdokumente *online* bringen, so schwächt dies Ihre terminologische Währung, und sollten Sie später einmal echtes Wissen in den Speicher aufnehmen, so wird dies keiner zur Kenntnis nehmen wollen. Vielmehr sollten wir die Technologien, die den Anstoß zum Wissensmanagement gegeben haben, dazu nutzen, wirklich mehrwertschaffendes, erkenntnisreiches, weisheitträchtiges Wissen zu speichern und zu verbreiten! Setzen Sie sich aggressiv und nachdrücklich für lohnende Wissensinhalte ein. Ihre Wissensbasis wird langsamer wachsen, aber dafür wird auch keiner abfällig grinsen, wenn Sie Ihr Werk als Wissensmanagement bezeichnen.

Soll hier bloß keiner von Wissen reden

Wie die meisten von uns schon in der Grundschule lernen, sind wir eine anti-intellektuelle Gesellschaft. In Unternehmen, wo einige wenige Einzelkämpfer Wissensmanagement betreiben, kommt das Eingeständnis des Nicht-wissen-Wollens häufig in folgendem Wortlaut daher: „Wir verwenden den Begriff *Wissen* nicht gern, weil die Leute bei uns im Unternehmen so pragmatisch sind. Wir sprechen lieber von *Best Practices*." Sicher steckt eine gewisse Logik hinter dem Versuch, sich der dominanten Kultur anzupassen, aber wir halten es für eine Selbsttäuschung, etwas unter einer anderen Bezeichnung verbergen zu wollen, was wir nichtsdestoweniger tun. Wenn das Wort *Wissen* in Ihrem Unternehmen suspekt ist, wird Ihrem Wissensmanagement-Programm vermutlich ohnehin kein Erfolg beschieden sein.

Es ist wirklich abwegig, Wissen mit „Best Practices", „Benchmarks", „Informationsressourcen" oder einem anderen pragmatischen Euphemismus nach Wahl Ihres Chefs bezeichnen zu wollen. Zum einen trägt keiner dieser Termini dem gesamten Wissensbereich Rechnung. Wenn Sie beispielsweise *Best Practices* bevorzugen – wie steht es dann mit dem Wissen über die Geschäftssituation eines Kunden oder mit Anforderungen, bei denen es in keiner Weise um „Praktiken" geht? Und wenn Sie einen informationsorientierten Begriff wählen, werden Sie in den Morast der unternehmensweiten Informationssysteme herabgezogen, der im wesentlichen nur noch aus Daten besteht.

Zum anderen – und das ist noch wichtiger – läßt die Tabuisierung des Wortes *Wissen* erkennen, daß Ihre Unternehmensleitung die allem Wissensmanagement zugrundeliegende Erkenntnis, daß Wissen und Lernfähigkeit der Mitarbeiter wertvoller sind als alle anderen Unternehmensressourcen, nicht unterstützt. Solche Reaktionäre werden Ihnen irgendwann die Mittel für Ihr Informationsressourcen-Zentrum oder Ihre *Best-Practices*-Datenbank kürzen, wenn sie merken, was Sie wirklich vorhaben.

Unsere Empfehlung lautet: Nennen Sie das Kind beim Namen – verstecken Sie sich nicht hinter einem falsch verstandenen Spießer-Pragmatismus. Nutzen Sie die Zeit, um von vornherein offen über den Wert von Wissen zu diskutieren, anstatt sich später auf Nachhutgefechte einlassen zu müssen. Und sollte man in Ihrem Unternehmen das Wort *Wissen* nicht gern hören, setzen Sie voller Stolz „Wissensmanager" auf Ihre Karte und sehen sich nach einem aufgeklärteren Unternehmen um!

Setzen Sie getrost „Wissensmanager" auf Ihre Karte.

Jeder ist ein Wissensmanager

Daran schließt sich unmittelbar ein weiteres Problem an. Die bezeichnende Aussage lautet etwa so: „Wir meinen, daß Wissensmanagement die Aufgabe jedes einzelnen Mitarbeiters ist. Daher werden wir auch keine größere Stabsorganisation mit Wissensmanagern aufbauen, die dann für die Arbeit zuständig sind, die jeder einzelne leisten sollte." Ganz offensichtlich ist in dieser Fehlannahme mehr als ein Körnchen Wahrheit – sonst hätten wir in Kapitel 6 nicht etwas Ähnliches behauptet. Bis zu einem gewissen Grad sollte es tatsächlich Aufgabe eines jeden einzelnen sein, Wissen zu schaffen, weiterzugeben und zu nutzen.

Bleiben wir aber realistisch. Jeder Ingenieur in Ihrem Unternehmen sollte im Rahmen der Produktentwicklung Wissen schaffen und nutzen. Aber nicht jeder Ingenieur kann oder will sein Wissen aufschreiben. Jeder Mensch sollte über das Leben nachdenken – nur kann nicht jeder seine Gedanken in Gedichte oder Romane fassen. Wissensmanagement bleibt ohne Erfolg, wenn es nicht auch Mitarbeiter und Manager gibt, deren Hauptaufgabe darin besteht, das Wissen der Wissensträger zu erfassen und zu redigieren, Wissensnetze zu fördern und wissenstechnologische Infrastrukturen einzurichten und zu verwalten.

Sollten wir wieder einmal eine solche Bemerkung zu hören bekommen, werden wir dagegenhalten: „Da es ja auch Aufgabe eines jeden Mitarbeiters ist, die Kosten zu überwachen und die Erträge zu erhöhen, haben Sie wohl auch die Organisationseinheiten für Finanz- und Rechnungswesen abgeschafft, oder?"

Rechtfertigung durch Glauben

Diese Fehlerquelle ist nicht so häufig wie die anderen, aber genauso gefährlich. Wir wissen, daß solches dahintersteckt, wenn uns gesagt wird: „Unser Geschäftsführer glaubt an Wissensmanagement. Deshalb meinen wir, unsere Wissensmanagement-Arbeit nicht mit Zahlen oder Erfolgsgeschichten rechtfertigen zu müssen – dafür steht unser Glaube." Nun, Glaube mag uns in den Himmel befördern, ist aber kaum dazu angetan, unsere Wissensmanager-Posten auf Dauer über Wasser zu halten. Alle ein bis zwei Wochen läuft uns ein *Reengineering*-Manager über den Weg, dessen Chef auch mal an das Konzept glaubte – und solche Leute müssen sich heute nach neuen Jobs umsehen.

Selbst wenn Ihre Unternehmensleitung Wissen jetzt noch in den Himmel lobt, irgendwann wird die Zeit des großen Zähneknirschens kommen: Ein neuer Geschäftsführer übernimmt das Ruder, das Unternehmen hat einen schlechten Quartalsabschluß zu verbuchen, oder es wird eine ganz tolle neue Methode propagiert. Und dann wird irgendeine hochgestellte Autoritätsperson die verhängnisvollen Worte sprechen: „Was tun all diese Wissensmanager eigentlich für uns?"

Deshalb lautet unsere Empfehlung: Selbst wenn heute keiner Interesse zeigt – versuchen Sie ab sofort, den Wert dessen, was Sie tun, zu messen. Setzen Sie das von Ihnen gemanagte Wissen bestmöglich in nüchterne harte Zahlen um – in bare Summen, die Ihr Unternehmen erwirtschaften beziehungsweise einsparen konnte, weil es das Glück hat, Sie als Wissensmanager zu haben. Vielleicht erscheint Ihnen das unmöglich. Doch selbst Buchhalter entwickeln heutzutage Kreativität. Und in jedem Fall sollten Sie ernsthaft „narratives Management" betreiben, wobei der regionale Verkaufsleiter unter Eid bezeugen muß, daß „dieser Umsatz niemals ohne den Wissensaustausch in Ihrem Expertennetz zustande gekommen wäre". Solche Aussagen sollten Sie auch in Ihrem monatlichen Rundschreiben veröffentlichen. Und wenn Ihr Unternehmen keine interne Propaganda wünscht, dann lassen Sie Ihre Zahlen und Erfolgsgeschichten eben in Ihrer Schublade, bis Sie sie brauchen!

Eingeschränkter Zugang

Auch die folgende Aussage verheißt nichts Gutes: „Wir sind bemüht, den Zugang zu unserem Wissen zu verbessern." Die Autoren dieses Buches stehen mit ihrer Abneigung gegen den Terminus *Zugang* vielleicht allein auf weiter Flur... Aber wir sind der Ansicht, daß dieser Begriff überzogen, überfrachtet, übertrieben ist. Glauben Sie wirklich, die Tatsache, daß kein Mensch je die Marktforschungsberichte angeschaut hat, sei darauf zurückzuführen, daß die Leute mal ein paar Treppen steigen mußten, um sie in die Hand zu bekommen? Daß die Vertreter im Außendienst nicht die Unterlagen zur Produktleistung eingesehen haben, weil sie erst ein Telefonat führen mußten, um eine Kopie zu erhalten? Sicher, es ist schon erstaunlich, wie faul wir alle sein können, und wir kennen auch Forschungsergebnisse, denen zufolge bestimmte Kategorien von Mitarbeitern (Ingenieure vorweg) nur ein paar Schritte zu gehen bereit sind, um sich das benötigte Wissen zu beschaffen. Ein verbesserter Wissenszugang erhöht in der Tat die Wahrscheinlichkeit, daß Wissensquellen in Anspruch genommen werden. Aber das ist nur der erste – und oft der leichteste – Schritt.

Lassen Sie sich nicht durch das Zauberwort „Zugang" betören.

Wenn irgend jemand aus Ihrem Projektteam das nächste Mal das Wort *Z.....* in den Mund nimmt, sollten Sie Ersatzformulierungen vorschlagen. Wie wäre es mit *Zuwendung* – wie erreichen wir, daß andere auf unsere Aktivitäten aufmerksam werden und sich uns zuwenden? Oder *Zielstrebigkeit* – ist unser Wissen erstrebenswert, so daß andere darauf abzielen? Und warum nicht so etwas wie *Zugehörigkeit* – das ist vielleicht ein bißchen weit hergeholt, aber wie erreichen wir, daß die Leute genug Loyalität und Vertrauen entwickeln, um ihr Wissen mit ihren Kollegen zu teilen?

Von unten nach oben

In einigen Organisationen ist etwa folgender Merkspruch zu hören: „Wissensmanagement hat in unserem Unternehmen nichts mit Hierarchie zu tun. Wir brauchen keine Genehmigung seitens der Unternehmensleitung; die haben sowieso nichts mit Wissen am Hut. Wissen verflacht das Organisationsdiagramm, es macht unser Unternehmen demokratischer." Das sind dann häufig die Unternehmen, von denen wir später lesen, daß sich der Geschäftsführer in diesem vermeintlich flachen Unternehmen eine erkleckliche Anzahl von Aktienoptionen gesichert hat.

Über Tausende von Jahren ist Wissen in hohem Maß mit Hierarchie verbunden gewesen, und wir sehen keinerlei Anzeichen dafür, daß dies heute anders sein könnte. Wissen bedeutet Macht; und wer Macht besitzt, hat Kontrolle darüber, wer was weiß. Wissensmanagement ist ein höchst politisches Unterfangen. Sie müssen schon sorgfältig abwägen, wem Sie Zugang zum Wissen (da ist das Wort doch schon wieder) gewähren wollen. Sonst werden Sie mit an Sicherheit grenzender Wahrscheinlichkeit irgendeiner machtbewußten Autorität auf die Füße treten, der Ihre Wissensmanagement-Aktivitäten gefährlich werden könnten.

In geringfügiger Variation erscheint dieses Syndrom als die Fehlannahme, daß Wissensmanagement ohne Unterstützung seitens der Unternehmensleitung erfolgreich betrieben werden könnte. Sicher – Sie können durchaus in der Lage sein, einen kleinen Wissensspeicher in irgendeinem Marginalbereich wie Einkauf oder Forschungslaboratorium ohne Unterstützung der Unternehmensleitung aufzubauen. Aber eine „Transformation unseres Unternehmens durch Wissensmanagement" ist nur dann möglich, wenn der Geschäftsführer und seine Führungsmannschaft mit Ihnen an der Wissensmanagement-Front stehen.

Ein letztes Wort

Zweifellos gibt es noch andere Problemsyndrome, die wir erörtern könnten, aber wir möchten diese Liste bewußt kurz halten. Um so einfacher ist es für Sie, sich selbst aufzufangen, bevor Sie auf diese vergleichsweise wenigen Fehlerquellen hereinfallen. Wir möchten auch nicht den Eindruck erwecken, als ob Wissensmanagement voller Gefahren sei. Wissensmanagement ist keine Raketen-Wissenschaft (wobei uns eine Führungskraft vom *Jet Propulsion Laboratory* unlängst gesagt hat, selbst die Raketen-Wissenschaft sei nicht mehr so „hart"). Wissensmanagement entspricht dem gesunden Menschenverstand und steht mit den Grundlagen des Managementwissens in Einklang. Solange Sie an mehreren Fronten kämpfen und nicht der Täuschung unterliegen, ein einziges Instrument oder ein einziger Ansatz beschere ein erfolgreiches Wissensmanagement, *so* lange hat Ihre Wissensmanagement-Initiative gute Aussichten auf Erfolg. Und dann kann Ihr Unternehmen auch mit Recht behaupten, es sei um das Management seines höchsten Vermögenswertes bemüht.

So wie es eines Ausgleichs bei der Nutzung verschiedener Wissensmanagement-Ansätze bedarf, so bedarf es auch einer Abstimmung zwischen dem Wissensmanagement einerseits und sonstigen Veränderungsprogrammen und der täglichen Geschäftsabwicklung im Unternehmen andererseits. Wenn Erfolg im Unternehmen eine Kombination aus Lernen und Tun bedeutet, müssen wir sorgfältig darauf achten, daß wir nicht zuviel Zeit darauf verwenden, Wissen um seiner selbst willen zu beschaffen und zu managen. Wissen und Lernen müssen immer im Dienst der umfassenderen Ziele der Organisation stehen. Andernfalls gerät der Umgang mit Wissen schlimmstenfalls zur lästigen Pflicht und bestenfalls zur willkommenen Ablenkung. So, wie wir nichts unternehmen sollten, ohne zu hinterfragen, was wir daraus lernen können, so sollten wir auch nichts lernen, ohne daraus praktischen Nutzen ziehen zu können. Ein gesundes Spannungsverhältnis zwischen Wissen und Tun ist der Schlüssel zu organisatorischem (und vermutlich auch individuellem) Erfolg.

Anmerkungen

1. In der Unternehmensforschung spricht man bezeichnenderweise vom „Säen, Verziehen und Ausbreiten".
2. Ein Beispiel dafür, was passieren kann, wenn es bei Finanzdienstleistungen an Wissen fehlt, liefern Chris Marshall, Larry Prusak und David Shpilberg (1996) „Financial Risk and the Need for Superior Knowledge Management", *California Management Review* 38, Nr. 3 (Frühjahr 1996): 77–102.
3. Die Informationen über das *Texas-Instruments*-Beispiel stammen von Diskussionen mit Unternehmensmanagern und aus der internen Schrift *„Information Technology Award Nomination Information Document"* (ComputerWorld Smithsonian Awards, TI Office of Best Practices, Januar 1997).
4. Peter Senge (1990) *The Fifth Discipline: The Art and Practice of the Learning Organization* (New York: Doubleday/Currency). Senges Argumente zum Wissensmanagement sind auch auf Videoband aufgezeichnet (1996): *Creating Transformational Knowledge* (Cambridge, Mass.: Pegasus Communications).
5. James G. March (1997) *A Primer on Decision Making* (New York: Free Press), 27.
6. Dieser „*Dialog/Entscheidung*-Prozeß" wird ausführlich beschrieben in Barabbas Buch (1995) *Meeting of the Minds* (Boston: Harvard Business School Press).
7. Leif Edvinsson und Michael Malone (1997) *Intellectual Capital* (New York: HarperCollins).
8. Mike Brown, Finanzchef bei *Microsoft*, hat in einem Vortrag anläßlich der *„Knowledge Imperative"*-Konferenz gegen solche Veränderungen argumentiert. Ernst & Young-Strategic Issues Forum, San Diego, California, 10. Dezember 1996.

9. Eine brauchbare Kategorisierung von Unternehmenskulturen bietet Edgar Schein (1996) „Three Cultures of Management: The Key to Organizational Learning", *Sloan Management Review* (Herbst 1996): 9–21.

Weitere Buchveröffentlichungen von Thomas D. Davenport und Laurence Prusak

Thomas H. Davenport

Cyrus E. Gibson und Barbara Bund Jackson, mit Beiträgen von Thomas H. Davenport (1987) *The Information Imperative: Managing the Impact of Technology on Businesses and People*

Thomas H. Davenport (1993) *Process Innovation: Reengineering Work through Information Technology*

Laurence Prusak

Laurence Prusak mit James McGee (1994) *Managing Information Strategically*

Laurence Prusak, Hrsg. (1997) *Knowledge in Organizations*

Thomas H. Davenport und Laurence Prusak

Thomas H. Davenport mit Laurence Prusak (1997) *Information Ecology: Mastering the Information and Knowledge Environment*

Zu den Autoren

Thomas H. Davenport ist Professor an der betriebswirtschaftlichen Fakultät der *University of Texas* in Austin und leitet dort das *Information Management Program*. Früher war er *Partner* im *Center for Information Technology and Strategy* der Beratungsfirma *Ernst & Young* und Direktor der informationstechnologischen Forschung bei *McKinsey* und *CSC Index*. Thomas H. Davenport hat darüber hinaus an folgenden Universitäten gelehrt: *Boston University*, *Harvard Business School*, *Harvard University* und *University of Chicago*. Er hat zahlreiche Beiträge in informationstechnologischen Fachzeitschriften und allgemeinen Management-Journalen veröffentlicht und ist Autor beziehungsweise Mitautor von drei weiteren Büchern sowie Artikeln in so bekannten Zeitschriften wie *Harvard Business Review*, *Sloan Management Review* und *Management Review*.

Laurence Prusak ist geschäftsführender Direktor der *IBM Consulting Group* in Boston und Wissensmanagement-Experte für *IBM* weltweit. Vor seiner Tätigkeit bei *IBM* war er *Principal* im *Center for Business Innovation* der Beratungsfirma *Ernst & Young*, lehrte Sozial- und Wirtschaftsgeschichte an verschiedenen Universitäten und war als wissenschaftlicher Mitarbeiter und Bibliotheksverwalter an der *Baker Library* der *Harvard Business School* tätig. Laurence Prusak hält zahlreiche Vorträge und wird in Zeitschriften wie *Fortune*, *Business Week* und *CIO* häufig im Zusammenhang mit Unternehmenswissen zitiert. Er ist als Autor an Buchveröffentlichungen beteiligt und verfaßt Beiträge für Zeitschriften wie *International Journal of Information Management*, *Sloan Management Review* und *California Management Review*.

Stichwort- und Personenverzeichnis

33,3-Prozent-Regel, 162
3M, 47, 208, 212

A

Abwertung, 35
Adaptation, innovative, 133
Agricultural Chemicals Division, 138
Akers, Jon, 185
Aktivitäten, wissensgenerierende, 33 (s. auch Umwandlungsprozeß)
Allen, Thomas, 198
American Express, 264
Analog Devices, 51
Andersen Consulting, 35, 125, 218f., 235, 255ff., 316f., 326
Anreizsysteme, 295
Ansehen, 78, 80
Apple Computer, 110, 127
Arbeit(s-), 184
 -moral, 107
 -umgebung, 122, 280, 285
Arnold, Mathew, 277
AT&T, 118, 122
Aufwertung, 35 (s. auch Umwandlungsprozeß)
Auseinandersetzungen, mikropolitische, 277
Autoren, technische, 221

B

Badaracco, Jr., Joseph, 123, 142
Barabba, Vince, 325, 336
Belohnungssysteme, 295

Benutzerfreundlichkeit, 163
Bergson, Henri, 145
Berkley, James, 179
Beschränkungsrelation, 265
 -Auswertesysteme, 265f.
Best Practices, 103, 318ff.
Boeing, 134, 247, 265f.
Bolt, Beranek & Newman, 257
Booz, Allen & Hamilton, 194, 233
Boston-Harbor-Tunnelprojekt, 198
Branche, wissensintensive, 215f.
Branchenwert, 298
British Petroleum (BP), 54f., 84, 90, 102, 116, 135, 152, 161, 194, 198, 249f., 285, 296
Broderbund, 267
Brown and Root, 60
Buckman Laboratories, 224, 228, 236, 253, 298, 301
Büro, virtuelles, 185f.

C

Canon, 135
Case-based Reasoning (CBR), 248, 267, 272, 275
Chaparral Steel, 216f.
Chemical Bank (Chase Bank), 163
Chevron, 320
Chrysler Corporation, 34, 53, 82, 256, 300
Citibank, 50f., 90
Citicorp, 320
Clough, Arthur Hugh, 67
Coca-Cola, 218, 232f., 322
Compaq, 267

CompuServe-Service, 253
Coopers & Lybrand, 232 f., 255
Corporate Memory Systems, 273
CSIRO, 123, 190 f.
Customer Support Consortium, 268

D

Dai-Ichi Pharmaceuticals, 103, 187
Data Mining, 271
Daten(-), 25
 -Definition, 27
 -kulturen, 28
 -management, 28
 -speicher, 56
Datenbank(-), 227
 -relationale, 175
 -system, relationales, 259
de Montaigne, Michel, 213
Demerest, Mark, 231
DeSimone, Livio, 208
Dialog, 253
Digital Equipment Corporation, 100, 110, 133, 264 f.
Diskussionsdatenbank, 281, 289 f., 301, 320
Dow Chemical, 174, 224, 228, 232, 298
Downsizing, 98, 170, 294
Dun & Bradstreet, 257

E

Eccles, Robert, 168, 179
Echtzeit-Wissenssysteme, 266
Edvinsson, Leif, 228, 232, 325, 336
Effizienz(-), 45, 48, 55, 83, 91, 111, 204
 -steigerung, 34, 51
 -vorteile, 61

Eigentum, intellektuelles, 47, 298
El Products, 120, 171
Emerson, Ralph Waldo, 115
Empfänger, 29
Empowerment, 304
Entscheidungsfindung, 28, 30, 72, 108, 322
Erfahrung(s-), 36, 57
 -wissen, 36 f., 44
Erfolgs-
 -geschichten, 194, 228, 332
 -indikatoren, 289 f.
 -messung, 289
 -typ, 290
 -voraussetzung, 45
Erikson, Erik, 82
Ernst & Young, 125, 190 f., 218 ff., 227, 233, 278, 296, 298, 301
Experten-Lokalisierung, 261
Experten-
 -Netzwerk, 302
 -suchdienst, 284
 -system, 172, 193, 220, 234, 245, 263, 275
 -wissen, 41, 54, 76, 80, 120, 125, 148, 165, 167, 264 f.
Expertise, komprimierte, 42
 (s. auch Komprimierung)

F

Faktoren, erfolgsfördernde, 292
Fallanalysen, 248
 -Auswertemechanismus, 248, 267, 272, 275 (s. auch Case-based Reasoning)
Fast Company, 50
Faustregeln, 41
Ford, 47, 257
Foren, offene, 190
Fortune-500-Unternehmen, 46

Fortune-Magazin, 46
Forumsgespräche, 104
Fusionen, 128
Fuzzy Logic, 173, 178

G

Gegenseitigkeit, 78f., 83
General Electric, 232
General Motors, 236, 325
Gibson, David V., 183
Globalisierung, 45, 55 (s. auch globale Wirtschaft)
GrapeVINE, 244, 257f., 282
Grapevine Technologie, 257
Grimes, 120, 171

H

Handlungsbasis, 28
Harris, Sydney J., 241
Hewlett-Packard, 71, 135, 161, 170, 218, 223, 235f., 241, 263, 265, 267, 278, 282f., 295, 299
Hirshberg, Gerald, 128f., 132
Hoechst, 123, 139f.
Hoffmann-LaRoche, 147, 154, 223
Honda, 65, 147
Hoover, 257
Hughes Space and Communications, 151
Huxley, Thomas Henry, 309
Hypertext Markup Language (HTML), 259

I

IBM, 47, 117f., 122, 125, 161, 167, 173, 185f., 218, 233, 326
IDEO, 131, 142
Individual, Inc., 257

Inference Corporation, 267, 275
Information(s-), 25
  -Definition, 29
  -gehalt, 30
  -speicher, 56
  -technologie, 101
Infrastruktur, wissenstechnologische, 331
Innovationen, 55, 63
Integrität, 38
Intelligenz, künstliche, 41, 172, 178, 245, 267, 270f.
Internet, 253
Intranet, 227, 242
Intuition, 41

J

Jacoby, Itzhak, 197, 203
Javelin Development Corporation, 95, 105
Jobs, Steve, 110, 127
Junkins, Jerry, 318

K

Kaka, Ryuzaburo, 135
Kalkulation, 30f.
Kanouse, David, 197, 203
Kao, 108f.
Kapital, intellektuelles, 230, 232, 325
Kartographierung, 148, 262
Kategorisierung, 30f., 46f.
Kerr, Steve, 232
Knowledge-Depot, 259
Kommunikatoren, technische, 220
Komparation, 33
Kompetenz, soziale, 84
Komplexität, 39, 48, 71
Komprimierung, 30f.

Konnektivität, 30
Konnex, 33
Konsequenz, 33, 35
Kontextualisierung, 30 f.
Konversation, 33
Korrektur, 30
Kreativität, 294
Kultur, wissensorientierte, 293

L

Land, Edwin, 110
Landkarten, kognitive, 145
Lebenswahrheiten, 35 f., 169 f.
Leonard-Barton, Dorothy, 116, 120, 128, 130, 135, 142 f., 179, 204, 216, 238
Lernanreiz, 197
Lernen, organisatorisches, 230, 321
Lexis/Nexis, 253
Lincoln National Life, 234, 236
Loder Drew & Associates, 49
Lotus Notes, 30, 117 f., 188, 227, 241 ff., 254 f., 256 ff., 261 ff., 283, 296, 303, 315, 317, 320, 328 f.
Lotus Notes, Zugang zu, 54, 160, 175, 177, 194
Lotus-Development, 167 f.
Lumley, Ted, 165, 206

M

MacPherson, C. B., 83
Management, narratives, 226, 332
March, James, 70, 89, 94, 112 f., 323
Marktsignale, 86
Marx, Karl, 70
Matsushita Electric, Ltd., 49, 55, 130 f.
McCloskey, Donald (Deidre), 168, 179

McDonald's, 125
McDonnell Douglas Corporation, 134, 247
McDonnell, John F., 134
McKinsey and Company, 161, 215, 218, 301
McLuhan, Marshall, 31
Mentor(-), 167, 193
  -Funktion, 82
  -Programme, 193
Mentorschaft, 194
Merck, 125
Messungen,
  -qualitative, 30
  -quantitative, 30
Microelectronics and Computer Corporation (MCC), 183, 201, 211, 273
Microsoft, 47, 119, 156 ff., 160, 285, 326, 336
Microsoft-Office, 317
Mietwissen, 123
Mill, John Stuart, 70
Minsky, Marvin, 246
Mitarbeiter(-),
  -beurteilung, 159
  -beziehungen, 82
  -wissensorientierte, 214
Mobil Exploration and Producing, 165
Mobil Oil, 71, 205, 207
Moderator, 86, 131, 139
Monsanto, 138, 176 f., 232, 257, 322
Motivationshilfen, 301
Motorola, 125
Multimedia-Datenbank, 254

N

Nachricht, 29 ff.
National Semiconductor, 263

NationsBank, 103
NCR, 118, 122
Netz, unternehmensinternes, 177, 315 (s. auch Intranet)
Netze, informelle, 88
Netzwerke, 29, 102, 120, 138 ff., 158, 161, 194, 204, 227, 238, 262, 284
- harte, 29
- neuronale, 265, 269 f.
- weiche, 29 f.
Nietzsche, Friedrich, 181
Nissan Design International, 128
Nohria, Nitin, 168, 179
Nonaka, Ikujiro, 43, 55, 65 f., 98, 108 f., 113, 116, 129, 141 ff., 198, 307
Nutzen, wirtschaftlicher, 298
NYNEX, 74 f.

O

Olsen, Ken, 100, 110
OneSource Information Service, 257
Organisation, wissensintensive, 34
Owens-Corning, 220, 238

P

Peetz, John, 227, 233
PeopleSoft, 267
Personalbeurteilung, 75
Peters, Tom, 216
Petrash, Gordon, 174, 228
PIMS-Methode, 119 f.
Platt, Lew, 135
Polanyi, Michael, 151, 178
Polaroid, 110
Price Waterhouse, 255
Primus Corporation, 268

Problemlösung, 30, 47, 124, 128, 138, 192, 246
Produktivität, 63, 75, 189, 238, 246
Projektmanagement, 221 f.
Prozeßorientierung, 299, 305

Q

Qualitätsprogramme, 318

R

Raychem, 194
Realisierbarkeit, 313
Rechnungswesen, 325
Redundanz, 98, 198
Reengineering, 221, 287, 304, 310, 312, 318, 332
Reengineering-Initiative, 170
Reuters, 267
Risiko, 43
Rodgers, Dave, 259
Rogers, Everett M., 183
ROLM, 122
Rosenblum, Judith, 232 f.
Rudd, Nick, 231, 237, 287

S

Sandia National Laboratories, 99
Schank, Roger, 168
Schilderungen, persönliche, 168
Schoeffler, Sid, 119
Sears, 134
Selbstlosigkeit, 78, 81
Sematech, 183 f., 211, 285, 291
Senco Products, 147
Sender, 29, 35
Senge, Peter, 336
Sequent Computer, 231, 234, 259, 282

Sequent Corporate Electronic Library (SCEL), 259
Shareholder-Value, 233
Sharp, 127
Silicon Graphics, 282
Simon, Herbert, 112 f.
Sitzecken, 184, 187
Skandia, 224, 228, 232, 234, 285 f., 325
SMART, 267
Spannungen, mikropolitische, 164 f., 323
Standard Life, 138
Steelcase, 47
Sternberg, Robert J., 64
Sturgeon, Theodore, 133, 135
Such-
   -geschwindigkeit, 254
   -mechanismus, 242
   -programm, 260
   -system, 253 f.
Sun Microsystems, 282

T

Takeuchi, Hirotaka, 43, 55, 65 f., 98, 108 f., 113, 116, 129, 141 ff., 198, 307
Teamarbeit, virtuelle, 56, 58 ff., 84, 90, 102, 152, 161, 194, 249, 285
Technologiemanagement, 221
Teltech Resource Network Corporation, 262, 284, 287, 292 f., 302
Texas Instruments, 103, 117, 298, 318, 320, 336
Thesaurus, 260 ff., 302
Time-Life, 155 f., 163 f.
Topmanagement, Unterstützung durch das, 297
Trafalgar House, 60

Trajecta, 271
Transaktionen, 30
Trilogy Development Group, 265

U

Überlappungen, 256
Überzeugungen, 43
Umwandlung(s-), 33
   -prozeß, 34
Ungson, Geraldo, 108
Unternehmens-
   -kultur, 77, 98, 160, 187 f., 195, 199, 207 ff., 212, 217, 225, 288, 295, 305, 326, 337
   --wissensorientierte, 280
   -umfeld, 245
   -wissen, 43, 46 f., 53, 67, 87, 109, 111, 116, 120, 136, 139, 145, 147 ff., 151
Urteilsvermögen, 40, 48, 72
US Army, 37 f., 200, 324

V

Veblen, Thorstein, 70
Veränderungsmanagement, 221
Verantwortlichkeit, 38
Verifone, 170
Vermögenswerte, intellektuelle, 182, 232, 325
Versuch und Irrtum, 41
Vertrauen, 83 f., 196 f.
Virtual Teamwork Program, 56

W

Wal-Mart, 134, 136
Walsh, James, 108
Wand, An, 110
Wandel, 43, 45, 48, 136, 138, 289

Wang, Laboratories, 110, 133
Ward, Arian, 151, 154
Webber, Alan, 25, 46, 50, 64 ff., 185, 211
Weick, Karl, 39, 65, 113, 168, 179
Wertvorstellungen, 43, 84
Wettbewerb(s-), 48
   -vorteil, nachhaltiger, 46, 49
White, Harrison, 70
Winter, Sidney G., 178
Wirtschaft, globale, 45
Wissen(s-),
   -abwertung, 35
   -akquisition, 116
   -aktivisten, 141
   -als Unternehmensvermögen, 44
   -anforderungen, 74
   -angebot, 96, 109
   -anreiz, 138
   -arbeit, 162
   -arbeiter, 75, 127, 130, 132, 141, 217, 237
   -Arbeitsdefinition, 32
   -architektur, 256
   -austausch, 54 ff., 70, 77, 84 f., 88, 96, 100 ff., 132, 138, 156, 159, 167, 175, 183, 187 f., 190 ff., 217, 222, 249, 263, 287, 294, 303
   -bank, 217 f., 225, 227, 236, 256, 286, 302
   -basis, 329
   -belohnungen, 105
   -benutzer, 126, 145
   -beitrag, 68, 80, 218
   -bestände, 52 f., 96, 109, 115, 117, 121 f., 139, 153, 167, 321
   -branche, 47
   -Definition, 26 f.
   -dimensionen, 49
   -direktor, 224, 286, 294 ff.
   -eingebettetes, 171
   -erfordernisse, 233
   -erhaltung, 99
   -erwerb, 217
   -erzeugung, 132, 225
   -Experten-, 54, 120, 125, 148, 165, 167
   -fluß, 97, 217
   -format, 242
   -forum, 105
   -fundament, 303
   -funktion, 214, 216 f.
   -gemeinschaft, 63
   -generatoren, 126
   -generierung, 98, 109, 111, 115, 244
   -geschäft, 76, 117
   -ingenieure, 220
   -inhalte, 102, 148, 152, 177, 218, 242, 253 ff., 282, 289, 328 f.
   -initiative, 68 f., 73, 94, 96, 235
   -instrument, 38
   -integratoren, 218 f.
   -journalist, 296
   -käufer, 70 ff., 80, 93, 107, 119
   -kapital, 139, 167, 176, 205, 215, 285 f., 316, 326
   -karte, 152, 194, 220, 284, 314
   -kartographierung, 152, 155, 178, 284, 314
   -kategorien, 161
   -kauf, 109
   -knoten, 312
   -kodifizierung, 111, 145, 226, 244, 283
   -komitee, 234
   -kompetenz, 157 f., 229
   -komponenten, 182, 269
   -koordinatoren, 139
   -koordinierung, 145
   -kredit, 79

-kultur, 121, 226, 274
-lokalisierung, 253
-märkte, 67, 77 f.
-makler, 71, 73 f., 76, 107, 319
-management, 52 ff., 63, 68, 73, 92 f., 97, 105 f., 111, 115, 137, 183, 188, 211 ff., 216 f., 230, 233, 237, 288
--Fehlerquellen, 327
--Infrastruktur, 226
--Initiativen, 34
--Pragmatik beim, 309
--Projekt, 56, 112, 277, 279, 289
--Technologie, 241
-manager, 75, 82, 145, 205, 215, 282, 287, 330 f.
-messen, 103 ff., 190, 209
-Miet-, 123
-modellierung, 152
-moderatoren, 96 (s. auch Moderator)
-monopol, 97, 98
-nachfrage, 79, 81
-netz(-), 89, 91, 331 (s. auch informelle Netze)
--Moderator, 296
--werk, 225, 227
-nutzer, 216, 244, 281, 284
-nutzung, 225, 241, 272, 289
-orientierung, 215, 216, 225
-potential, 48
-projekt, 97, 147, 163, 214, 221
--Manager, 221 f., 278, 296
-prozeß, 126, 166, 226
-quelle, 80, 86, 89, 94, 124, 138, 148, 152, 155, 160, 164 f., 184, 284
-räte, 227
-redakteur, 139, 296
-ressourcen, 52 f., 74, 125
-service, 280
-schaffer, 216
-schaffung, 215, 273
-schöpfung, 130
-shopping, 105
-speicher, 56, 58, 96, 188, 215, 219, 235, 244, 252 ff., 280 f., 288 f., 316 ff., 328, 335
-spezialist, 216
-standorte, 152
-strategie, 226
-struktur, 156, 158, 165, 219, 302 f.
-suche, 72, 153, 156, 252
-system, 316
-technik, 249
-träger, 32 f., 41 ff., 70 ff., 80 f., 94, 98, 110, 119 ff, 138, 149, 152 ff., 160 ff., 171, 177, 194, 201 f., 218, 249, 251, 281, 284, 303, 331
-transaktionen, 71, 85, 93, 100, 109, 111
-transfer, 37, 82 f., 89, 100, 103, 111, 124, 181, 222, 250, 283, 287, 288
--Kultur, 195 (s. auch Unternehmenskultur)
--multiple Kanäle für den, 302
-typen, 148, 226, 242, 286
-überlappung, 130
-übermittlung, 184
-umfeld, 215
-Umgang mit, 38 f., 54, 101, 115, 191, 211, 213, 241, 250, 278, 281, 285 f., 289, 299, 301, 316
-umgebung, 245
-unternehmen, 47
-Unternehmens-, 43, 46 f., 53, 67, 69, 87, 109, 111, 116, 120, 136, 139, 145, 147 ff., 151
-unternehmer, 76
-verbindung, 75
-verborgenes, 149, 178, 184, 192, 249 f., 283, 285

-verkäufer, 71 ff., 77, 79 ff., 85, 93, 103, 107
-vermittlung, 168, 215, 216
-vermögen, 33, 52, 137, 222
-vernetzung, 138
-verteilung, 272
-volumen, 35
-vorsprung, 51
-vorteile, 52
-zugang, 86, 93, 129, 156, 175, 210, 280, 283, 314, 333 f.
Wissen und Aktion, 34
Wolfe, Tom, 78
World Wide Web, 241, 243, 245, 253 ff., 258, 261 ff., 296, 303, 320, 328 f.
Wunderman Cato Johnson, 231, 237

X

Xerox, 47, 125, 127, 267

Y

Young & Rubicam, 231, 233, 237, 287, 294

Z

Zildjian, 50
Zweckgemeinschaft, 90
Zykluszeiten, 45

Trends Informationen Erfolgsgeheimnisse

„Das Managementbuch des Jahrhunderts." *Washington Times*

Lehnen Sie sich genüßlich zurück und erleben Sie mit Dilbert die Absurditäten des Büroalltags. Sie werden erfreut feststellen, daß alles noch viel schlimmer sein könnte als es ist.

"So hart, so grausam ist das zeitgenössische Großraumbüro. Und es ist ein Segen, daß ein wachsamer, wirtschaftskritischer Kopf dieses Panämonium von Bosheit und Niedertracht beschreibt, diese Brutstätte des Bösen, sarkastisch und boshaft: der amerikanische Schriftsteller Scott Adams."
Der Spiegel

Scott Adams
Das Dilbert Prinzip
Die endgültige Wahrheit über Chefs, Konferenzen, Manager und andere Martyrien;
330 Seiten
DM 49,-
(ISBN 3-478-35630-X)

Claudia Ossola-Haring (Hrsg.)
Die 150 besten Checklisten zur sinnvollen Kostensenkung
375 Seiten
179,- DM
ISBN 3-478-35682-2

Jede Checkliste bedeutet bares Geld für Ihr Unternehmen!

kurz und knapp • schnell einsetzbar • praxisprobt

Diese einzigartige Checklistensammlung
- ✓ ist ein praxisprobtes und schnelles Arbeitsmittel, um Einsparpotentiale in jedem betrieblichen Bereich gezielt aufzuspüren und voll auszuschöpfen
- ✓ hilft Ihnen, die unternehmerischen Folgen einer Kostensenkung im Griff zu haben
- ✓ läßt Sie die Grenzen des sinnvollen Kostensparens erkennen.

Unternehmen, die in Zukunft erfolgreich sein wollen, können nicht auf alte Rezepte bauen!
Die Zeit

Mit provokativen Ideen, alternativen Denkweisen und neuen Einsichten liefern Ihnen die Management-Größen von heute einen Einblick in die Wirtschaft und Gesellschaft des 21. Jahrhunderts. Bestseller-Autoren wie Charles Handy, Michael Hammer, Philip Kotler, Michael Porter u.v.m. geben Ihnen Antworten auf Managementfragen der Zunkunft.

"Schönes Gesamtpanorama des gegenwärtigen Diskurses um die Globalisierung."
Welt am Sonntag

Rowan Gibson (Hrsg.)
Rethinking the Future
So sehen Vordenker die Zukunft von Unternehmen;
387 Seiten
DM 59,-
ISBN 3-478-35890-6

Ihr Buchhändler berät Sie gerne.

mi verlag moderne industrie